데일 카네기
자기관리론

데일 카네기 자기관리론

초판 1쇄 인쇄일 ∣ 2020년 5월 10일   초판 1쇄 발행일 ∣ 2020년 5월 15일

지은이 ∣ 데일 카네기
옮긴이 ∣ 강미경
펴낸이 ∣ 강창용
책임기획 ∣ 문정민
디자인 ∣ 김동광
영 업 ∣ 최대현

펴낸곳 ∣ 느낌이있는책
출판등록 ∣ 1998년 5월 16일 제10-1588
주 소 ∣ 경기도 고양시 일산동구 중앙로 1233(현대타운빌) 407호
전 화 ∣ (代)031-932-7474
팩 스 ∣ 031-932-5962
이메일 ∣ feelbooks@naver.com
포스트 ∣ http://post.naver.com/feelbooksplus
페이스북 ∣ http://www.facebook.com/feelbooksss

ISBN   979-11-6195-103-4 (04190)
       979-11-6195-084-6 (04190) 세트

이 도서의 국립중앙도서관 출판예정도서목록(CIP)은 서지정보유통지원시스템 홈페이지
(http://seoji.nl.go.kr)와 국가자료종합목록시스템(http://www.nl.go.kr/kolisnet)에서
이용하실 수 있습니다. (CIP제어번호 : CIP2020017888)

Dale Carnegie

행복으로 이끄는 실천학 교과서

데일 카네기
자기관리론

데일 카네기 지음 | 강미경 옮김

느낌있는책

저자 서문 //

35년 전, 나는 뉴욕에서 가장 불행한 청년이었다. 나는 먹고살기 위해 트럭을 팔고 있었는데, 트럭을 운전하는 방법도 몰랐고 또 알고 싶지도 않았다. 나는 내 일이 경멸스러웠다. 내가 웨스트 56번가에 산다는 사실도 경멸스러웠다. 그곳은 싸구려 셋방들이 다닥다닥 붙어 있고 바퀴벌레가 우글거리는 동네였다. 지금도 기억나는 것은, 벽에 넥타이들이 걸려 있고 아침에 새 넥타이를 집으려고 하면 바퀴벌레가 와르르 흩어지던 장면이다. 나는 또 바퀴벌레가 우글거리는 불결한 식당에서 식사를 해야만 하는 내 처지가 너무 싫었다.

밤마다 나는 실망과 걱정, 비통, 반항심으로 인한 불쾌한 두통에 시달리면서 휑한 방으로 돌아왔다. 나의 반항심은 학생 시절 품었던 장밋빛 꿈이 악몽으로 변해버렸기 때문에 생긴 것이었다. 이것이 인생인가? 내가 그토록 기대했던 역동적인 모험이 고작 이것이었단 말인가? 하기 싫은 일을 하며 바퀴벌레와 함께 살고, 싸구려 음식을 먹고, 아무런 희망도 없는 미래, 이것이 내 인생의 전부란 말인가… . 나는 책을 읽을 수 있는 여유로운 생활, 대학 시절 내내 꿈꾸었던 창작의 시간을 갖고 싶었다.

　나는 경멸하는 일을 그만두면 얻는 것은 있어도 잃을 것은 없음을 알고 있었다. 나는 돈을 많이 벌고 싶은 욕심은 없었지만 누구보다 활기차게 살고 싶었다. 말하자면 젊은이들이 흔히 인생을 막 시작하려 할 때 마주치게 되는 결정의 순간에 맞닥뜨리게 된 것이다. 거기서 나는 결정을 내렸고 그 결정은 나의 미래를 완전히 바꾸었다. 그 결정으로 지난 35년 동안 내가 꿈꾸었던 어떤 낙원보다 더 행복해졌고 보람을 느낄 수 있었다. 나의 결정이란 이런 것이었다.

　'싫어하는 일은 당장 그만둔다. 그리고 미주리 주립교육대학에서 배운 4년간의 공부를 살려 야간 학교에서 성인들을 대상으로 강의를 하며 생활한다. 그러면 낮에는 책을 읽을 수도 있고, 강의를 준비할 수도 있고, 소설을 쓸 수도 있다. 쓰기 위해 생활하고, 생활하기 위해 쓰는 것이다.'

　그렇다면 저녁 시간에 성인들에게 무엇을 가르치면 좋을까? 대학 시절에 배운 것들을 돌이켜 생각해본 나는 많은 사람 앞에서 자기 생각을 잘 표현할 수 있는 능력이 일하는 데나 처세하는 데 무엇보다 실제적 가치가 있다는 것을 깨달았다. 그로 인해 한없이 부족했던 자신감이 채워지고 다른 사람과 응대하는 데 필요한 용기와 자신감을 얻었기 때문이다. 또한 리더십은 자발적으로 기탄없이 자신의 의견을 말하는 사람에게 저절로 부여된다는 것을 깨달았다.

　나는 컬럼비아 대학교와 뉴욕 대학교에 야간 강좌에서 대중연설법 강사로 일하고 싶다고 편지를 보냈고, 양쪽 모두에서 거절당했다.

당시 나는 실망했지만 지금 생각해보면 오히려 잘된 일이었다. 그로 인해 YMCA 야간 학교에서 강의를 시작하게 되었기 때문이다. 거기서는 단시간에 눈에 띄는 효과를 올릴 필요가 있었다. YMCA의 야간 강좌에 오는 사람들은 대부분 학위나 사회적 명성을 위해 오는 것이 아니었다. 그들이 강좌를 들으러 오는 이유는 단 하나, 자신이 당면한 절박한 문제를 해결하기 위해, 즉 사업상의 회합에서 당당하게 자신의 의견을 말할 수 있기를 원했던 것이다. 세일즈맨들은 상대하기 벅찬 고객을 방문하기 위해 한참이나 주변을 빙글빙글 돌지 않아도 되기를 원했다. 그들은 자신감과 침착성을 몸에 익힘으로써 성공하고 싶어 했다. 또한 가족을 위해 지금보다 훨씬 더 수입을 올리고 싶어 했다. 그들은 수업료를 분할해서 지불했기 때문에 효과를 얻지 못하면 남은 수업료를 지불하지 않을 수도 있었다. 게다가 나는 월급 형식이 아니라 YMCA로부터 수익금의 일부를 받는 계약이었으므로 현실적이지 않을 수 없었다.

그 당시에는 내가 불리한 조건으로 일하고 있는 것처럼 생각되었으나, 지금 와서 생각해보면 돈을 주고도 살 수 없는 귀중한 훈련이었다. 나는 어떤 식으로든 학생들을 자극해야만 했다. 그들이 자신의 문제를 해결하도록 도움을 주어야 했다. 매 강의에서 흥미를 느끼게 함으로써 그들이 계속해서 강의에 출석하도록 만들어야만 했다.

그것은 가슴 뛰는 일이었고 나는 그 일을 진정으로 사랑했다. 내 강의를 들은 비즈니스맨들이 상당히 빠른 시간 안에 자신감을 갖게 됨으로써 승진하고 월급이 오르는 것을 보면서 놀라지 않을 수 없었다. 강좌는 내가 예상했던 이상으로 발전했다. 하루치 강의료로 5달러도 지불하지 않으려 했던 YMCA는 하루에 30달러의 보수를 지불했다. 처음에는 대중연설법에 관해서만 가르쳤지만, 시간이 지나면서 내 수강생들에게 친구를 만들고 사람들에게 영향을 주는 능력도 필요하다는 것을 깨달았다.

그래서 인간관계에 관한 적당한 교재를 찾아보았다. 하지만 구할 수가 없었고, 결국 내가 직접 쓰기로 했다. 엄밀히 말하자면 그 책은 내가 썼다기보다 강좌에서 얻은 경험의 결과물이다. 나는 그 책 제목을 《인간관계론》이라고 정했다. 그것은 순전히 내 강좌에 참여하는 성인들을 위한 교재로 쓴 것이었기 때문에 이렇게까지 베스트셀러가 될 거라고는 생각지도 못했다.

세월이 흐르면서 나는 사람들을 괴롭히는 큰 문제 중 하나가 '걱정'이라는 것을 깨달았다. 내 강의를 듣는 사람들, 그러니까 직장인, 사업가, 세일즈맨, 기사, 회계사 할 것 없이 대부분의 사람들이 개인적인 걱정거리를 가지고 있었다. 강좌에는 직장 여성이나 가정주부도 참여했는데 그들도 문제를 가지고 있었다. 나는 걱정을 해결할 수 있는 방법을 알려주는 교재가 필요해 다시 찾아보기로 했다.

나는 뉴욕에서 가장 큰 공립 도서관에 갔다. 놀랍게도 그곳에 '걱정'(worry)이라는 단어가 들어 있는 책은 22권밖에 없었고, '벌레'(worms)라는 단어가 들어 있는 책은 1백89권이나 되었다. 걱정에 대한 책보다 벌레에 대한 책이 거의 아홉 배나 많다니! 놀랍지 않은가?

걱정은 인류가 직면한 골치 아픈 문제 가운데 하나이기 때문에 전국의 모든 고등학교와 대학교에서 '걱정 해결법'에 대한 강의가 있을 법하지 않은가? 하지만 그런 강의가 있다는 말을 어디서도 듣지 못했다.

데이비드 시버리가 《걱정에서 잘 벗어나는 법》이라는 책에서 "우리는 발레를 해달라고 부탁받은 책벌레처럼 경험이라는 압박을 견디기 위한 아무런 준비도 없이 성인이 되어간다."고 지적한 것은 지당하다.

그 결과는 어떤가? 오늘날 병원 침대의 절반 이상을 신경적 문제나 감정 질환을 호소하는 환자들이 차지하고 있다.

나는 뉴욕 공립 도서관에서 22권의 책을 꼼꼼히 훑어보았고 구할 수 있는 책은 하나도 빠짐없이 구입했다. 하지만 내 학생들에게 교재로 쓰기에 적합한 책은 발견할 수 없었다. 결국 이번에도 내가 직접 쓰기로 결심했다.

나는 이 책을 쓰기 위한 준비를 시작했다. 우선 고대에서 현대에 이르기까지 철학자들이 걱정에 대해 말한 것들을 읽었다. 또 공자부터 처칠에 이르기까지 수많은 인물의 전기를 모조리 읽기 시작했다. 잭 뎀시, 오마 브래들리 장군, 마크 클라크 장군, 헨리 포드, 일레너 루스벨트, 도로시 딕스 등 다양한 방면에서 이름을 날리고 있는 인사들을 직접 만나기도 했다. 하지만 이것은 시작에 불과했다.

나는 인터뷰나 독서 같은 방법보다 더 중요한 다른 일도 했다. 야간 강좌라는 '연구소'에서 5년 동안 성인 수강생들을 대상으로 걱정 해결 방법을 연구한 것이다. 내가 아는 한 이런 종류로는 세계 최초이자 유일한 연구소였다.

나는 학생들에게 걱정을 해결하는 방법에 관해 몇 가지 원칙을 주고, 그것들을 각자의 생활에 적용시켜본 뒤 그 결과를 수업 시간에 발표하게 했다. 자신이 과거에 사용한 기법에 대해서 보고하는 학생들도 있었다.

이러한 경험을 통해 나는 세상 어떤 사람보다 많이 '나는 어떻게 걱정을 극복했는가'에 대한 이야기를 들을 수 있었다. 뿐만 아니라 수업 시간에 학생들이 발표한 수백 가지의 이야기를 편지를 통해 읽기도 했다. 그것들은 미국과 캐나다의 2백19개 도시에서 진행 중인 강좌에서 우수하다고 선정된 경험담들이었다. 그러므로 이 책은 대학 연구소의 산물은 아니다. 또한 걱정은 어떻게 극복해야 하는가를 다룬 학문적 설교도 아니다. 그보다 나는 수천 명이나 되는 사람이 어떻게 걱정을 해결했는지 간결하게 기록한 보고서를 쓰려고 노력했다. 따라서 이 책은 대단히 실용적이며 모든 사람이 읽고 생각해볼 만한 가치가 충분하다고 확신한다.

프랑스의 철학자 발레리는 "과학이란 성공한 처방을 모아둔 것."이라고 말했다. 이 책이 바로 그렇다. 걱정으로부터 자유로운 삶을 살기 위한 처방 가운데 성공적이면서 시간이 흘러도 여전히 유효한 처방들을 정리했다. 하지만 한 가지는 주의해주기 바란다. 이 책에서 이제껏 들어본 적 없는 새로운 사실을 발견하는 일은 없을 것이다. 다만 일반적으로 써먹지는 않는 사례를 많이 보게 될 것이다. 걱정을 해결하기 위해 새로운 것을 이야기할 필요는 없다. 우리는 완벽한 삶을 위해 필요한 것은 이미 다 알고 있다. 예수의 산상 설교를 비롯해 많은 황금률 — 남에게 대접받으려면 먼저 대접하라 — 도 이미 알고 있다. 우리의 문제는 무지가 아니라 무위無爲인 것이다. 이 책의 목적은 예로부터 내려온 기본적인 진리를 사례를 통해 다시 설명하고 오늘에 맞게 재해석해서 여러분이 직접 실천하게 하는 데 있다. 여러분은 이 책이 어떻게 해서 씌어졌는지 궁금해서 이 책을 집어든 것이 아니다. 실천하기 위해 읽는 것이다.

우선 처음부터 40~50페이지까지 읽길 바란다. 그런 다음 걱정을 없애고 인생을 즐기는 새로운 힘과 새로운 영감을 얻을 수 없다면, 이 책을 쓰레기통에 던져버려도 좋다.

— 데일 카네기

1 이 책에서 가능한 한 많은 것을 배우고 싶다면, 반드시 갖춰야 할 요건이 하나 있다. 그것은 그 어떤 규칙이나 기술과는 비교할 수 없을 만큼 중요하다. 바로 걱정을 없애고 새로운 생활을 시작하려는 굳은 결의와 그것을 배우겠다는 욕망이다. 그렇다면 어떻게 해야 이런 결의와 욕망을 발전시킬 수 있을까? 그것은 이러한 원칙이 얼마나 중요한지를 항상 기억하는 것이다. 이와 같은 탁월한 기술이 여러분의 생활을 보다 풍성하게, 보다 행복하게 만든다는 것을 기억하라. '내 마음의 평화, 나의 행복, 나의 건강, 나의 수입까지도 이 책에서 설명하고 있는 진리를 적용하느냐 그렇지 않느냐에 달려 있다.'라고 끊임없이 자기 자신에게 타일러야 한다.

2 처음에는 전체적인 개요 파악을 위해 빠른 속도로 읽어라. 그런 다음 걱정을 해소하고 새로운 생활을 시작하고 싶은 마음이 분명하다면 되돌아가서 각 장을 차분하게 다시 정독하기 바란다. 결국 그러

는 편이 시간도 절약되고 성과도 오를 것이다.

③ 가끔은 잠시 독서를 멈추고 현재 읽고 있는 부분을 검토해보라. 언제, 어떻게 이러한 제안을 자신에게 적용할 것인지 스스로에게 물어보라.

④ 필기도구를 들고 유익하다고 생각되는 부분에 밑줄을 그어라. 동그라미를 그려도 좋고 ◎ 표를 하거나 선을 그으면 더 흥미 있게 책을 읽을 수 있고 다시 읽을 때 매우 편리하다.

⑤ 15년 동안 보험회사의 지배인으로 일하고 있는 한 여성을 알고 있는데, 그는 매달 한 번씩 자기 회사에서 발행한 보험 계약서를 모두 정독한다. 그는 매달, 매년 한 번도 빠짐없이 똑같은 보험 계약을 읽어왔다. 오랜 경험을 통해 그렇게 하는 것이 계약 조항들을 분명히 기억하는 유일한 방법이라는 것을 알고 있었기 때문이다. 진정으로 이 책에서 조금이라도 이익을 얻고 싶다면, 한 번 읽은 것으로 충분하다고 생각해서는 안 된다. 끝까지 읽고 난 뒤에도 복습하는 시간을 들여야 할 것이다. 여전히 개선해야 할 점이 많다는 것을 항상 자신에게 상기시켜라. 이러한 원칙들을 생활에 적용하며 지속적으로 반복해야 습관이 된다는 것을 잊어서는 안 된다. 이 밖에는 달리 좋은 방법이 없다.

⑥ 버나드 쇼는 일찍이 이런 말을 했다. "만일 남에게 무엇인가를 가르

치려 든다면, 그는 결코 배우지 않을 것이다." 배운다는 것은 적극적인 과정이다. 우리는 행동함으로써 배우는 것이다. 그러므로 여러분이 이 책에서 읽은 원칙을 마스터하고 싶다면 실행해야만 한다. 그러지 않으면 금방 잊어버리고 말 것이다. 행동으로 옮긴 지식만이 마음에 남는 법이다. 물론 이러한 제안들을 항상 적용하기는 곤란할 수도 있다. 다만 이 책을 읽는 행위가 지식을 얻기 위한 독서가 아니라는 것을 알아야 한다. 새로운 습관을 기르는 것이 목적이다. 여러분은 새로운 인생을 향한 출발을 준비하고 있다. 그러기 위해서는 시간과 인내와 부단한 적용이 요구된다. 그러므로 자주 이책을 펼쳐보라. 이 책이 걱정을 극복하도록 돕는 핸드북이라고 생각하라. 귀찮은 문제가 생겼을 때 충동적으로 행동하지 마라. 충동적인 행동의 결과는 언제나 좋지 않다. 그런 경우에는 이 책을 펼쳐밑줄을 그어둔 부분을 다시 읽어보면 좋다. 그리고 이 새로운 방법을 적용해 그로부터 일어나는 놀라운 성과를 경험해보라.

7 이 책에 제시된 원칙 중 하나를 지키지 않을 경우 벌금을 내겠다고 가족과 약속해라. 그러면 가족들은 여러분의 훈련에 도움을 줄 것이다.

8 이 책의 6부에 나오는 월가의 은행가 H. P. 하웰과 벤 프랭클린이 어떻게 해서 그들의 과오를 개선했는지 읽어보라. 이 책에서 제시하고 있는 원칙들을 시험하기 위해, 여러분도 하웰이나 프랭클린이 실행했던 방법을 써보는 것이 어떤가? 그렇게 해보면 2가지 결과가 나올 것이다. 첫째, 여러분은 대단히 흥미 있고, 게다가 돈도 들지

않는 교육 과정을 밟고 있다는 것을 알게 될 것이다. 둘째, 걱정을 해결하면서 살아가기 위한 능력이 자라고 번성하는 것을 느끼게 될 것이다.

9 일기를 쓰는 것이 좋다. 원칙들이 순조롭게 실행되고 있음을 상세히 기록해라. 이름, 날짜, 결과 등 최대한 자세히 기록하자. 기록을 남기면 보다 유익한 노력을 하도록 자신을 격려해줄 것이다. 뿐만 아니라 언젠가 우연히 그것을 보게 된다면 즐거워질 것이다!

차 례

저자 서문 ······ 04
이 책에서 최대의 효과를 얻기 위한 9가지 방법 ······ 10

PART 1 걱정에 대해 알아야 할 기본 원칙

1 ㅣ 오늘에 충실하라 ··· 20
2 ㅣ 걱정을 해결하는 마법의 공식 ·· 35
3 ㅣ 걱정이 인간에게 미치는 영향 ·· 46

PART 2 걱정을 분석하는 기법

1 ㅣ 걱정을 분석하고 해결하는 방법 ······································ 64
2 ㅣ 업무상의 걱정을 절반으로 줄이는 방법 ·························· 75

PART 3 걱정하는 습관을 없애는 방법

1 | 마음속에서 걱정을 몰아내는 법 ·········· 84

2 | 커다란 고목이 작은 딱정벌레 때문에 쓰러진다 ·········· 97

3 | 걱정을 추방하는 평균의 법칙 ·········· 108

4 | 피할 수 없다면 협력하라 ·········· 119

5 | 걱정에 '손실정지' 주문을 달아라 ·········· 135

6 | 톱밥을 자를 수는 없다 ·········· 145

PART 4 평화와 행복을 부르는 7가지 법칙

1 | 인생을 바꾸는 몇 마디의 말 ·········· 156

2 | 원한은 더 큰 괴로움을 부른다 ·········· 175

3 | 감사를 바라지 마라 ·········· 188

4 | 당신의 보물 1호는 당신이다 ·········· 198

5 | 나를 알고 나답게 살기 ·········· 209

6 | 인생이 신 레몬을 주면 레모네이드를 만들어라 ·········· 220

7 | 보름 안에 걱정을 해소하는 법 ·········· 231

PART 5 걱정을 이겨내는 방법

1 | 부모님이 가르쳐준 걱정 탈출 비법 ························· 256

PART 6 타인의 비평에서 자유로워지기

1 | 죽은 개를 걷어차는 사람은 없다 ························· 286
2 | 비판에 상처받지 않는 법 ························· 291
3 | 내가 저지른 어리석은 행동 ························· 297

PART 7 피로와 걱정에서 벗어나 에너지를 얻기 위한 6가지 방법

1 | 한 시간만 더 움직여라 ·· 306

2 | 우리를 지치게 하는 사소한 것들 ··························· 313

3 | 걱정을 극복해야 젊어진다 ································· 320

4 | 피로와 고민을 예방하는 좋은 업무 습관 ·········· 328

5 | 지루함이 스트레스를 부른다 ······························ 335

6 | 불면증을 부르는 나쁜 생각 ······························· 346

PART 8 즐기면서 성공하는 일을 발견하는 방법

1 | 인생을 결정하는 두 가지 ······························· 356

PART 9 돈 걱정에서 자유로워지는 방법

1 | 모든 걱정의 70퍼센트는 돈 문제다 ····················· 368

걱정에 대해
알아야 할
기본 원칙

1 *How to stop worrying and start living*

오늘에
충실하라

1871년 봄, 한 젊은이가

책을 읽다가 몹시 마음이 끌리는 구절을 발견했다. 이 구절은 뒷날 그의 장래에 커다란 영향을 주었다. 그는 몬트리올 종합병원에서 일하는 의학도였는데 졸업 시험을 앞두고 걱정이 많았다. 시험에 통과할 수 있을지, 떨어지면 무엇을 할 것이며 어디로 갈 것인지, 개업은 어떻게 해야 좋은지, 앞으로 어떻게 먹고살아야 할 것인지 머릿속이 복잡했다.

하지만 이 젊은 의학도가 1871년에 읽은 그 구절은 그를 당대의 가장 유명한 의사로 만들었다. 그는 세계적으로 유명한 존스 홉킨스 의대를 설립했고, 영국의 의사로서는 최대의 명예라고 할 수 있는 옥스퍼드 대학교의 명예교수까지 되었다. 그는 영국 왕실로부터 기사 작위를 받았으며, 죽은 뒤에는 1천4백66페이지에 이르는 두 권의 전기도 간행되었다.

그의 이름은 윌리엄 오슬러 경이다. 그가 1871년에 읽은 책의 구절은 칼라일의 말이었는데, 스물한 단어로 구성된 그 구절은 그로 하여금 일생 동안 온갖 걱정으로부터 해방되도록 만들었다. 그 구절은 다음과 같다.

우리의 주된 임무는 먼 곳에 있는 희미한 것을 보는 일이 아니라, 눈앞에 똑똑하게 보이는 것을 실행하는 일이다.

그로부터 42년 뒤, 윌리엄 오슬러 경은 교정에 튤립이 활짝 핀 어느 봄날 저녁, 예일 대학교 학생들에게 연설을 하게 되었다. 그는 그 자리에서 자신이 네 개 대학의 교수가 되었으며 유명한 저서도 내놓았으므로 특별한 두뇌의 소유자라고 생각할지 모르지만, 그것은 잘못이라고 말했다. 자기와 가까운 친구들은 자신이 지극히 평범한 두뇌를 가진 사람이라는 것을 잘 알고 있다고 덧붙였다.

그렇다면 그의 성공 비결은 무엇이었을까? 그는 자신이 오늘, 현재에 충실했기 때문이라고 말했다. 무슨 뜻일까? 예일 대학교에서 연설을 하기 두세 달 전, 오슬러 경은 대형 기선을 타고 대서양을 건너 미국으로 갔다. 그 배는 선장이 버튼 하나만 누르면 즉시 기계가 작동하는 소리와 함께 배의 각 부분이 차례로 닫히면서 마치 거대한 방수실防水室처럼 변신했다. 오슬러 박사는 예일 대학교 학생들에게 말했다.

"하지만 여러분은 그 여객선보다 훨씬 더 훌륭한 유기체일 뿐 아니라 보다 긴 항해를 해야 합니다. 제가 여러분에게 권하고 싶은 것은, 더 안전하게 항해하고 싶다면 오늘이라는 구획을 명확히 지어 충실하게 살 수 있도록 기계 조절하는 법을 배우라는 것입니다. 브리지에 올라가 보면 배를 움직이는 모든 기관이 질서정연하게 배열되어 있다는 걸 알 수 있습니다. 버튼을 눌러 인생의 단계에서 과거를 닫아버리면, 이미 죽어버린 어제를 닫는 철문 소리가 들릴 것입니다. 그리고 또 하나의 버튼을 눌러 미래, 아직 태어나지 않은 내일을 금속 커튼으로 닫아버리십시오. 그래야 여러분은 안전해집니다. 과거를 닫아버리십시오. 지나간 일들은 과거에 묻어버리세요. 바보들에게 더러운 죽음의 길을 밝혀주던 어제를 덮어버리십시오. 내일과 어제의 짐까지 모두 지고 가려 한다면 아무리 강한 사람도 쓰러질 수밖에 없습니다. 미래 역시 과거와 마찬가지로 단단히 닫아버리십시오. 미래란 바로 오늘입니다. 내일이 아닙니다. 인간이 구원받는 날은 바로 지금입니다. 정신적 에너지 낭비, 고뇌와 번민은 내일 일에 사로잡혀 있는 사람들을 끊임없이 따라다닙니다. 그러므로 앞뒤의 칸막이를 닫아버리고, 오로지 오늘이라는 테두리 안에서 충실하게 생활하는 습관을 익히도록 준비해야 합니다."

그렇다면 오슬러 박사는 우리에게 내일을 준비하기 위한 아무런 노력도 할 필요가 없다고 말한 것일까? 아니다. 결코 그렇지 않다. 그는 내일을 위한 최선의 준비는 오늘 일을 오늘 하기 위해서 모든 지적 능력과 정열을 집중하는 거라고 말한 것이다. 그것이야말로 내일을 위해 우리가 할 수 있는 유일한 준비 방법이다.

오슬러 박사는 주기도문에 나오는 것처럼 "오늘 우리에게 일용할 양식을 주옵시고"라는 시도로 하루를 시작하도록 권했다. 이 기도는 다만 오늘의 양식만을 구하고 있다는 것을 잊어서는 안 된다. 그것은 어제 먹은 묵은 빵에 대해 불평하는 것이 아니다. 또한 "오, 주여! 가뭄으로 밀밭의 물이 말랐습니다. 앞으로도 가뭄은 계속될지 모릅니다. 이대로 간다면 내년에 먹을 양식은 어찌 되겠습니까. 또 만일 제가 일자리를 잃는다면…. 오, 주여! 저는 그때 어떻게 빵을 구해야 합니까?"라고 말한 것도 아니다. 이 기도는 오늘 필요한 양식만을 바라라고 가르치고 있다. 오늘의 빵만이 우리가 입에 넣을 수 있는 유일한 양식이다.

옛날에 한 가난한 철학자가 보이는 것이라곤 온통 자갈밭뿐인 나라를 돌아다니고 있었다. 말할 수 없이 생활이 어려운 곳이었는데, 어느 날 군중들이 그의 강론을 듣고자 언덕 위에 모였다. 그는 그 자리에서도 가는 곳마다 인용하던 다음과 같은 교훈을 말했다.

"그러므로 너희는 내일을 위해 생각하지 마라. 내일 일은 내일이 되어 걱정하라. 한 날의 괴로움은 그날로 족하니라."

하지만 많은 사람이 "내일을 걱정하지 말라."고 한 예수의 말을 거부했다. 그들은 이 말을 실행할 수 없는 이상적인 충고, 일종의 동양적인 신비주의라고 생각했다. 그들은 이렇게 말했다.

"내일을 생각해야 한다. 가족을 위해 보험도 들고 늘그막을 대비해서 저축도 해야 한다. 출세하기 위해 미리 계획하고 준비해야 한다."

물론 그래야만 한다. 하지만 사실 3백여 년 전에 번역된 예수의 말은, 제임스 왕조 때 의미하던 것과 오늘날 의미하는 것이 같지는 않다. 3백 년 전에는 '생각'이라는 단어가 대체로 '걱정'을 뜻했다. 최근 개정된 성서에는 "내일 일을 위해 염려하지 마라."로 번역되어 있다. 그러니 내일 일은 주의 깊게 생각하고 준비하고 계획해야 하겠지만 염려해서는 안 된다.

제2차 세계 대전 당시 군사 지도자들은 내일을 위해 계획을 세워야했다. 하지만 불안을 품을 여유는 없었다. 그즈음 미 해군을 지휘하던 어니스트 J. 킹 제독은 이렇게 말했다.

"나는 가장 우수한 군대에 최상의 무기를 공급했다. 그리고 가장 현명하다고 생각되는 사명을 그들에게 주었다. 그것이 내가 할 수 있는 일의 전부였다. 가령 배가 격침되었다고 하자. 그것을 다시 끌어올린다는 것은 불가능하다. 또 배가 침몰하는 것을 막을 수도 없다. 그러므로 어제 있었던 사건으로 걱정하기보다는 내일 일을 생각하는 편이 훨씬 보람 있게 시간을 이용하는 것이다. 더구나 지나간 일에 사로잡혀 있으면 체력을 유지할 수 없다."

전시이건 아니건 간에 좋은 생각과 나쁜 생각의 차이는 다음과 같다. 즉, 좋은 생각은 원인과 결과를 다루며, 논리적이고 건설적인 계획을 세우게 한다. 그와 반대로 나쁜 생각은 종종 극도의 긴장과 신경 쇠약에 이르게 한다.

나는 최근에 세계에서 가장 유명한 신문 가운데 하나인 〈뉴욕타임스〉의 편집장인 아서 헤이즈 설츠버거를 인터뷰했다. 그는 제2차 세계 대전의 전화가 유럽을 뒤엎었을 때 너무 놀라고 앞날이 걱정되어 그만 불면증에 걸렸다고 한다. 그래서 그는 밤중에 일어나 캔버스와 물감을 꺼내 거울 앞에 앉아서 자신의 초상화를 그리려고 애쓰곤 했다. 그는 붓을 잡아본 적도 없었지만 불안한 생각을 떨쳐버리기 위해 그림을 그렸다. 그는 찬송가에 나오는 "다만 한 걸음씩만 인도하소서."라는 구절을 자신의 모토로 삼고 나서야 마음의 평화를 찾을 수 있었다고 했다.

자비로운 빛 되신 주님
내 가는 길 멀리까지 지켜주소서.
먼 길을 생각하지 않으리니
다만 한 걸음 또 한 걸음 인도하소서.

거의 같은 시기에 유럽의 어느 전선에서 종군 중이던 한 젊은이도 이와 똑같은 교훈을 배우고 있었다. 그는 메릴랜드주의 볼티모어시 출신인 테드 벤저미노였는데 전쟁으로 인해 심각한 신경증에 시달리고 있었다. 그는 당시의 상황을 이렇게 기록했다.

1945년 4월 나는 심각한 염려증 때문에 '경련성 횡단결장'이라고 부르는 증세를 보이기에 이르렀다. 엄청난 통증에 시달렸다. 그 무렵 전쟁이 끝나지 않았다면 나는 틀림없이 폐인으로 전락하고 말았을 것이다. 나는 지칠 대로 지쳐 있었다. 나는 94사단에 소속된 전사병 기록계 하사관이었는데, 전사자, 행방불명된 자, 병원 후송자들의 명단을 기록하는 것이 임무였다. 그리고 또 아군과 적군을 가리지 않고 전투 중에 서둘러 아무렇게나 매장해버린 병사들의 시체를 파내는 일도 거들어야 했다. 나는 이러한 전사자들이 남긴 소지품을 정리해 그들의 부모나 친지들에게 보내주는 일도 맡았다. 그 일을 하면서 나는 유물들이 서로 바뀌는 중대한 착오를 저지르지나 않을까 걱정했다. 그리고 내가 다행히 살아 돌아가서, 아직 얼굴도 보지 못한 16개월 된 내 아이를 안아볼 수 있을지 걱정스러웠다.

걱정과 근심이 지나쳐 몸과 마음은 녹초가 되었고 몸무게가 15킬로그램이나 줄었으며 반미치광이 상태에 빠졌다. 내 손은 뼈와 가죽만 남았다. 이러다가 불구의 몸으로 귀국하게 될지도 모른다고 생각하니 더욱 두려웠다. 나는 기진맥진해서 어린아이처럼 흐느껴 울기도 했다. 마음이 약해져서인지 혼자 있으면 눈물이 저절로 쏟아졌다. 다시는 예전 같은 사람이 될 수 없다는 생각도 들었다. 나는 결국 의무실에 입원했다. 그런데 그곳에서 나의 불안이 말끔히 치유되었다. 한 군의관의 말이 내 일생의 전기가 되었던 것이다. 그는 조심스럽게 나를 진찰하고 나서, 내 병은 정신적인 것이라며 이런 말을 덧붙였다.

"테드! 자네의 인생을 모래시계라고 생각하게. 모래시계의 가장 위쪽에는 수없이 많은 모래가 담겨 있지. 그 모래알들은 일정한 사이를 두고 천천히 가늘고 좁은 통로를 지나는 걸세. 하지만 모래를 한 알 이상 통과시키려고 하면 시계는 고장 나고 말 걸세. 우리 인생도 이 모래시계와 같다네. 아침이면 우리는 그날 안으로 해야 할 일이 산더미처럼 많다는 생각을 하지. 하지만 우리가 그것을 모래시계의 모래가 구멍을 통과하는 것처럼 그 일들을 한 번에 하나씩 차례로 처리하지 않으면 우리의 육체나 정신은 파괴되고 마는 것일세."

이 말을 들은, 지금도 잊을 수 없는 그날 이후 나는 오늘까지 줄곧 이 철학을 실천하고 있다. '한 번에 한 알의 모래, 한 번에 한 가지 일.' 이 충고 덕분에 나는 전쟁 중에도 정신적으로나 육체적으로 구원받았으며, 현재 인쇄회사에서 광고부장으로 일하는 데도 많은 도움이 되고 있다. 지금도 전쟁터에서처럼 할 일이 끝없이 밀려든다. 재고가 품절되지 않도록 관리하고, 새로운 제품을 정리하고, 거래처 명단을 끊임없이 수정하고, 지점 사무실을 열고 닫는 등의 일을 해야 한다. 하지만 나는 조급해하거나 서두르지 않는다. 그 군의관의 말대로 '한 번에 한 알의 모래. 한 번에 한 가지 일'이라는 원칙을 잊지 않고 있기 때문이다. 이 말을 수시로 떠올리면서 전쟁터에서 쓰러질 정도로 나를 쇠약하게 만들었던 혼란에서 해방되어 시원시원하게 일을 해치우고 있다.

오늘날 병원 침상의 절반 정도는 신경이나 정신적으로 문제를 겪고 있는 사람들, 과거와 미래의 무거운 짐을 내려놓지 못한 환자들이 차지하고 있다. 이들 모두가 예수의 "내일 일을 걱정하지 말라."는 말씀이나 오슬러 박사의 "오늘을 살아라."라는 말에 귀를 기울였더라면, 행복하고 유쾌한 인생을 살면서 거리를 활보하고 있을 것이다.

우리는 지금 이 순간 두 개의 영원이 만나는 자리에 서 있다. 즉, 많은 것을 견뎌낸 광대한 과거와 기록된 시간의 마지막 음절로 다가오는 미래 사이에 위치한 자리다. 하지만 우리는 이러한 두 영원의 어느 쪽에서도 살 수 없다. 한순간도 그럴 수 없다. 만약 그렇게 하려 한다면 육체와 정신 모두 파괴되고 말 것이다. 그러므로 지금부터 잠들 때까지, 우리가 살 수 있는 현재라는 유일한 시공에 만족해야 하지 않을까. 영국의 유명한 소설가 로버트 루이스 스티븐슨은 이렇게 말했다.

"아무리 무거운 짐이라도 밤까지는 운반할 수 있다. 또한 아무리 어려운 일이라도 하루 동안이면 할 수 있다. 누구든지 즐겁게, 참을성 있게, 청결하게 생활할 수 있다. 해가 지기까지는. 이것이야말로 인생이 의미하는 전부다."

그렇다. 그것이 인생이 우리에게 요구하는 전부다. 미시간주 새기노에 사는 세일드 부인은 자살 직전에 이러한 진리를 깨달았다. 그녀의 말을 들어보자.

1937년, 나는 남편을 잃고 실의에 빠진 데다 거의 무일푼이었답니다. 하는 수 없이 전에 근무한 적이 있는 캔자스시의 회사에 부탁해 다시 일하게 되었습니다. 그전까지는 각종 책을 시골이나 도시의 학교에 팔아 생활했습니다. 2년 전 남편이 병으로 드러누웠을 때

차를 팔아버렸기 때문에 빚을 내 중고차를 할부로 마련하고 다시 책 장사를 시작했습니다. 이렇게 밖으로 나다니면 조금이나마 마음을 가다듬을 수 있으리라 생각했던 것인데, 혼자서 차를 몰아야 하고, 혼자서 식사를 한다는 것은 참기 어려운 일이었습니다. 그 무렵 장사도 잘 안 되었고 많지는 않았지만 자동차 할부금도 치르기 힘들었습니다. 1938년 봄, 나는 미주리주 베르사유 근처에서 일하고 있었는데, 그곳 학교는 가난했고 길은 험했습니다. 나는 너무 절망스러워서 자살하기로 결심했습니다. 성공은 불가능해 보였고 더 살아야 할 이유를 찾지 못했으니까요. 아침에 일어나면 일상을 직면하는 게 너무 두려웠습니다. 자동차 할부금을 못 내게 되지나 않을까, 집세가 밀리면 어쩌나, 식사할 돈마저 떨어지면 어쩌나…. 점점 몸이 쇠약해져가는 것 같은데 병원비는 어떻게 마련할까? 이러한 모든 일이 걱정거리였습니다. 내가 자살을 단행하지 못한 것은, 나 때문에 슬픔에 잠길 동생과 장례비용조차 없었기 때문입니다.

그러던 어느 날 우연히 펼쳐본 책에서 한 구절을 읽고 실의에서 벗어나 새롭게 살아갈 용기를 얻었습니다. 나는 지금도 그 구절에 감사하고 있습니다. 그것은 "현명한 사람에게는 하루하루가 새로운 생활이다."라는 말이었습니다. 나는 이 구절을 타이핑해서 언제나 볼 수 있도록 차 유리창에 붙였습니다. 어쨌든 한 번에 하루씩 살아간다는 것은 그리 어렵지 않다는 것을 알게 되었습니다. 나는 지나간 어제는 잊고 내일을 생각하지 않는 법을 배웠습니다. 매일 아침 나는 "오늘은 새로운 인생이다."라고 혼잣말을 합니다.

나는 외로움에 대한 공포, 가난에 대한 공포를 극복하는 데 성공했습니다. 나는 지금 어느 때보다 행복하고 제법 성공한 편입니다.

삶에 대한 정열과 애정도 충만합니다. 앞으로의 생활이 어찌되든 다시는 두려워하지 않을 것입니다. 미래를 두려워할 필요도 없습니다. 나는 한 번에 하루씩 산다는 것과 '현명한 사람에게는 하루하루가 새로운 인생'이라는 것을 잘 알고 있기 때문입니다.

인간의 성품 중에서 비극적인 부분 중 하나는 생활에서 도피하려는 것이다. 우리는 모두 지평선 저쪽에 있는 마법의 장미정원을 꿈꾼다. 그런데 정작 자기 집 창밖에 피어 있는 장미꽃은 즐기려 하지 않는다.

우리는 왜 이처럼 바보스러운가? 스티븐 리코크는 그의 저서에서 다음과 같이 말했다.

"인생은 실로 기묘하다. 어린아이들은 '내가 크면…' 하고 말한다. 참으로 이상한 일이다. 청년들은 '내가 어른이 되면…' 하고 말한다. 다 자라고 나서는 '결혼하면…'. 하지만 결혼하면 달라지는 게 있는가? 그런 다음에는 '은퇴하면…' 하고 말한다. 그러다가 결국 은퇴하면, 이미 지나버린 자신의 과거를 돌이켜본다. 찬바람이 그 위를 스쳐 가고 과거의 풍경을 제대로 보지 못한 듯한 느낌이 들 때는 벌써 모든 것이 보이지 않게 되고 만다. 인생이 그날 그 시간의 연속이라는 걸 깨달았을 때는 이미 늦은 것이다."

디트로이트의 에드워드 S. 에반스는 근심 때문에 생긴 고통으로 거의 죽음의 상태에까지 이르렀으나, 앞에서 말한 '인생이란 그날 그 시간의 연속을 살아가는 것'임을 깨달았기 때문에 구원받았다. 가난한 집안에서 태어난 그는 신문팔이, 잡화상 점원, 보조 사서로 일하며 일곱 식구를 먹여 살렸다. 월급은 터무니없이 적었지만, 그 일을 그만둘 용기가 없었다. 그가 자기 일을 시작할 수 있는 용기를 내는 데는 8년이 걸렸다.

하지만 일단 독립하고 나자 55달러의 빚으로 시작했지만 1년에 2만 달러의 수입을 올릴 정도로 사업을 키웠다. 그런데 그 무렵 지독한 불경기가 닥쳐왔다. 그는 친구를 위해 거액의 수표에 보증을 섰는데, 그 친구가 부도를 내고 말았다. 불행은 거기서 그치지 않고 또 다른 불행이 그를 덮쳤다. 그가 가진 돈을 모두 예금했던 은행이 파산한 것이다. 그는 자신이 가진 전 재산을 잃었을 뿐만 아니라, 1만 6천 달러라는 빚까지 짊어지면서 넋을 잃고 말았다. 그의 이야기를 들어보자.

"나는 거의 하루도 잠을 잘 수 없었고, 아무것도 먹지 못하는 이상한 병에 걸렸습니다. 정신적 충격 때문이었습니다. 어느 날은 길을 걷다가 정신을 잃고 쓰러지고 말았습니다. 더 이상 걸을 수도 없었고, 열이 오르고 통증이 심해서 참을 수 없었습니다. 날이 갈수록 몸은 쇠약해졌습니다. 마침내 의사는 앞으로 2주일을 넘기지 못할 것이라고 말했습니다. 눈앞이 캄캄했습니다. 나는 유언장을 써놓고 병상에 누워 이제 곧 닥쳐올 죽음을 기다렸습니다. 이제는 아무리 발버둥쳐도 소용없다고 체념하고 마음을 진정시키면서 잠을 청했습니다. 그러자 최근 몇 주일 동안 불과 2시간 이상 잠들어본 일이 없었는데, 세상의 노고가 막 끝나려 하는 그 순간에 비로소 갓난아기처럼 깊은 잠에 들었습니다. 그러자 그렇게 견디기 힘들었던 피로감이 사라지기 시작했으며, 식욕이 돋고 몸무게도 늘기 시작했습니다.

2, 3주가 지나자 나는 지팡이를 짚고 걸을 수 있게 되었고, 6주 뒤에는 다시 일을 시작할 수 있었습니다. 예전까지는 1년에 2만 달러나 벌었지만, 이제는 주급 30달러밖에 되지 않는 일자리를 구했습니

다. 자동차를 선적할 때 자동차 바퀴 뒤에 받치는 블록을 파는 일이었습니다. 나는 지금까지의 혼란에서 완전히 깨어났습니다. 내가 깨달은 것은 '과거에 있었던 일을 후회하지 않으며, 미래를 두려워하지도 말자.'였습니다. 나는 모든 시간과 정력, 열정을 쏟아 그 일에만 집중했습니다.

그때부터 에반스는 눈부시게 성장했다. 몇 년 뒤에는 에반스프로덕트컴퍼니의 사장이 되었고, 이 기업은 오래전에 뉴욕 증권거래소에 상장되어 지금도 여전히 수위를 차지하고 있다. 여러분이 그린란드에 간다면 그의 이름을 따서 붙인 에반스 필드라는 소형 비행장에 내리게 될지도 모른다. 에반스의 성공은 그가 '오늘을 충실하게 산다.'는 위대한 진리를 깨달았기 때문이다.

여러분은 화이트 퀸이 앨리스에게 한 "규칙이란 어제도 잼을 발랐고 내일도 잼을 바르는데, 오늘만 잼을 바르지 않는 것이다."라는 말을 기억할 것이다. 우리도 마찬가지다. 당장 오늘의 잼을 빵에 두껍게 바르는 대신 어제의 잼 때문에 속상해하고 내일의 잼 때문에 걱정한다. 이에 대해서는 일찍이 프랑스의 대철학자 몽테뉴까지도 착오를 범했다. 그는 이렇게 말했다.

"나의 생애는 끔찍한 불행으로 가득 차 있는 것처럼 생각되었으나, 그 대부분은 사실 일어나지도 않았다."

우리도 이처럼 생각하기 쉽다. 단테는 말했다. "오늘은 두 번 반복되지 않는다는 것을 명심해라."

인생은 놀라운 속도로 지나가버린다. 우리들은 초속 19마일의 속도로 질주하고 있다. 그러므로 오늘이야말로 우리들의 가장 소중한 재산이다. 또한 우리가 가진 단 하나의 확실한 재산이다.

기원전 5세기경 그리스의 철학자 헤라클레이토스는 제자들에게 이렇게 가르쳤다. "변하지 않는 것은 없다는 법칙을 제외한 모든 것은 변한다." 또한 그는 이렇게 말했다. "같은 강물에 두 번 들어갈 수는 없다."

인생은 끊임없는 변화의 연속이다. 확실한 것은 오늘뿐이다. 불확실한 미래, 아무도 예측할 수 없는 내일의 문제를 해결하느라 오늘의 아름다움을 망칠 이유가 있는가?

로마 제국 시대 사람들은 이런 경우에 적합한 말을 알고 있었다. 카르페 디엠(carpe diem). "오늘을 즐겨라." 혹은 "오늘을 잡아라." 그렇다. 오늘을 잡아서 충실해야 한다.

이것은 로웰 토마스의 철학 이론이기도 하다. 최근에 나는 그의 농장에서 주말을 지냈는데, 그의 방송실 스튜디오 벽에 시편 118편에 나오는 한 구절이 액자에 담겨 걸려 있었다.

이날은 여호와께서 정하신 것이라

이날에 우리가 즐거워하고 기뻐하리로다

존 러스킨의 책상 위에는 평범한 모양의 돌멩이 하나가 있는데, 거기에는 '오늘'이라는 단어가 새겨져 있었다. 나는 돌멩이 같은 것은 없지만 윌리엄 오슬러 경의 책상 위에 놓여 있었다는 시 한 편을 거울에 붙여놓고 매일 아침 면도할 때마다 읽는다. 그 시는 인도의 유명한 희곡작가 칼리다사가 쓴 것이다.

새벽에 바치는 인사

이날을 보라!
이 하루는 인생이며, 인생 중의 인생이다.
그 짧은 행로에는
그대 존재의 진실과 현실이 담겨 있나니
생육의 기쁨
행동의 영광
아름다움의 화려함
어제는 꿈에 불과하고
내일은 환상일 뿐
충실하게 지낸 오늘은
어제를 행복한 꿈으로 만들고
내일을 희망으로 가득한 환영으로 만든다.
그러니 이날을 똑똑히 보아라.
이것이 여명에 바치는 인사.

그러므로 여러분이 걱정에 대해 가장 먼저 알아야 할 사실은 다음과 같다. 즉, 인생에서 걱정을 몰아내고 싶다면, 오슬러 경이 한 대로 실행하는 것이다.

과거와 미래를 철문으로 닫아버려라.
오늘을 충실하게 생활하라.

스스로에게 다음과 같은 질문을 던지고 답을 적어보자.

1. 나는 미래를 걱정하거나 아득히 먼 지평선 어딘가에 있는 마법의 장미 꽃밭을 동경하며 오늘을 사는 것을 미루고 있지는 않은가?

2. 나는 과거에 있었던 일, 이제는 어쩔 수 없는 일을 후회하느라 오늘을 괴롭게 만들고 있지는 않은가?

3. 매일 아침 하루를 시작하면서 '오늘 최선을 다하자'고, 주어진 24시간을 최대한 활용하겠다고 결심하는가?

4. 오늘 최선을 다함으로써 인생에서 더 많은 보람을 얻고 있는가?

5. 언제부터 시작할 것인가? 다음 주? 내일? 오늘?

2

How to stop worrying and start living

걱정을 해결하는
마법의 공식

이 책을 더 읽어나가기 전에
걱정을 처리할 확실한 처방이나 당장 활용할 수 있는 방법을 알고 싶은
가? 그렇다면 공기 조절 장치 사업을 창시한 엔지니어이자 뉴욕 시러
큐스에 있는 세계적으로 유명한 캐리어사의 사장인 윌리스 H. 캐리어
가 실행한 방법을 여러분에게 소개하겠다. 이것은 내가 아는 한 걱정으
로 인한 마음의 문제를 해결하는 가장 뛰어난 방법으로 언젠가 그와 함
께 점심 식사를 할 때 그에게서 직접 들은 이야기다.

내가 버펄로에 있는 주물회사에 근무할 때 일입니다. 한번은
미주리주 크리스털시에 있는 피츠버그 플레이트 글라스 컴퍼니의
공장으로 가스 정화 장치를 설치하러 갔습니다. 그것은 가스에서 불

순물을 제거함으로써 연소로 인해 엔진에 고장이 생기지 않도록 해주는 작업이었습니다. 이런 식으로 가스를 정화하는 것은 아주 새로운 방식이었는데, 지금까지 꼭 한 번 다른 조건에서 시험했을 뿐 언제나 같은 방법으로 설치했죠. 그런데 내가 작업을 하는 동안 예기치 못한 문제가 발생했습니다. 장치는 어느 정도까지는 기능을 발휘했으나, 우리가 보장한 것만큼 기능을 발휘하지는 못했습니다.

나는 뒤통수를 세차게 얻어맞은 것처럼 정신이 아득했습니다. 위와 내장이 뒤틀리는 기분을 느끼면서 한동안 잠을 이루지 못했습니다. 그러다가 쓸데없이 고민만 하고 있어 봐야 아무 소용없다는 생각이 들었습니다. 그래서 걱정만 하고 있던 태도를 버리고 그때부터 문제를 해결할 수 있는 방법을 고민하기 시작했습니다. 운 좋게도 제가 생각한 방법이 들어맞았습니다. 나는 그 뒤 30년 동안이나 이 방법을 써오고 있습니다. 누구나 할 수 있는 간단한 방법입니다. 그 방법은 3단계입니다.

제1단계. 먼저 상황을 솔직하게 분석하고 이 실패의 결과로 인해 일어날 수 있는 최악의 경우를 예측해보았습니다. '아무도 나를 감옥에 보내거나 총으로 사살하지는 않는다. 그 점만은 분명하다.' 나는 일자리를 잃을 수도 있었습니다. 고용주는 내가 애써 장치한 기계를 떼어버리고, 지금까지 쏟아 넣은 2만 달러를 손해 볼 가능성도 있었습니다.

제2단계. 어쩌면 일어날 수도 있는 최악의 경우를 예측해본 뒤, 필요한 경우 나는 그 결과를 순순히 받아들이기로 했습니다. 나는 스스로를 타일렀습니다. '이번 실패는 내 이력에 오점이 될지도 모른다. 일자리를 잃을지도 모른다. 하지만 그렇게 된다면, 고용 조건은 지금보다 나빠질지 모르지만 새로운 일자리를 구하면 된다. 또 고용주 측은 가스의 불순물을 제거하는 새로운 방법을 실험하고 있는 것이므로 이번 실험으로 2만 달러의 손실을 입는다 해도 그 정도는 견딜 수 있을 것이다. 실험에 쓰인 연구 개발비로 처리할 수도 있을 것이다.'

이런 방식으로 나에게 일어날 수 있는 최악의 경우를 예측하고 이것을 순순히 받아들이기로 결정한 순간, 중대한 변화가 일어났습니다. 나는 완전히 마음이 홀가분해져서 오랜만에 평화로움을 맛볼 수 있었습니다.

제3단계. 그때부터 나는 이미 정신적으로 받아들인 최악의 사태를 조금이나마 개선하기 위해 조용히 시간과 노력을 집중했습니다. 나는 2만 달러의 손실을 조금이라도 덜 수 있는 방법을 찾기 위해 노력했습니다. 여러 가지로 실험한 끝에 5천 달러를 더 투자해서 부속 장치를 설치하면 문제가 해결될 것이라고 판단했습니다. 우리는 이 방법을 실행했고, 그 결과 2만 달러를 손해 보는 대신 1만 5천 달러의 이익을 남기게 되었습니다.

만일 내가 내내 걱정만 하고 있었다면 이렇게 되지 못했을 것입니다. 왜냐하면 걱정의 나쁜 특징 중 하나가 집중력을 잃게 하는 것이기 때문입니다. 걱정은 우리의 생각을 이리저리 흩어지게 해 결단력을 발휘할 수 없습니다. 하지만 최악의 사태에 맞닥뜨렸을 때 그것을 이성적으로 받아들이기로 결심한다면, 온갖 막연한 상상을 물리치고 침착한 마음으로 그 문제에 정신을 온전히 집중할 수 있는 상태가 되는 것입니다.

이 이야기는 벌써 오래전 일이지만 굉장히 효과가 좋아서 나는 모든 일에 이 원칙을 적용하고 있습니다. 그 결과 내 인생은 걱정으로부터 완전히 해방되었습니다.

캐리어 씨의 마법 같은 공식이 심리적으로 그렇듯 귀중하고 실제적인 이유가 무엇일까? 그것은 우리가 걱정으로 눈이 어두워져서 헤매고 있을 때 회색 구름으로부터 세차게 잡아당겨 끌어내리기 때문이다. 그 공식이 우리의 마음을 대지에 굳건하게 서 있게 해주기 때문이다. 그때 우리는 자신이 어디에 서 있는지 잘 알게 된다. 발아래 대지가 단단히 받쳐주지 않는다면, 어떻게 생각을 정리할 수 있겠는가?

응용심리학의 아버지라 불리는 윌리엄 제임스 교수가 세상을 떠난 지 이제 30년이 지났다. 만일 그가 지금 살아서 최악의 상황에 대처하는 공식을 들었더라면 그는 진심으로 찬성했을 것이다. 어떻게 그것을 알 수 있는지 궁금한가? 그가 제자들에게 이렇게 말했기 때문이다.

"모든 일을 기꺼이 그대로 받아들여라. 왜냐하면 일단 일어나버린 사실을 받아들이는 것이 그 재난을 극복하기 위한 첫걸음이니까."

중국의 철학자 임어당도 그의 유명한 저서 《생활의 발견》에서 이와 같은 의견을 말하고 있다.

"진정한 마음의 평화는 최악의 사태를 받아들임으로써 얻을 수 있다. 이는 심리학적으로 보면 에너지의 해방을 의미한다."

확실히 그렇다! 심리학적으로 그것은 에너지의 새로운 해방을 의미한다. 최악의 것을 받아들이고 나면 그보다 나쁜 사태는 일어나지 않는다. 그리고 그것은 이제는 뭐든 얻기만 하면 된다는 것을 의미한다. 윌리스 H. 캐리어는 이렇게 말했다.

"최악의 상황에 직면한 뒤, 나는 마음이 한결 차분해져서 오랫동안 맛보지 못했던 평화로움을 만끽했다. 그 뒤부터는 비로소 제대로 생각할 수 있었다."

옳은 말이다. 그럼에도 불구하고 많은 사람이 분노의 소용돌이 속에서 자신의 일생을 학대하고 있다. 최악의 사태를 받아들이는 것을 거부하고, 거기에서부터 조금이라도 좋게 고치려는 노력을 거부했기 때문이다. 운명을 다시 만들기 위해 노력해볼 생각은 하지 않고 경험과 치열한 경쟁에 몰두한 나머지 우울증의 포로가 되어버리는 것이다.

캐리어 씨가 제안한 마법의 공식을 적용해 성공한 사례를 들어보기로 한다. 그는 나의 강좌를 수강한 사람이었는데 뉴욕에서 오일 딜러로 일하고 있었다.

나는 무서운 협박을 받고 있었습니다. 영화에서나 볼 수 있을 법한 협박이었습니다. 사건의 경위는 이렇습니다. 내가 경영하는 석유회사에는 여러 대의 배달용 트럭과 기사들이 있습니다. 당시에는 물가관리국 규제가 워낙 엄중했기 때문에 거래처에 주는 석유의 배급량도 한정되어 있었습니다. 그런데 나도 모르게 몇몇 기사가 거래처에 주는 배급량을 속이며 남은 석유를 자기들 고객에게 판매하고 있었던 모양입니다.

내가 이런 부정행위를 알게 된 것은 어느 날 이 분야의 조사관이라는 사람이 찾아와서입니다. 그는 사건을 적당히 눈감아줄 테니 그 대가를 지불하라고 했습니다. 그는 기사들이 저지른 부정행위에 대한 증거 서류를 보여주면서, 돈을 내지 않으면 지방 검찰에 고발하겠다고 나를 협박했습니다.

나로서는 거리낄 일이 아무것도 없지만, 법률상으로는 고용인이 저지른 행위에 대해 회사가 책임을 져야 한다는 사실을 잘 알고 있었습니다. 더구나 이 사건이 법정으로 넘어가고 신문에 나면 우리 회사의 신용이 떨어지는 것은 물론 회사가 문을 닫게 될지도 모른다는 게 더 큰 문제였습니다. 이 사업은 24년 전에 아버지가 시작한 것으로 나는 내 사업에 자부심을 갖고 있었습니다.

나는 심각한 근심에 빠졌습니다. 사흘 동안 식사도 잊고 잠도 자지 못했습니다. 얼빠진 사람처럼 방 안을 빙빙 돌면서 안절부절못했습니다. 그에게 5천 달러를 주어야 할 것인가, 아니면 마음대로 하라고 버티어볼 것인가? 어떻게 해야 좋을지 망설이며 악몽이라도 꾸는 듯한 기분이었습니다.

그런데 어느 일요일 밤에 우연히 카네기 강좌에 참석했다가 거기서 받은 《걱정을 극복하는 법》이라는 책을 읽게 되었습니다. 그 책을 읽다가 윌리스 H. 캐리어의 "최악의 사태에 직면하라."라는 말을 대하게 되었습니다. 그래서 나는 스스로에게 물어보았습니다. '만약 내가 돈을 주지 않아서 그가 지방 검사에게 고발한다면, 최악의 경우는 어떻게 될 것인가?' 그 대답은 이런 것이었습니다. '회사는 망한다. 그것이 최악의 사태다. 하지만 그 일로 내가 교도소에 들어갈 리는 없다. 다만 이 업계에서 신용을 잃고 회사가 문을 닫게 될 뿐이다.' 그러고는 내 자신에게 이렇게 말했습니다. '좋다. 회사는 망한다. 그건 그렇다고 치자. 그다음은 어떻게 될까?' 나는 계속해서 이렇게 생각했습니다.

'회사가 문을 닫게 된다면, 어디든 새로운 일자리를 찾아야 할 것이다. 그것도 좋겠지. 나는 석유에 관한 일이라면 잘 알고 있으니까. 일자리를 부탁하면 기분 좋게 나를 써줄 회사가 몇 군데는 있을 것이다.'

이런 생각을 하자 마음이 조금 홀가분해졌습니다. 사흘 낮과 밤 동안 나를 괴롭히던 걱정의 안개가 옅어지고 요동치던 감정도 가라앉았습니다. 그러자 놀랍게도 생각을 정리할 수 있게 되었습니다.

이제 나는 제3단계인 '최악을 보다 좋게 개선하는 단계'에 직면할 수 있을 만큼 머리가 맑아졌습니다. 그래서 해결법을 생각하는 동안 아주 새로운 생각이 저절로 떠올랐습니다. 어쨌든 변호사를 찾아가서 모든 상황을 털어놓는다면, 내가 알지 못했던 해결법을 찾아줄지도 모른다는 생각이었습니다. 그전까지는 생각이 여기에 미치지 못했다는 것이 이상할 정도였습니다. 공연히 헛된 걱정으로 시간만 낭비하고 있었던 것입니다. 나는 날이 밝으면 당장 변호사를 찾아가리라고 결심하고 나서 자리에 누웠고 바로 깊이 잠들 수 있었습니다.

결과는 어땠을까요? 이튿날 아침 변호사를 만났더니 그는 나보고 검사를 찾아가서 있는 그대로 이야기하라고 했습니다. 나는 그가 시킨 대로 했습니다. 얘기를 마치고 나서 나는 깜짝 놀랄 만한 얘기를 들었습니다. 검사는 내 이야기를 다 듣고 나더니, 이런 협박 사건은 예전부터 자주 있었으며 '조사관'이라고 사칭하는 남자는 수배 중인 상습범이라는 것이었습니다. 그런 상습적인 사기꾼에게 5천 달러를 주어야 하나 어쩌나 하고 망설이면서 사흘 동안이나 꼬박 걱정하던 끝에 이런 말을 들었으니 얼마나 안도가 되었겠습니까!

이 경험은 나에게 잊을 수 없는 교훈을 주었습니다. 지금도 난처한 문제가 생기면 언제나 '윌리스 H. 캐리어'의 공식을 적용하고 있습니다.

하지만 윌리스 H. 캐리어보다 더 심각했던 사람도 있다. 이번에는 매사추세츠주 윈체스터 웨지미어 애비뉴에 사는 얼 P. 헤이니의 사례를 옮겨보기로 한다. 이 이야기는 1948년 11월 17일, 보스턴의 스태틀러 호텔에서 내가 직접 들은 사실이다.

1920년대에 나는 스트레스가 어찌나 심했는지 건강에도 문제가 생겨 위궤양에 시달렸습니다. 어느 날 밤, 나는 설사가 너무 심해서 시카고에 있는 노스웨스턴 대학 부속병원에 입원하는 처지가 되었습니다. 몸무게가 80킬로그램에서 40킬로그램으로 심각하게 줄었습니다. 진단 결과 병세가 워낙 심각해서 팔 한 쪽도 들어서는 안 된다는 지시를 받았습니다. 유명한 궤양 전문의를 포함한 세 사람의 의사가 나를 보더니 '치료 불가능'이라고 진단했습니다. 1시간마다 먹는 음식물이라고는 알칼리성 분말과 반 숟가락 정도의 우유와 크림뿐이었습니다. 간호사는 아침저녁으로 위에다 고무관을 집어넣어 위 속의 것을 끄집어냈습니다. 이러기를 몇 달이 흘렀습니다. 그러다 마침내 이런 생각을 했습니다.

'이봐 헤이니, 네가 죽음밖에는 아무것도 기대할 것이 없다면, 이제부터 남은 시간이라도 최대한 잘 살아야 하지 않을까? 너는 죽기 전에 세계 일주를 해보는 게 소원이었으니까, 지금이야말로 그 꿈을 실행하기에 가장 좋은 때야.'

내가 의사에게 지금 당장 세계여행을 떠날 것이고, 하루에 두 번 저 스스로 위를 씻어낼 생각이라고 말하자 당연히 그들은 깜짝 놀랐습니다. 어림없는 소리! 그것은 불가능해요! 그들은 내가 만일 세계여행 따위에 나섰다가는 바다에서 죽음을 맞이할 것이 뻔하다고 경고했습니다. 하지만 나는 제 주장을 꺾지 않았습니다.

"그렇게 되지는 않을 것입니다. 여행 도중 죽기라도 한다면 가족 공동묘지에 묻어달라고 친척들에게 부탁해놓았습니다. 그러니까 나는 관을 등에 지고 가는 한이 있더라도 떠날 생각입니다."

나는 관을 하나 사서 배에 싣고, 내가 죽으면 시체는 냉동 보관해서 본국으로 이송해달라고 여객선사에 예약을 해두었습니다. 나는 오래전 오마르 하이얌이 지은 시에 나오는 그런 심정으로 미국을 떠났습니다.

아, 아낌없이 쓰라. 아직 남아 있는 것이 있다면
죽어서 티끌로 떨어져 나가기 전에
먼지는 먼지가 되어, 또 먼지 밑에 누울지니
술도 없고, 노래도 없고, 시인도 없다. 그리고 종말도 없이!

로스앤젤레스에서 동양으로 가는 SS 프레지던트 애덤스호에 오르자 내 마음은 상쾌해졌습니다. 이때부터 서서히 알칼리성 분말 복용이라든가 위장을 세척하는 일을 멀리하기 시작했습니다. 그러고는 온갖 종류의 음식, 심지어는 내 몸에 아주 해롭다는 이국의 낯선 음식까지도 거리낌 없이 먹기 시작했습니다. 몇 주일 뒤에는 검고 독한 시가를 피웠고, 위스키로 하이볼을 만들어 마시기도 했습니다. 나는 정말 오랜만에 즐거운 나날을 보냈습니다. 배를 타고 있는 동안 계절풍과 태풍을 만나기도 했는데, 예전 같으면 그 두려움만으로도 공포를 느꼈을 텐데 그러기는커녕 그런 모험에 짜릿한 흥분이 느껴졌습니다.

나는 배 안에서 여러 가지 게임을 즐기고 노래도 불렀습니다. 새로운 친구들과 어울려 밤늦게까지 놀았습니다. 중국과 인도에서는 그동안 직면해온 사업상의 제 괴로움 따위는 동양 세계의 나라들이 겪고 있는 빈곤이나 굶주림에 비하면 아무것도 아니라는 사실을 깨달았습니다. 그 순간 부질없는 걱정을 모두 떨쳐버렸고 그러자 마음이 한없이 즐거워졌습니다. 미국으로 돌아왔을 때 내 몸무게는 40킬로그램이나 늘어 있었습니다. 내가 위궤양을 앓았다는 사실조차 말끔히 잊어버렸습니다. 실제로 그때처럼 상태가 좋았던 적이 한 번도 없었습니다. 나는 관을 다시 장의사에게 팔았고 다시 일을 시작했습니다. 그 뒤로 지금까지 한 번도 앓은 일이 없습니다.

얼 P. 헤이니는 자기도 모르는 사이에 윌리스 H. 캐리어가 제안한 걱정을 극복하는 공식을 실행했다고 나에게 이야기했다.

"우선 '일어날 수 있는 최악의 상황은 무엇인가?' 하고 스스로에게 물어보았습니다. 그 대답은 죽음이었습니다. 둘째, 나는 죽음을 받아들이기로 마음의 준비를 했습니다. 그 밖에는 달리 방법이 없으니까요. 의사가 내 병은 가망이 없다고 했으니까. 셋째, 내게 주어진 짧은 시간을 될 수 있는 대로 즐겁게 보냄으로써 사태를 보다 나은 방향으로 이끌어가려고 노력했습니다. 만약 내가 배를 타고 난 뒤에도 계속 걱정만 하고 있었다면, 관 속에 누워서 시체로 돌아왔을 것입니다. 하지만 마음 편하게 지냈고 온갖 번민에서 자유로워졌습니다. 이처럼 정신적 안정을 찾기 위한 노력은 나에게 새로운 에너지를 주었고, 그 에너지가 내 생명을 구해준 것입니다."

그러므로 여러분에게 어떤 걱정거리가 있다면 윌리스 H. 캐리어가 말한 다음 3가지 사항을 실행하는 것이 유익하다.

원칙 2

제1단계 _ 일어날 수 있는 최악의 사태는 무엇인가? 스스로에게 물어
본다.

제2단계 _ 도저히 어쩔 수 없는 일이라면 받아들일 마음의 준비를 한다.

제3단계 _ 침착하게 최악의 사태를 개선하기 위해 노력한다.

3

How to stop worrying and start living

걱정이
인간에게 미치는 영향

걱정과 싸우는 법을 모르는 사업가는 일찍 죽는다.

- 알렉시 카렐

어느 날 이웃 사람이

우리 집 초인종을 누르더니 천연두를 예방하기 위해 우리 가족 모두 예방주사를 맞아야 한다고 경고했다. 그 사람은 집집마다 찾아다니며 초인종을 누르는 자원봉사자들 중 하나였다. 뉴욕 전체로 보면 이런 사람은 수천 명 가까이 되었다. 이러한 결과 뉴욕 시내에는 곳곳마다 예방주사를 맞으려는 사람들의 행렬이 끝없이 이어졌다. 예방주사 접종은 병원뿐만 아니라 소방서, 경찰서, 공장 같은 데서도 실시했다. 2천 명이 넘는 의사와 간호사들이 밀려드는 군중들에게 예방주사를 놓기 위해 밤낮으로 있는 힘을 다해 일했다. 그렇다면 이 소동의 원인은 대체 무엇이었을까? 뉴욕에서 8명의 천연두 환자가 생겼고 그중 2명이 사망했다. 8백만 인구 중에서 2명이 죽은 것 때문에 이런 소동이 벌어진 것이다.

나는 37년이 넘도록 뉴욕에서 살아왔지만, 지금까지 단 한 사람도 걱정이라는 정신적인 질병에 대해 경고해주기 위해 우리 집 초인종을 누르는 사람을 본 적이 없다. 걱정병이 37년 동안 천연두보다 1만 배는 더 심각한 손해를 주고 있는데도 말이다.

미국에 살고 있는 10명 중 한 사람은 걱정이나 감정적 갈등으로 신경 쇠약증에 걸릴 것이라고 나에게 경고한 사람은 없었다. 그러므로 나는 지금 여러분에게 이것을 경고하려는 것이다.

노벨 의학상을 수상한 알렉시 카럴 박사는 이렇게 말했다. "걱정과 싸우는 방법을 모르는 사업가는 일찍 죽는다." 이 말은 사업가뿐만 아니라 가정주부, 수의사, 벽돌공 노동자들에게도 해당된다.

몇 년 전 나는 산타페 철도회사의 의무국에 근무하는 O. F. 고버 박사와 함께 텍사스에서 뉴멕시코까지 자동차 여행을 했다. 그때 우리는 걱정이 미치는 영향에 대해 이야기를 주고받았는데, 그는 내과에 찾아오는 환자의 70퍼센트는 두려움과 걱정을 극복하면 저절로 낫는다고 얘기했다.

"그렇다고 해서 그들의 병이 단순히 기분 탓이라는 말은 아닙니다. 심한 치통이라든가, 중증의 고통 등은 결코 기분 탓일 수 없습니다. 내가 말하는 건 신경성 소화불량, 어떤 종류의 위궤양, 심장병, 불면증, 두통, 그리고 일부 마비 증세를 보이는 질병들입니다. 이런 질병들은 거짓이 아닙니다. 나 역시 12년 동안이나 위궤양으로 고생했기 때문에 잘 알고 있습니다. 두려움은 걱정의 원인이 됩니다. 걱정은 인간을 긴장하게 만들고 예민하게 만들고 위 신경에까지 영향을 주어 위액의 분비에 이상을 초래하고, 이렇게 되면 위궤양으로까지 발전하는 경우가 많습니다."

이에 대해 조셉 F. 몬태규 박사도 그의 저서 《신경성 위 질환》이라는 책에서 같은 말을 했다. "위궤양은 음식 때문이 아니라 마음을 좀먹는 무엇 때문에 생긴다." 또 메이오클리닉의 W. C. 알바레스 박사는 이렇게 말했다. "위궤양은 감정적 긴장의 정도에 따라 악화되기도 하고 가라앉기도 한다."

이 보고는 메이오클리닉에서 위 진찰을 받은 1만 5천 명의 환자에 대해 연구한 결과다. 5명의 환자 중 4명은 위 질환을 앓아야 할 육체적인 원인을 찾아볼 수 없었다. 공포, 불안, 증오, 극단적인 이기주의, 현실 사회에 부적응과 같은 것들이 그들이 걸린 위장병의 원인이었다. 위궤양은 죽음에 이르게 하는 질병이다. 〈라이프〉지에 따르면 위궤양으로 인한 사망자 수는 전체 사망자 수 가운데 10위를 차지하고 있다고 한다.

전미개업의협회 정기총회에서 메이오클리닉의 해럴드 C. 하베인 박사는 다음과 같은 보고를 하고 있다. 그가 평균 연령 44.3세의 기업체 중역급 1백76명을 진찰한 결과에 따르면, 그중 3분의 1을 조금 넘는 사람들이 고도의 긴장 생활에서 오는 특유한 질환, 말하자면 심장 질환, 위궤양, 고혈압을 앓고 있었다는 것이다. 임원들 가운데 3분의 1 이상이 마흔다섯 살도 되기 전에 심장병, 위궤양, 고혈압 등으로 자신의 육체를 소모하고 있다. 성공이란 얼마나 값비싼 것인가! 게다가 그들은 성공했다고 할 수도 없다!

성공을 위해 위궤양이나 심장 질환을 대가로 치렀다면 어떻게 성공했다고 할 수 있는가? 온 세상을 차지한다 해도 건강을 잃으면 무슨 소용이 있겠는가? 천하를 손아귀에 넣었다 할지라도 그의 침대는 하나일 뿐이고, 하루에 세 끼밖에는 먹지 못한다. 시궁창을 청소하는 노동자라도 그 정도는 하지 않는가? 오히려 이들은 지위가 높은 중역들보다 더 깊은 잠을 자고 더 맛있게 먹을 수 있을 것이다. 솔직히 말해서 나 같으면 철도회사나 담배회사를 경영하다가 마흔다섯 살에 건강을 잃느니 밴조를 무릎에 놓고 노래를 흥얼거리며 앨라배마의 농가에서 소작농으로 사는 인생을 택하겠다.

담배 얘기가 나오니 생각나는 일이 있다. 최근에 세계에서 가장 유명한 담배 제조업자가 휴식을 취하기 위해 캐나다의 숲속을 산책하다가 심장마비로 갑자기 세상을 떠났다. 그는 막대한 재산을 가지고 있으면서도 예순하나라는 아직 한창인 나이에 세상을 뜨고 말았다. 아마도 그는 '사업상의 성공'과 자신의 수명을 맞바꾼 것이리라. 나는 백만장자인 그 담배 제조업자의 성공이 무일푼으로 여든한 살에 돌아가신, 미주리주의 농부였던 내 아버지의 성공보다 훨씬 못 하다고 생각한다.

유명한 메이오 형제는 병원 침대의 과반수는 신경성 질환을 앓는 사람들이 차지하고 있다고 발표한 바 있다. 하지만 이러한 사람들의 신경은 부검을 통해 정밀한 현미경으로 조사해본 결과, 대부분의 경우 잭 뎀시의 신경만큼이나 건강했다. 그들의 '신경 이상'은 신경의 물리적 퇴화로 인한 것이 아니라 허무감, 우려, 걱정, 두려움, 패배감, 절망 등 감정의 문제로 일어난 것이었다. 플라톤은 이렇게 말했다.

"의사들이 저지르는 최대의 잘못은 우선 마음을 치료하려 하지 않고 육체를 고치려는 데 있다. 정신과 육체는 하나이므로 따로 취급할 것이 아니다."

어쨌든 의과학이 이 위대한 진리를 의식하기까지는 2천3백 년이나 걸렸다. 최근에는 정신신체의학이라고 부르는 새로운 의과학이 발달하고 있다. 이것은 정신과 육체를 하나로 보는 의과학이다. 이제는 그렇게 되어도 좋을 법하다. 지금까지 의학은 천연두나 콜레라, 황열병, 그 밖의 물리적 병원균이 원인이 되어 무수한 사람을 불행한 죽음으로 몰아간 질병들을 극복할 수 있었다. 하지만 병원균이 아니라 감정들, 즉 걱정이나 두려움, 증오, 좌절, 절망 같은 감정으로 인해 일어나는 정신 및 육체적 질환에 대해서는 적절히 대처하지 못했다. 더구나 이러한 감정 질환으로 인한 사망률은 놀라운 속도로 늘어가고 있다.

의사들의 말에 따르면, 현재 미국인 20명 중 한 사람은 앞으로 정신 질환을 치료하는 기관에서 어느 정도의 시간을 보낼 것이라고 한다. 또 제2차 세계 대전 중에 소집된 젊은이 가운데 6명 중 한 사람은 정신 질환이 있거나 문제가 있어 군에 들어가지 못했다.

그러면 정신 이상의 원인은 무엇일까? 이에 대한 정확한 해답은 아무도 모른다. 하지만 대부분의 경우 두려움과 걱정이 발병 요인으로 지적되고 있다. 즉, 차가운 현실 세계와의 싸움에서 지고 의지가 꺾인 사람들은 주위 환경과 인연을 끊고, 스스로 만들어놓은 자기만의 꿈의 세계로 도피해버림으로써 걱정이라는 문제를 해결하는 것이다.

지금 내 책상에는 에드워드 포돌스키 박사가 쓴 《걱정을 멈추면 병이 낫는다》라는 제목의 책이 있는데, 그 속에는 다음과 같은 제목들이 있다.

걱정이 심장에 미치는 영향

걱정이 고혈압을 부른다
걱정 때문에 생기는 류머티즘
위장을 위해 걱정을 줄여라
걱정은 어떻게 감기의 원인이 되는가
걱정과 갑상선
걱정하는 당뇨병 환자

'정신과 치료의 메이오 형제'로 유명한 칼 메닝거 박사가 쓴《자기를 배반하는 인간》은 걱정에 대한 또 다른 통찰력을 보여주고 있다. 걱정으로부터 벗어나는 방법에 대한 기술은 없으나 걱정이나 좌절, 증오, 원한, 반감, 두려움 등으로 인해 인간의 육체가 어떻게 파괴되는지 자세히 씌어 있다. 한번 읽어보기를 권한다.

걱정은 아무리 건강한 사람도 병들게 한다. 그랜트 장군은 남북 전쟁이 끝나갈 무렵에 이 사실을 깨달았다. 그 이야기는 이러하다.

그랜트 장군은 9개월에 걸쳐 리치몬드를 포위 공격하고 있었다. 리 장군의 군대는 보급 부족과 굶주림에 지쳐 패잔병이나 다름없었다. 연대가 한꺼번에 도망치기도 했다. 남은 병사들은 텐트 안에서 기도회를 열고 소리 지르고 울부짖으며 환상을 보기까지 했다. 종말이 눈앞에 다가오고 있었다. 리 장군의 부하들은 리치몬드의 목화 창고와 담배 창고에 불을 지르고 병기고를 태워버리고는 밤하늘에 치솟는 불길을 뒤로하고 도시 밖으로 도망했다. 그랜트 장군의 군대는 바짝 뒤를 쫓으며 좌우 양쪽과 뒤에서 맹렬히 남부군을 추격했다. 한편 세리단 장군이 이끄는 기병대는 적군의 퇴로를 끊고 철도를 파괴해 보급품을 실은 열차를 포획했다. 그런데 그랜트 장군은 심한 두통 때문에 하는 수 없이 대열에서 처져 한 농가에서 휴식을 취했다. 그는 《회고록》에서 이렇게 적고 있다.

"나는 밤새도록 겨자를 푼 뜨거운 물에 발을 담그고 손목과 목 뒤에는 겨자씨로 만든 고약을 붙이고는 아침까지는 부디 좋아지기를 마음속으로 빌고 있었다."

이튿날 아침, 그는 말끔히 완쾌되었다. 하지만 그의 편두통을 고친 것은 겨자 고약 때문이 아니라 리 장군의 항복 문서를 지닌 군사가 도착했기 때문이었다. 그랜트 장군은 그때의 일을 이렇게 기록하고 있다.

"장교가 편지를 가지고 도착할 때까지 나는 여전히 심한 두통에 시달렸다. 그런데 그 문서를 읽는 순간 두통이 씻은 듯이 사라졌다."

걱정과 긴장, 그리고 감정들이 그랜트 장군을 병들게 했는데 그의 감정이 자신감, 성취감, 성공의 빛을 띠기 시작하자 단번에 완쾌되었던 것이다.

그로부터 70년 뒤, 프랭클린 D. 루스벨트 내각에서 재무장관이었던 헨리 모건도 2세는 걱정이 심하면 기분을 해치고 현기증이 생길 수 있다는 사실을 알았다. 그의 일기에는 대통령이 호밀 값을 인상하기 위해 하루에 4백40만 부대의 밀을 사들일 때 그가 몹시 난처했었다고 적혀 있다.

"그 일을 집행하면서 나는 머리가 몹시 어지러웠다. 집으로 돌아와 점심 식사를 하고 2시간이나 자리에 누워 있었다."

걱정이 사람에게 미치는 영향을 알고 싶다면, 도서관이나 의사를 찾아갈 필요도 없다. 왜냐하면 이 책을 쓰고 있는 내 집 창밖만 내다보아도 볼 수 있기 때문이다. 지금 내가 살고 있는 한 블록 안에서도 어떤 집에는 걱정으로 말미암아 신경 쇠약증에 걸린 사람이 있고, 당뇨병을 앓고 있는 이의 집도 있다. 주식이 폭락했기 때문에 그 사람의 혈액과 소변에 당분이 증가한 것이다.

프랑스의 위대한 철학자 몽테뉴가 그의 고향 보르도에서 시장으로 뽑혔을 때, 그는 시민들에게 이렇게 말했다.

"나는 여러분의 문제에 기꺼이 손을 빌려드릴 준비가 되어 있습니다만 나의 간이나 폐에까지 영향을 미치게 할 생각은 없습니다."

내 이웃 사람들은 주식 문제 때문에 어찌나 속을 끓였던지 자칫 죽음에까지 이를 뻔했다. 걱정이 인간에게 어떠한 작용을 미치는지 보고 싶다면 구태여 이웃집을 들출 필요도 없이 지금 내가 글을 쓰고 있는 이 방을 보면 된다. 이 집의 전 주인은 지독한 걱정에 시달린 나머지 아직 죽을 나이가 아닌데도 서둘러 무덤으로 가버렸다. 또 걱정으로 말미암아 사람들은 류머티즘이나 관절염에 걸려 휠체어 신세를 지게 될 수도 있다. 코넬 대학교 의과대학의 러셀 L. 세실 박사는 관절염에 대해서는 세계적 권위자인데, 그는 관절염을 유발하는 흔한 원인으로 다음 4가지를 들고 있다.

1. 불행한 결혼 생활
2. 경제적 재난과 그에 따른 비탄
3. 외로움과 걱정
4. 오랫동안 쌓인 원한

물론 이 4가지 감정적 상황만이 관절염의 원인이 되는 것은 아니다.

관절염은 여러 가지 원인에 근거한 갖가지 종류가 있다. 하지만 다시 한번 말하지만, 관절염을 일으키는 가장 보편적인 조건은 세실 박사가 열거한 4가지에 그친다.

예를 들면, 내 친구 중 한 사람이 불경기로 심한 타격을 받았다. 가스 회사는 가스를 끊었고, 은행은 집을 차압했다. 그러자 그의 아내가 갑자기 심각한 관절염에 걸렸다. 온갖 약을 다 써보고 식이요법도 실천했으나 아무런 효과가 없었다. 그런데 남편의 경제 상태가 회복되자 증세도 동시에 호전되었다.

걱정은 또한 충치의 원인이 되기도 한다. 윌리엄 I. L. 맥고니걸 박사가 미국 치과의사협회에서 보고한 바에 따르면, "걱정이나 두려움, 잔소리 등에서 오는 불쾌한 감정은 체내의 칼슘 균형을 잃게 하여 충치의 원인이 된다."라고 했다.

박사를 찾아온 어떤 환자는 그의 부인이 병에 걸리기 전까지는 이가 아주 건강했는데, 아내가 3주 동안 입원해 있는 사이 충치가 9개나 생겼다는 것이다. 이것은 확실히 걱정으로 인해 생긴 충치였다.

급성 과활동성 갑상선에 걸린 사람을 보면 부들부들 떨면서 당장에라도 죽을 것 같은 모습을 보인다. 실제로 그들은 거의 죽어가고 있기도 하다. 이것은 신체를 조절하는 분비 기관인 갑상선이 고르지 못하기 때문이다. 그러면 가슴이 몹시 뛰며 온몸이 마치 통풍 조절 장치를 활짝 열어놓은 난로처럼 활활 타오르는 것이다. 수술이나 다른 어떤 방법으로 이것을 제어하지 못하면 가엾게도 환자는 까맣게 타버리고 말 것이다.

얼마 전 나는 이런 병을 앓고 있는 친구와 함께 필라델피아에 갔다. 이런 종류의 질병을 다룬 지 38년이나 되고 이 분야의 명의로 알려진

이스라엘인 부람 박사의 진찰을 받기 위해서였다. 그의 응접실에는 커다란 액자에 환자들에게 주는 충고가 적혀 있었다. 기다리는 동안 나는 그 구절을 적어왔는데, 내용은 다음과 같다.

휴식과 오락

마음을 가장 편안하게 해주며 활력을 주는 힘은
건전한 종교, 수면, 음악, 웃음이다.
하나님을 믿고 깊이 잠들라.
좋은 음악을 사랑하라.
삶의 익살스러운 면을 보라.
건강과 행복을 얻을 수 있으리라.

박사가 내 친구에게 던진 첫 번째 질문은 이것이었다. "어떤 감정적 혼란 때문에 이런 증상이 생겼습니까?"

그는 만일 이대로 걱정을 계속한다면 심장 질환, 위궤양, 당뇨 같은 합병증이 올 수도 있다고 경고했다. 이러한 병들은 서로 친척지간이라는 것이었다. 맞는 말이다. 이 질병들은 사촌들이다. 모두 걱정을 통해 발생할 수 있는 질병들이다.

언젠가 멀 오베론을 만난 적이 있는데 그녀는 결코 사소한 일로 걱정하지 않는다고 말했다. 걱정에 빠지면 영화배우가 가진 최대의 자산, 즉 아름다운 외모가 망가지기 때문이라는 것이다. 그녀는 내게 이런 말을 했다.

"제가 처음으로 영화계에 들어서려 했을 때, 걱정이 되고 겁이 나기

55

도 했습니다. 저는 인도에서 막 왔기 때문에 런던에는 아는 사람이 아무도 없었거든요. 몇 사람의 제작자를 찾아갔지만 아무도 나를 채용해 주지 않았죠. 게다가 가지고 있던 얼마 되지 않았던 돈도 점점 줄어들고 있었답니다. 2주 동안 과자와 물만 먹으며 지냈어요. 그러자니 이제 문제는 걱정뿐만 아니라 배가 고프다는 것이었죠. 저는 제 자신에게 말했어요. '너는 바보인지도 몰라. 영화계에 어떻게 들어갈 수 있겠어. 경험도 없고, 연기 같은 것은 해본 일도 없잖아! 겨우 얼굴이 좀 예쁘다는 것 말고는 아무것도 없잖아!' 저는 거울 앞으로 갔습니다. 거울을 들여다본 순간, 걱정이 제 얼굴을 형편없이 만들고 있다는 것을 알았습니다. 지금까지는 없었던 주름살과 근심 어린 표정이 역력했습니다. 그래서 저는 스스로에게 이렇게 타일렀어요. '이런 짓은 당장 그만두지 않으면 안 돼! 언제까지나 걱정만 하고 있을 수는 없어. 볼 만한 것이라고는 그나마 외모뿐인데 걱정 때문에 얼굴이 형편없이 망가졌잖아!'"

걱정처럼 여자를 빨리 늙게 하고 추하게 하며 우울하게 하는 것은 없다. 걱정은 표정을 딱딱하게 만들어버린다. 걱정은 턱의 곡선을 딱딱하게 만들고, 얼굴에 주름살을 만든다. 얼굴을 찌푸린 상으로 만들 뿐만 아니라 흰머리가 늘게 하고, 탈모증의 원인이 되기도 한다. 또 피부를 거칠게 하고, 온갖 종기나 여드름의 원인이 되기도 한다.

오늘날 심장병은 미국인을 위협하는 가장 치명적인 질병이다. 제2차 세계 대전 중에 전사한 미군의 수는 약 30만 명인데, 같은 시기에 심장 발작으로 사망한 사람은 2백만 명이나 된다. 그 사망자 가운데 1백만 명은 걱정과 극도의 긴장된 생활 때문에 야기되는 심장 발작으로 죽었다. 카렐 박사가 "걱정과 싸우는 방법을 모르는 사업가는 일찍 죽는다."고 말한 중요한 이유 가운데 하나가 심장 발작이다.

남부의 흑인들이나 중국인들은 어떤 문제에 고통스럽게 집착하거나 걱정하지 않기 때문에, 걱정으로 인한 심장병에 걸리는 일은 거의 없다. 왜냐하면 그들은 만사를 차분히 받아들이기 때문이다. 또한 통계에 따르면 심장 발작으로 죽는 의사의 수는 농장 노동자의 20배에 이르고 있다. 의사들은 정신적으로 일반인보다 더 긴장된 생활을 하기 때문에 그 대가를 치르는 것이다.

윌리엄 제임스는 이렇게 말했다. "하느님은 우리의 죄를 용서해주실지 모르나, 신경체계는 그렇지 않다."

그런가 하면 믿을 수 없을 만큼 놀라운 사실이 있다. 해마다 미국에서는 다섯 종류의 전염병으로 죽는 사람이 상당히 많은데, 그보다 더 많은 사람이 자살로 생을 버리고 있다는 것이다.

옛날 중국에서는 잔인한 군주가 포로를 고문할 때 포로의 손발을 묶고 밤낮으로 끊임없이 물방울이 똑똑 떨어지는 물통 아래 앉게 한다. 똑, 똑, 똑. 밤낮을 가리지 않고 머리 위로 떨어지는 물방울은 마침내 망치로 머리를 때리는 소리처럼 들려 포로들을 미치게 한다. 이러한 고문법은 스페인의 종교재판, 히틀러 치하의 독일 강제수용소에서도 사용되었다.

걱정은 끊임없이 똑, 똑, 똑 떨어지는 물방울과 같은 것이다. 끊임없이 똑, 똑, 똑 떨어지는 걱정은 사람을 미치게 하고, 자살로 몰아넣기도 한다.

내가 미주리주 시골에서 살았던 어린 시절, 빌리 선데이가 지옥의 불길을 묘사하는 이야기를 듣고 몹시 무서워한 일이 있다. 하지만 그는 이승에서의 걱정 때문에 많은 사람이 맛보게 되는 '육체적 고통'이라는 지옥의 불길에 대해서는 한마디도 해주지 않았다. 이를테면 만일 여러분이 아주 사소한 일로도 대단히 걱정하는 성격이라면 언젠가 인간이 겪을 수 있는 가장 끔찍한 고통으로 쓰러져버릴지도 모른다. 그것은 바로 협심증이다. 그렇게 되면 여러분은 지독한 고통으로 비명을 지를 것이다. 여러분의 울부짖음에 비한다면, 단테의 《신곡》에 나오는 아비규환도 '장난감 나라의 모험'에 나오는 울음소리 정도로밖에 생각되지 않을 것이다. 그리고 여러분은 자신에게 이렇게 말하게 된다. "오, 하나님, 오, 하나님, 이 병만 낫는다면 무슨 일이 있어도 결코 걱정하거나 하지 않겠습니다."

내 말이 과장이라고 여긴다면 여러분의 주치의에게 물어보라. 여러분은 진실로 인생을 사랑하는가? 그리고 건강하게 오래 살고 싶은가? 좋은 방법이 있다. 나는 다시 알렉시 카렐 박사의 말을 인용하겠다.

"도시문명의 혼란 속에서도 정신적으로 건강한 생활을 유지할 수 있는 사람은 신경 질환에 걸리지 않는다."

여러분은 과연 어떠한가? 정신없이 돌아가는 도시문명의 혼란 속에서도 내면의 평정을 유지할 수 있는가? 대부분의 사람들은 "할 수 있다."고 대답할 것이다. "물론이죠."라고 대답할 것이다. 사람들은 대부분 자신이 생각하는 것보다 강하다. 우리는 지금까지 한 번도 사용한 일이 없는 내적인 능력을 지니고 있다. 데이비드 소로는 불멸의 명저 《월든》에서 이렇게 말했다.

"인간이 의식적인 노력으로 자신의 생활을 향상시키려는 훌륭한 능력만큼 믿음직한 것은 없다…. 만일 인간이 자신의 꿈을 이루는 방향으로 확신을 가지고 나아간다면, 그리고 자신이 상상하던 인생을 누리려고 노력한다면, 평소에 기대할 수 없는 성공을 거두게 될 것이다."

이 책을 읽는 독자들도 올가 K. 자비에 못지않은 의지와 내적인 능력을 가졌으리라고 생각한다. 그녀는 아이다호 커르 달렌에 살고 있다. 그녀는 누구보다 비극적인 환경에 처했으면서도 걱정을 극복할 수 있다는 것을 깨달았다. 내가 이 책에서 되풀이해서 설명하고 있는 오래된 지혜를 적용하기만 하면, 누구라도 할 수 있다고 나는 확신한다. 올가 K. 자비에는 내게 보낸 편지에서 이렇게 말하고 있다.

저는 8년 반 전에 사망선고를 받았습니다. 암이라는 느리고 고통스러운 죽음이었죠. 미국에서 최고의 의사라는 메이오 형제도 그렇게 진단했습니다. 저는 막다른 길에 서 있었고 더 이상 갈 곳이 없었습니다. 저는 아직 젊었습니다. 죽고 싶지 않았어요. 그래서 저는 켈로그에 있는 주치의에게 전화를 걸어 저를 괴롭히는 절망감을 털어놓았습니다. 그러자 그는 조금 초조한 듯이 저를 타일렀습니다.

"왜 그래요, 올가. 당신에게는 아무런 투지도 없습니까? 그렇게 울고만 있으면 정말 죽고 맙니다. 지금 당신의 병세는 확실히 최악으로 치닫고 있어요. 그건 틀림없는 사실입니다. 하지만 마음을 굳게 먹고 현실과 대결하는 거예요! 걱정은 그만두고 해결해야 합니다!"

저는 그 자리에서 두 손이 아프도록 움켜쥐고 굳게 맹세했습니다. 그 맹세가 어찌나 엄숙했던지 못이 살 속으로 파고들어 냉기가 척추를 타고 흐르는 것처럼 느껴질 정도였지요.

'더 이상 걱정하지 않겠다. 더 이상 울지도 않겠다. 한 가지만 생각하겠다. 나는 이길 수 있다! 나는 살 수 있다!'

라듐을 처방할 수 없을 만큼 병세가 악화되면 하루에 통상적으로 10분 30초씩 30일간 방사선 치료를 합니다. 하지만 저는 49일 동안을 하루에 14분 30초씩이나 방사선 치료를 했습니다. 불모의 언덕 위에 솟아 있는 바위처럼 저의 깡마른 몸에서 뼈들이 튀어나왔고, 다리는 납덩이처럼 무거워졌으나 저는 결코 걱정하지 않았습니다. 한 번도 눈물을 흘리지 않았습니다! 오히려 명랑하게 웃으며 지냈습니다. 정말 그랬습니다. 억지로라도 웃으려고 애썼습니다.

그렇게 버티고는 있었지만, 그저 벙글거리기만 하면 암이 낫는다고 믿을 만큼 바보는 아니었습니다. 하지만 명랑한 마음을 가지면 육체가 병과 싸우는 것을 도와준다고 믿기는 했습니다. 아무튼 저는 기적적으로 암을 물리치는 데 성공했습니다. 그리고 최근 몇 년 동안 저는 그전보다 더 건강하게 살고 있습니다. 이것은 모두 매캐프리 박사가 "현실을 직시하라! 걱정은 집어치워라! 해결을 위해 행동하라!"라고 격려해주신 덕분이었습니다.

이 장을 마치면서 나는 카렐 박사가 한 말을 다시 한번 되풀이한다. "걱정과 싸우는 법을 모르는 사업가는 일찍 죽는다."

예언자 무함마드를 광적으로 추종하는 신자들은 그들의 가슴에《코란》의 구절을 문신처럼 새겨두곤 했다. 나 역시 이 책을 읽는 모든 독자의 가슴에 이 장의 타이틀을 새겨주고 싶다. "걱정과 싸우는 법을 모르는 사업가는 일찍 죽는다."

카렐 박사는 여러분을 위해 이 말을 한 것이 아닐까? 아마도 그럴 것이다.

걱정에 대해 꼭 알아야 할 기본 원칙

1 걱정에서 자유롭고 싶다면, 윌리엄 오슬러 경이 말한 것처럼 실행하라. 즉, '오늘에 충실하게' 생활하라. 미래에 대해 마음을 옥죄지 마라. 잠자리에 들 때까지 그날 하루만 생활해라.

2 걱정에서 헤어날 수 없다면, 윌리스 H. 캐리어가 제안한 마법의 공식을 적용해보라.

    1. 스스로에게 묻는다. "이 문제를 해결하지 못할 경우 일어날 수 있는 최악의 사태는 무엇인가?"

    2. 도저히 어찌할 수 없을 때는 최악의 사태를 받아들이기로 각오한다.

    3. 이미 받아들인 최악의 사태를 조금이라도 개선하기 위해 노력한다.

3 기억하라. 걱정이 얼마나 엄청난 대가를 치르게 하는지. "걱정과 싸우는 방법을 모르는 사업가는 일찍 죽는다."

*Basic Techniques
In Analyzing Worry*

걱정을
분석하는
기법

1

How to stop worrying and start living

걱정을 분석하고
해결하는 방법

나는 6명의 충실한 하인을 거느리고 있다.
(내가 알고 있는 것은 전부 그들이 가르쳐준 것이다.)
그들의 이름은 언제, 어디서, 누가, 무엇을, 어떻게, 왜이다.
- 러디어드 키플링

제1부 2장에서

언급한 윌리스 H. 캐리어의 마법의 공식은 모든 걱정거리를 완벽하게 해결해줄 수 있을까? 물론 그렇지는 않다. 그렇다면 해답은 무엇일까? 해답은 우리가 온갖 종류의 걱정을 처리하기 위해서는 우선 문제 분석의 3가지 기본 단계를 알고 있어야 한다는 것이다. 그 3단계는 다음과 같다.

1. 사실을 파악한다.
2. 사실을 분석한다.
3. 결정을 내리고 그에 따라 실행한다.

누구나 알고 있는 사실인지도 모른다. 아리스토텔레스도 그것을 가르쳤고 또한 실천했다. 우리를 괴롭히고 우리의 하루하루를 지옥으로 만들고 있는 문제들을 해결하고 싶다면 우리 역시 이 방법을 쓰지 않으면 안 된다.

먼저 제1단계를 보자. 사실을 파악한다. 사실을 파악한다는 것이 어째서 그렇게 중요한가? 정확한 사실을 모르면 그 문제를 슬기롭게 해결해보려는 시도조차 불가능하기 때문이다. 사실을 파악하지 못하면 우리는 혼란 속에서 갈팡질팡할 뿐이다. 이것은 나만의 생각이 아니라 지금은 작고했지만 컬럼비아 대학의 학장으로 22년간 재직한 허버트 E. 호크스의 생각이기도 하다. 그는 일찍이 20만여 명의 학생들에게 문제 해결법에 대한 강의를 했다. 그가 나에게 얘기한 바에 따르면, "걱정의 중요한 원인은 혼란"이다. 그의 말은 다음과 같다.

"이 세상에 존재하는 걱정의 절반은 결정의 근거가 되는 지식을 충분히 갖지 않고 결정을 내리려고 서두르는 것이 원인입니다. 가령 나에게 다음 주 화요일 3시에 맞닥뜨려야 할 문제가 있다고 가정해봅시다. 그럴 때 나는 화요일이 되기까지는 그 문제에 대해 결정을 내리려는 어떤 시도도 하지 않습니다. 그동안 나는 이 문제와 관계가 있는 모든 사실을 파악하는 데 전념할 뿐입니다. 걱정하지도 않고 고민하지도 않습니다. 잠을 설치는 일도 없습니다. 다만 사실을 파악하는 일에 전념할 뿐입니다. 그렇게 화요일이 다가오고 그때까지 사실이 파악되어 있으면 문제는 저절로 해결됩니다!"

나는 호크스 학장에게 그렇다면 당신은 걱정으로부터 완전히 해방되었느냐고 물었다. 그러자 그는 이렇게 대답했다.

"그렇습니다. 나는 걱정으로부터 완전히 해방되었다고 단언할 수 있습니다. 누구든지 공정하고 객관적인 입장에서 사실을 파악하는 데 시간을 투자한다면, 모든 걱정은 이해라는 빛을 받으면서 증발해버린다는 것을 발견했습니다."

다시 한번 강조하자면 이렇다. "누구든지 공정하고 객관적인 입장에서 사실을 파악하기 위해 시간을 투자한다면, 모든 걱정은 이해라는 빛을 받아 증발해버린다."

그런데 우리는 어떤가? 우리가 사실에 관심을 기울인다고 해보자. "인간은 생각하는 수고를 덜 수만 있다면 어떤 수단이라도 사용할 것이다."라고 토머스 에디슨도 말한 적이 있지만, 그래도 우리가 사실에 집중한다고 가정해보자. 그렇더라도 우리는 기왕에 생각하고 있던 것을 지지해주는 사실만을 믿으려 하고, 다른 모든 사실은 무시하는 경향이 있다. 우리는 오로지 자신의 행동을 정당화시켜줄 사실들, 우리가 바라는 생각과 일치하는 사실만을 구하여 미리 생각해두었던 편견을 정당화해버린다. 이에 대해 앙드레 모루아는 이렇게 말하고 있다.

"우리의 개인적인 욕망과 일치되는 것은 모두 진실인 것처럼 생각되고, 그렇지 않은 것은 우리를 화나게 만든다."

그러고 보면 우리가 문제에 대한 해결 방법을 찾는 일이 얼마나 어려운지 의심할 여지가 없다. 2 더하기 2는 5라는 가정 아래 문제에 접근한다면, 단순한 계산 문제에 불과한데도 다분히 까다로워질 수밖에 없는 것이다. 그런데 세상에는 2 더하기 2는 5라고, 심지어는 500이라고 고집을 부려 자신과 주변 사람들의 생활을 지옥으로 만드는 사람이 적지 않다.

그러면 우리는 어떻게 해야 할까? 그것은 우리의 감정을 생각으로부터 분리시켜야 한다. 그리고 호크스 학장이 말한 대로 사실을 '공정하고 객관적인 방법'으로 파악해야 한다.

하지만 우리가 걱정에 빠져 있을 때는 이렇게 하기가 쉽지 않다. 걱정에 몰입해 있을 때는 감정이 흥분된 상태이기 때문이다. 그러므로 문제에서 한 걸음 물러서서 사실을 분명하게 객관적으로 관찰하는 데 도움이 되는 2가지 아이디어를 제시해보겠다.

1. 사실을 파악하기 위해 노력할 때, 자신을 위해서가 아니라 다른 사람을 위해 자료를 수집하고 있는 것이라고 생각한다. 그러면 사실을 냉정하고 공평하게 관찰할 수 있으며 불필요한 감정을 제거할 수 있다.

2. 자신을 괴롭히는 문제에 관해 사실을 수집할 때, 나와는 반대 측에 서서 변론을 준비하고 있는 변호사의 입장이 되어보라. 다시 말하면 나에게 불리한 사실, 내가 직면하고 싶지 않은 사실들이 뚜렷하게 보이도록 노력한다. 그런 다음 내 입장과 반대편의 입장을 글로 적어본다. 대개의 경우 진실은 이 2가지 극단의 중간에 있다는 것을 알게 된다.

내가 말하고 싶은 것은 여러분도, 나도, 아인슈타인도, 미 대법원조차도 우선 사실을 파악하지 않고서는 현명한 결정을 내릴 수 있을 정도로 뛰어난 존재는 아니라는 점이다. 토머스 에디슨은 이런 사실을 알고 있었다. 그가 죽으면서 남긴 2천5백 권의 노트에는 그가 직면했던 문제에 관한 사실들이 가득히 적혀 있었다.

그러므로 문제 해결의 제1단계는 사실을 파악하는 것이다. 호크스 학장이 했던 대로 실행하는 것이다. 우선 공정한 태도로 사실을 수집한 다음 문제 해결에 착수하는 것이다. 온갖 사실을 모으는 것만으로는 아무런 소용이 없다. 그것을 분석하고 해명하기까지는.

나는 값비싼 경험을 통해 사실을 기록하고 나서 분석하는 편이 훨씬 쉽다는 것을 깨닫게 되었다. 실제로 사실을 종이에 써보는 것만으로도 현명한 결정을 향해 한 걸음 내딛는 것이 된다. 찰스 케터링이 말했듯이 정확하게 문제를 기술한다는 것은 문제의 절반을 해결한 것이나 다름없다.

이 말이 실제 상황에서 어떻게 작용하는지 좀 더 구체적으로 설명해 보기로 한다. 한 폭의 그림은 1만 마디 문자보다 낫다는 중국 격언도 있듯이, 어떤 사람이 어떻게 우리가 지금까지 얘기했던 것을 현실의 행동으로 옮겼는지 그림을 보고 있다고 생각했으면 한다.

이것은 동양에서 가장 성공한 미국인 중 하나인 갈렌 리치필드의 이야기다. 1942년 그가 중국에 있을 때 일본군이 상하이를 침공했다. 다음은 그가 우리 집에 찾아왔을 때 내게 들려준 이야기다.

🖋 일본군은 진주만을 공격하고 얼마 안 되어서 이번에는 상하이로 물밀 듯이 밀어닥쳤습니다. 나는 그 무렵 상하이에 있는 아시아 생명 보험회사의 지배인이었습니다. 일본군은 우리 회사에 '군대 청산인'을 보냈는데 그는 현역 해군 대장이었습니다. 그는 나에게 우리 지사 자산을 청산하는 데 협조하라고 명령했습니다. 내게는 선택의

여지가 없었습니다. 협력이냐 아니면 총살이냐 둘 중 하나였습니다. 나는 그들이 명령하는 대로 하는 척 움직일 수밖에 없었습니다. 달리 어쩔 도리가 없었습니다. 하지만 나는 75만 달러에 해당하는 유가증권 한 묶음을 그에게 넘겨야 하는 목록에 넣지 않고 빼돌렸습니다. 이들 증권은 홍콩 지점에 소속된 것이므로 상하이 지사의 자산이 아니라고 판단했던 것입니다. 그러면서도 만약 이 사실이 발각되면 나를 끓는 물에 빠뜨려 죽이지 않을까 하는 두려움에 떨고 있었는데, 결국 그들에게 들키고 말았습니다.

이 사실이 발각되었을 때 나는 마침 자리에 없었고, 사무실에는 상사인 회계과장이 있었습니다. 나중에 그가 전해준 말에 따르면, 일본군 장성은 노발대발해 책상을 탕탕 치며 야단이었다고 합니다. 그리고 나를 두고 도둑놈이니 반역자니 하면서 갖은 욕설을 퍼붓더라는 것입니다. 내가 브리지하우스에 끌려갈 것은 면할 길이 없었습니다.

브리지하우스! 그 유명한 일본 게슈타포의 고문실! 내가 아는 사람들 중에는 그곳으로 연행되는 것보다 죽는 것이 낫다며 스스로 목숨을 끊은 친구들도 있었습니다. 그곳에 열흘 동안 갇혀서 고문을 받다가 죽은 친구들도 있었습니다. 그런데 내가 그곳으로 끌려가게 될 처지가 된 것입니다!

그래서 내가 어떻게 했냐고요? 내가 사건의 내용에 대해 들은 것은 일요일 오후였습니다. 만일 문제를 해결하기 위한 나름의 방식이 없었더라면 나는 분명 공포로 떨고 있었을 겁니다. 하지만 나는 오래전부터 걱정거리가 있으면 즉시 타자기 앞에 앉아 다음과 같은 2가지 질문과 그 대답을 기록하는 습관이 있었습니다.

1. 무엇을 걱정하고 있는가?
2. 그에 대해 할 수 있는 일은 무엇인가?

전에는 이런 질문을 기록하는 일 없이 그 해답을 얻고자 했습니다. 하지만 몇 년 전부터는 그렇게 하지 않았습니다. 왜냐하면 질문과 그 해답을 함께 기록하는 편이 생각을 훨씬 명확하게 만들어준다는 것을 알게 되었기 때문입니다. 그래서 그 일요일 오후에 나는 곧장 상하이 YMCA에 있는 제 방으로 가서 타자기를 꺼내 다음과 같이 적었습니다.

1. 무엇을 걱정하고 있는가?
   내일 아침 브리지하우스로 끌려가게 되지 않을까 두려워하고 있다.
2. 그에 대해 할 수 있는 일은 무엇인가?

나는 몇 시간 동안이나 곰곰이 생각한 끝에, 내가 실행할 수 있는 4가지 대응 방법과 각각의 대응이 야기할 수 있는 결과를 적어보았습니다.

1. 일본군 장교에게 자세한 사정을 설명한다. 하지만 그는 영어를 모른다. 만일 통역을 통해 설명한다면 다시 한번 그를 화나게 만들 염려가 있다. 그것은 죽음을 의미한다. 그는 잔인한 성격이라 귀찮은 변명 따위를 듣기보다는 나를 브리지하우스에 처넣는 것으로 일을 마무리할지도 모른다.

2. 도망친다. 하지만 그것은 불가능하다. 그들은 나의 모든 것을 감시하고 있다. YMCA에 있는 내 방에 드나들 때도 항상 신고 해야 한다. 그러니 만일 도망치려고 시도했다가 들키기라도 하 면 총살될 것이다.

3. 나는 이 방에 틀어박혀 사무실에는 나가지 않을 수도 있다. 하 지만 그렇게 한다면 일본군 장교에게 의심을 살 것이다. 그는 변명할 기회도 주지 않고 나를 브리지하우스에 집어넣고 말 것 이다.

4. 월요일 아침에 여느 때처럼 태연하게 출근한다. 일본군 장교는 언제나 바쁘기 때문에 내가 한 일을 생각해내지 못할지도 모른 다. 만일 생각이 난다 할지라도 그때는 어느 정도 기분이 진정 되어 나를 내버려둘지도 모른다. 일이 그렇게만 된다면 다행 이지만 설령 그가 트집을 잡더라도 그때는 설명할 기회가 있을 것이다. 그러므로 월요일 아침 여느 때와 마찬가지로 출근해서 아무 일도 없었던 것처럼 행동하면 브리지하우스로 가는 불행 을 모면하는 두 번의 기회를 얻는 셈이다.

이렇게 마음을 정하고 네 번째 계획대로 실천하기로 결심하자, 그 와 동시에 기분이 한결 홀가분해졌습니다. 다음 날 아침 내가 사무 실에 나갔을 때, 일본군 장교는 담배를 입에 물고 의자에 앉아 있었 습니다. 그는 나를 빤히 노려보았지만 아무 말도 하지 않았습니다. 6 주일 뒤 그는 도쿄로 돌아갔고 제 걱정은 끝났습니다.

이미 말씀드린 것처럼 그 일요일 오후에 책상 앞에 앉아서 내가 할 수 있는 다양한 수단과 각각의 결과를 기록해보고 나서 냉정하게 결정을 내렸기 때문에 목숨을 구했다고 확신할 수 있습니다. 만일 그렇게 하지 않았더라면 허둥지둥 당황하다 순간적인 충동으로 실수를 저질렀을지도 모릅니다. 깊이 생각하고 결정을 내리지 않았더라면, 나는 일요일 오후 내내 번민으로 보냈을 것이고 그날 밤은 뜬눈으로 새웠을지도 모릅니다. 그리고 월요일 아침에는 초췌한 얼굴로 사무실에 나갔을 것입니다. 그랬더라면 아마도 일본군 장교는 의혹을 품고 어떠한 조치를 취했을지도 모릅니다.

여러 차례의 경험을 통해 나는 결정에 이르는 과정이 얼마나 중요한지를 알게 되었습니다. 목적지에 이르지 못하고 쳇바퀴 돌 듯 끊임없이 서성이는 것을 제어하지 못하기 때문에 사람들은 신경 쇠약증에 걸리고 지옥 같은 시간을 보내게 됩니다. 걱정의 50퍼센트는 일단 명확한 판단에 이르기만 하면 동시에 소멸되며, 다시 40퍼센트는 그 판단을 실행해 옮김으로써 사라져버린다는 것을 알게 되었습니다. 다음과 같은 4단계의 조취를 취하기만 하면 걱정의 90퍼센트는 물리칠 수 있습니다.

1. 무엇을 걱정하는지를 자세히 기록한다.
2. 그것에 대해 내가 취할 수 있는 방법을 기록한다.
3. 무엇을 할 것인지 결정한다.
4. 그 판단을 즉시 실행에 옮긴다.

갈렌 리치필드는 현재 존 스트리트에 본사를 두고 있는 스타파크 프리먼 회사의 극동 지역 담당 이사로 대형 보험과 금융 관련 업무를 담당하고 있다. 알고 있겠지만 갈렌 리치필드는 현재 아시아에서 활동하고 있는 가장 영향력 있는 미국인 사업가로 인정받고 있다. 그는 나에게 자기의 성공은 걱정을 분석하고 실행한 방법에 힘입은 바 크다고 고백했다.

그의 방법이 그렇게 훌륭한 이유는 무엇일까? 그가 문제를 해결한 방법이 매우 효과적이고 구체적으로 문제의 핵심을 꿰뚫었기 때문이다. 게다가 없어서는 안 될 제3의 법칙, 즉 '문제를 해결하기 위해 행동한다.'는 규칙에 중점을 두고 있기 때문이다. 만일 우리가 아무런 행동도 하지 않는다면, 사실을 확인하고 분석하는 과정은 공염불이 될 것이며 정력 낭비에 불과한 것이다.

윌리엄 제임스는 이렇게 말하고 있다.

"일단 결정이 내려지고 실행만 남아 있을 때는, 그 일의 결과에 대한 책임과 관심은 완전히 잊어버려라."(이 경우에 윌리엄 제임스는 관심과 걱정을 같은 의미로 사용하고 있다.)

이는 곧 일단 사실에 근거해 신중하게 결정했다면 즉시 행동하라는 것이다. 다시 생각해보기 위해 머뭇거리지 마라. 이것저것 생각하다가 뒤로 물러서지 마라. 꼬리를 물고 일어나는 의혹에 끌려가지 마라. 뒤돌아보지 마라.

언젠가 오클라호마에서 가장 유명한 석유사업자인 웨이트 필립스에게 어떻게 결정을 실행에 옮기느냐고 물었더니 그는 이렇게 대답했다.

"어떤 문제를 필요 이상으로 계속 생각하면 혼란과 걱정을 불러온다는 사실을 발견했습니다. 필요 이상으로 연구하거나 생각에 몰두하면 오히려 해로운 경우가 있습니다. 결정을 내렸으면 뒤돌아보아서는 안 되는 경우도 있습니다."

걱정을 해결하고 싶다면 여러분도 이제 갈렌 리치필드의 기법을 적

용해보는 것이 어떻겠는가? (다음 질문에 따라 여러분의 생각을 적어보기
바란다.)

질문 1. 내가 걱정하는 것은 무엇인가?

질문 2. 그에 대해 내가 할 수 있는 것은 무엇인가?

질문 3. 나는 앞으로 이렇게 하겠다.

질문 4. 언제부터 시작할 것인가?

2

How to stop worrying and start living

업무상의 걱정을
절반으로 줄이는 방법

만일 여러분이 사업가라면

아마 이런 말을 중얼거릴 것이다.

"이 장의 제목은 좀 우스꽝스럽군. 나는 벌써 19년째 사업을 계속해 왔어. 남들이 해결할 수 있는 일이라면 나도 할 수 있다고. 내 업무의 걱정을 절반이나 줄여주는 법을 가르쳐주겠다고? 말도 안 되는 소리!"

나 역시도 몇 년 전에 이런 제목을 보았다면 그렇게 생각했을 것이다. 중요한 것을 주겠다고 약속하고 있지만 쓸모없는 약속처럼 보일 수도 있다. 정직하게 말하자면, 나는 여러분을 괴롭히는 업무상의 걱정거리를 절반으로 줄여주지 못할지도 모른다. 결국 여러분의 고민은 오직 여러분 자신만이 해결할 수 있다. 여기서 다만 내가 할 수 있는 일은 다른 사람들이 어떻게 하고 있는지를 여러분에게 전해주는 것뿐이다. 그런 뒤에 여러분에게 맡기는 것이다.

여러분은 내가 앞에서 인용한 알렉시 카렐 박사의 말을 기억할 것이다. "걱정과 싸우는 방법을 모르는 사업가는 일찍 죽는다."

걱정은 이토록 중대한 문제이므로 내가 여러분을 도와 걱정의 10퍼센트라도 줄어들도록 도울 수 있다면 만족스럽지 않겠는가? 어떤가? 그럼, 좋다. 그렇다면 지금부터 어떤 사업가의 이야기를 여러분에게 들려주겠다. 그는 걱정의 50퍼센트가 아니라 영업상의 문제 해결을 위해 회의에 허비했던 시간의 75퍼센트를 절약하게 되었다.

이건 '미스터 존'이라든가 'X 씨' 혹은 '오하이오주의 누구'처럼 막연한 사람이 아니라 실제하는 인물의 이야기다. 그의 이름은 리언 심스킨으로 뉴욕 록펠러 센터에 있는 미국 최대 출판사인 사이먼 앤 슈스터에서 파트너 겸 대표이사로 일하고 있다. 다음은 그가 들려준 자신의 경험담이다.

나는 15년 동안 매일같이 업무 시간의 반나절을 회의나 토론으로 보냈습니다. 이것을 할까 저것을 할까, 아니면 아무것도 하지 말까? 우리는 늘 신경이 날카로웠고 의자에 앉아 이리저리 몸을 뒤틀었으며 회의실 안을 서성거렸습니다. 토론은 끝이 없었고 저녁이 되면 나는 녹초가 되곤 했습니다. 남아 있는 시간 내내 이렇게 살아야 하는지 회의가 들었습니다. 15년 동안이나 이런 식으로 해왔기 때문에 달리 좋은 방법이 있을 것이라고는 생각하지 못했습니다.

이때 만일 누군가가 내게 쓸데없이 귀찮은 회의에 소비하고 있는 시간과 거기서 비롯되는 스트레스의 4분의 3을 줄일 방법이 있다고 말했다면, 나는 그 사람을 향해 의욕은 넘치지만 세상물정을 모르며 쓸모없는 낙관주의자라고 비난했을 겁니다. 그런데 나는 그것을 실행하는 방법을 찾아냈습니다. 벌써 8년 동안이나 그 방법을 사용하고 있습니다. 그 방법을 사용하면서부터 일은 능률이 오르고, 개인적으로는 건강하고 행복하다는 점에서 실로 놀라운 성공을 거두었습니다.

이렇게 말하면 무슨 마술 이야기처럼 들리겠지만, 마술과 마찬가지로 이 방법도 알고 보면 매우 간단합니다. 그 비결은 이렇습니다. 첫째, 나는 15년 동안 유지해왔던 회의 방식을 당장 중단했습니다. 동료 임원들이 실패한 문제들을 하나하나 상세히 보고하면 "그러면 이제 어떻게 할까요?"라고 묻는 것으로 시작하던 방식이었습니다. 둘째, 나는 새로운 규칙을 만들었습니다. 즉, 나에게 문제를 제출하고자 하는 사람은 우선 다음 4가지 물음에 대답할 수 있는 보고서를 제출해야 한다는 규칙이었습니다.

질문 1. 문제가 무엇인가?

(예전에는 문제의 본질이 무엇인지 구체적으로 알지 못한 채 1시간이고 2시간이고 심각하게 의논을 계속했습니다. 문제의 핵심을 적어두어야 했음에도 불구하고, 문제에 대해 갑론을박 토론만 한 것입니다.)

질문 2. 문제의 원인은 무엇인가?

(예전의 업무 방식을 돌아보면서 문제를 일으킨 상황을 명확하게 파악할 생각은 하지 않고 그저 회의로만 시간을 허비한 것입니다. 그 일을 생각하면 지금도 지겨운 생각이 듭니다.)

질문 3. 문제를 해결할 수 있는 방법은 무엇인가?

(예전에는 누군가가 한 가지 해결책을 제시하면, 다른 누군가가 나서서 이에 대한 반대 의견을 주장했습니다. 그러다 보면 모두 열을 올리고 때로는 논의의 주제에서 벗어나는 일도 있었습니다. 회의가 끝나고 나면 문제 해결에 필요한 사항을 기록한 사람은 아무도 없었습니다.)

질문 4. 문제의 해결책은 무엇인가?

(예전에는 회의에 참석하는 사람들이 문제에 대해 고민만 계속해왔을 뿐 "내가 제안하는 해결책은 이것입니다."라고 기록해서 제출하는 사람은 한 사람도 없었습니다.)

이제 나의 동료들은 절대로 어떤 문젯거리를 갖고 나를 찾아오는 일이 없습니다. 왜냐하면 이러한 4가지 질문에 대답하기 위해서는 우선 모든 사실을 파악하고, 그 문제를 충분히 검토해야 한다는 것을 알고 있기 때문입니다. 또 그렇게 하고 나면 대부분의 문제가 나와 의논할 필요가 없다는 것을 알게 됩니다. 마치 토스터 기계에서 빵이 튀어나오듯이 적절한 해결책이 저절로 나왔기 때문입니다. 의논할 필요가 있는 경우라도 토론에 필요한 시간은 예전에 비해 3분의 1로 충분합니다. 순서에 따라 논리적인 방법을 거쳐 타당한 결론에 도달하기 때문입니다.

이제 우리 회사에서는 무엇이 잘못되었는지 걱정하거나 의논하는 데 긴 시간을 낭비하지 않습니다. 문제를 해결하기 위해 의논하기보다 실행에 중점을 두고 있기 때문입니다.

보험업계의 거물로 인정받고 있는 내 친구 프랭크 베트거는 이와 비슷한 방법으로 업무상의 걱정을 줄였을 뿐 아니라 수입을 두 배가량이나 늘렸다고 말하고 있다.

"몇 년 전, 내가 처음으로 보험을 팔기 시작했을 때 나는 이 직업에 무한한 정열과 애착을 지니고 있었지. 그런데 뜻하지 않은 문제가 생겼다네. 나는 실망한 나머지 일이 지긋지긋해져서 그만둘까 하고 생각했지. 만일 어느 토요일 아침에 '내가 걱정하는 이유를 한번 점검해보자.'라는 생각을 하지 못했다면 아마도 일을 그만두었을 거야.

1. 우선 나는 나 자신에게 질문을 했지. '대체 무엇이 문제인가?' 문제는 내가 발이 닳도록 돌아다니는데도 수입은 그에 따르지 못한다는 것이었지. 고객과 상담할 때는 일이 잘 풀리는 것 같은데 막상 계약을 해야 할 시점에서는 "글쎄요. 좀 더 생각해보겠습니다. 다음에 한번 들러주세요."라고 하는 것이지. 이렇게 몇 번씩이나 헛걸음을 하게 되자 일이 점차 지긋지긋해졌지.

2. 나는 또 스스로에게 이렇게 물어봤다네. '해결할 방법은 없을까?' 이 질문에 대한 답을 얻기 위해서는 우선 사실을 파악해야만 했어. 나는 최근 1년간의 기록을 살펴보았네. 그리고 여기에서 놀랄 만한 사실을 발견했다네. 내 실적 가운데 70퍼센트는 단 한 번의 면담으로 성공했다는 사실이었지! 23퍼센트는 두 번째 찾아가서 거래가 성립되었고 세 번, 네 번, 다섯 번씩 시간을 낭비한 뒤에 성립된 계약은 겨우 7퍼센트에 불과했다네. 사실 이런 경우에 나는 녹초가 되고 말았지. 그러니까 나는 전체 판매 실적의 7퍼센트

밖에 안 되는 일에 내 업무 시간의 절반 이상을 낭비했던 셈이지.

3. '해답은 무엇인가?' 해답은 명백했지. 나는 한 곳을 두 번 이상 방문하지 않기로 하고, 나머지 시간을 새로운 고객을 찾는 데 투자했다네. 그 결과는 실로 대단했지. 얼마 안 가 나는 1회 방문의 가치를 2달러 80센트에서 4달러 27센트로 올렸다네."

이미 말한 대로 프랭크 베트거는 미국에서 가장 수완 있는 생명보험 판매원으로 필라델피아주에 있는 피델리티 뮤추얼에서 일하고 있으며, 매년 수백만 달러의 보험 계약을 성립시키고 있다. 하지만 그도 절망에 빠져 포기할 뻔했던 때가 있었다. 실패를 인정하고 문제를 냉정하게 분석함으로써 성공을 향해 달릴 수 있게 된 것이다.

여러분이 가지고 있는 업무상의 문제에 이러한 질문을 적용해보는 건 어떤가? 나는 반드시 그 질문들이 여러분을 괴롭히는 문제를 절반으로 줄일 수 있다고 확신한다.

걱정을 분석하는 기법

1 사실을 파악하라. 컬럼비아 대학교 호크스 학장의 말을 기억하라.
"세상에 존재하는 걱정의 절반은 결정을 내리기 위한 지식을 충분히 갖추지
않고 결정을 내리려고 서두르기 때문에 일어난다."

2 모든 사실을 신중하게 파악한 뒤 결정하라.

3 일단 결정했으면 실행하라! 결정을 행동으로 옮기기 위해 열심히 노력하라.
결과에 대해 불안해하지 마라.

3 여러분이나 여러분의 동료가 어떤 문제로 걱정하고 있다면 다음의 질문과
그에 대한 답을 적어보아라.
1) 문제가 무엇인가?
2) 문제의 원인은 무엇인가?
3) 문제를 해결할 수 있는 방법은 어떤 것들이 있는가?
4) 문제의 해결책은 무엇인가?

PART
3

How To Break The Worry
Habit Before It Breaks You

걱정하는
습관을
없애는 방법

1

How to stop worrying and start living

마음속에서
걱정을 몰아내는 법

                            벌써 몇 년 전 일이지만
매리언 J. 더글러스가 내 강좌를 수강하러 왔던 그 밤을 나는 아직 잊지 않고 있다. 개인적인 사정으로 자신의 신분을 밝히지 말아달라고 부탁했기 때문에 여기서는 부득이 가명을 쓴다. 지금부터 내가 하려는 이야기는 그가 나의 강좌를 들은 수강생들 앞에서 직접 들려준 이야기다.

    그의 가정에서는 한 번도 아니고 연이어 두 번이나 불행한 사고가 일어났다. 처음에 그는 몹시 사랑했던 다섯 살 난 귀여운 딸을 잃었다. 그들 부부에게는 견딜 수 없이 가슴 아픈 일이었다. 하지만 그는 "10개월 뒤 하나님께서는 우리에게 다시 딸을 주었습니다. 그런데 그 딸은 태어난 지 5일 만에 죽고 말았습니다." 하고 얘기했다. 연달아 이 부부를 덮친 불행은 두 사람이 견디기에는 너무도 엄청난 고통이었다. 그는 우리에게 이렇게 말했다.

"나는 아무것도 받아들일 수가 없었습니다. 잠을 잘 수도 없고, 먹을 수도 없고, 휴식을 취할 수도 없고, 마음을 가라앉힐 수도 없었습니다. 신경은 날카로워졌고 모든 일에 자신을 잃었습니다."

결국 그는 의사를 찾아갔다. 어떤 의사는 수면제를 주었고 어떤 의사는 여행을 권했다. 그는 이 2가지를 다 해보았지만 효과는 없었다.

"내 몸은 마치 공사장 바이스에 단단하게 물려 양쪽에서 나를 향해 점점 죄어드는 것만 같았습니다."

몸과 마음을 짓누르는 비탄과 긴장, 슬픔에 사로잡혀본 일이 있는 사람이라면, 이 심정을 짐작할 수 있을 것이다.

"다행히 우리에게는 네 살 난 아들 하나가 남아 있었습니다. 이 아이가 나의 걱정을 풀어주었습니다. 어느 날 오후 내가 넋을 잃고 멍한 표정으로 앉아 있는데 아이가 나에게 말하더군요. '아빠, 보트 하나만 만들어주세요.' 나는 그럴 만한 마음의 여유가 없었습니다. 만사가 귀찮았습니다. 하지만 아들 녀석은 고집불통이었습니다. 결국 내가 지고 말았죠. 그 장난감 보트를 만드는 데 3시간이나 걸렸습니다. 그리고 일이 거의 끝나갈 무렵 나는 놀라운 사실 하나를 깨달았습니다. 장난감 보트를 만드느라고 소비한 그 3시간이 몇 개월 만에 처음으로 맛본 정신적인 휴식이며 평화로운 시간이었다는 것입니다.

이 놀라운 사실을 깨달은 나는 지금까지의 무기력 상태에서 헤어 나와 조금씩 생각을 하게 되었습니다. 몇 달 사이 처음으로 가져본 생각다운 생각의 시간이었습니다. 그리고 무엇이든 계획해야 하고 사고력을 필요로 하는 일에 몰두하는 동안은 걱정할 만한 여유가 없다는 것을 알게 되었습니다. 내 경우에는 배를 만드는 일이 걱정을 완전히 몰아낸

계기가 되었습니다. 그래서 난 늘 바쁜 생활을 해야겠다고 결심했습니다. 이튿날 나는 온 집 안을 돌아보면서 해야 할 일의 목록을 만들었습니다. 책상, 계단, 덧문, 블라인드, 손잡이, 자물쇠, 구멍 난 홈통 등 고쳐야 할 것이 꽤 많았습니다. 놀라지 않을 수 없는 것은 2주일 동안 손보아야 할 항목들을 정리해보았더니 무려 2백42가지나 된다는 사실이었습니다.

최근 2년 동안 나는 그 대부분의 일들을 처리했습니다. 아내에게도 기운이 솟을 만한 역할을 주었습니다. 일주일에 두 번씩 저는 강좌를 수강하기 위해 뉴욕으로 옵니다. 또 내가 살고 있는 지역의 시민 활동에도 열심히 참가하고 있으며, 현재는 교육위원회의 위원장을 맡고 있습니다. 이 밖에도 나는 여러 종류의 모임에 참석하고 있으며, 적십자를 비롯해 공공사업을 위한 모금 운동도 돕고 있습니다. 지금은 너무 바빠서 걱정하고 있을 여유가 없을 정도입니다."

걱정하고 있을 여유가 없다! 이것이야말로 전쟁이 한창 불을 뿜고 있을 무렵 윈스턴 처칠이 하루 18시간씩 일하던 때 했던 말이다. 처칠은 그가 지고 있는 책임이 너무 무거워 걱정스럽지 않느냐고 묻는 말에 이렇게 대답했다. "너무 바빠서 걱정하고 있을 여유가 없습니다."

찰스 케터링이 자동차의 자동 시동기 개발에 착수했을 때, 그 역시 이와 비슷한 처지였다. 그는 최근 은퇴할 무렵까지 GM사의 부사장으로 일하면서 세계적으로 유명한 GM연구소를 이끈 인물이다. 하지만 한때 그는 몹시 가난해서 건초를 쌓아두는 창고의 한쪽 귀퉁이를 연구실로 썼으며, 식료품을 사기 위해 그의 부인이 피아노를 가르쳐서 번 1천5백 달러를 쓰지 않으면 안 될 정도였다. 그뿐만 아니라 생명보험 불입금을 담보로 5백 달러의 대출을 받아야 했다.

내가 그의 부인에게 그때 걱정하지 않았느냐고 물었더니 그녀는 이런 말을 했다.

"물론 걱정이 많았죠. 말할 수 없이 걱정스러워서 잠도 제대로 잘 수 없었어요. 하지만 남편은 그러지 않았어요. 그이는 일에 너무 열중해서 걱정할 겨를이 없었어요."

위대한 과학자 파스퇴르는 '도서관과 실험실에서 얻는 평화'의 즐거움에 대해 말한 적이 있다. 어떻게 그곳에서 평화를 찾을 수 있을까? 그것은 도서관이나 실험실에 있는 사람들은 연구에 몰두해 걱정에 빠질 만한 여유가 없기 때문이다. 연구에 온 힘을 쏟는 사람은 대부분 신경 쇠약에 걸리지 않는다. 그들에게는 그럴 만한 여유가 없기 때문이다.

바쁘게 지낸다는 이 간단한 일이 걱정을 사라지게 하는 데 왜 도움이 되는 것일까? 그것은 심리학적 연구로 밝혀진 가장 기본적인 법칙 때문이다. 그 법칙이란 아무리 똑똑한 사람이라도 인간은 한 번에 한 가지 이상의 것을 생각할 수 없다는 사실이다. 여러분은 이 말을 믿지 않을지도 모른다. 그렇다면 한 가지 실험을 해보기로 하자.

지금 의자 깊숙이 기대앉아 눈을 감는다. 그리고 자유의 여신상과 내일 아침에 여러분이 해야 할 일을 동시에 생각해보자. 한번 해보기 바란다.

아마 2가지 일을 번갈아가며 한 번씩 생각할 수는 있겠지만, 동시에 2가지를 생각하는 것은 불가능하다는 것을 알았을 것이다. 그렇지 않은가? 그렇다. 이것은 감정의 영역에서도 똑같이 적용된다. 좋아하는 일에 열중하면서 동시에 걱정에 빠지는 것은 불가능하다. 하나의 감정이 다른 감정을 몰아내기 때문이다. 이 단순한 발견으로 제1차 세계 대전 당시 정신과 군의관들은 기적을 만들 수 있었다.

싸움터에서 끔찍한 경험을 치른 뒤 후방으로 이송된 병사들은 한결같이 '정신 신경증'이라는 진단을 받았다. 이때 군의관들은 "그들을 정신없이 바쁘게 만들라."는 처방을 내렸다.

정신적인 충격을 받은 병사들은 잠자는 시간 외에는 활동의 연속이었다. 낚시나 사냥, 야구, 골프, 사진 찍기, 정원 손질, 댄스 등 주로 야외 활동들이었다. 그들에게는 지난날의 무서운 경험을 되새겨 번민할 만한 시간이 주어지지 않았다.

오늘날 정신병리학에서 흔히 쓰는 '동작요법'은 활동을 마치 약재처럼 질병을 치료할 때 쓰는 처방 용어다. 그렇다고 이 처방이 예전에는 없던 새로운 것은 아니다. 예수가 태어나기 5백 년 전에 고대 그리스의 의사들이 이런 방법들을 권장했다면 믿을 수 있겠는가!

벤저민 프랭클린 시대에 필라델피아의 퀘이커 교도들은 이 요법을 사용했다. 1774년 퀘이커 교도의 요양소를 찾은 한 사람은, 정신 질환을 앓고 있는 환자들이 열심히 리넨을 짜고 있는 모습을 보고 놀라지 않을 수 없었다. 그가 보기에 이 사람들은 불행히도 착취당하고 있는 것처럼 보였다. 하지만 그는 퀘이커 교도들로부터 환자들은 약간의 노동을 하는 편이 병에 좋다는 말을 듣고 나서야 오해를 풀었다. 일에 열중하면 신경을 안정시키는 효과가 있었던 것이다.

정신과 의사들은 바쁘게 일하는 것이 신경 질환에 효과적인 대증요법 가운데 하나라고 설명할 것이다. 헨리 W. 롱펠로도 나이 어린 아내를 잃었을 때 이 사실을 알았다. 그의 아내는 어느 날 촛불로 봉인용 밀랍을 녹이다가 옷에 불이 옮겨 붙었다. 그녀의 비명을 듣고 롱펠로가 달려갔으나 때는 늦었고 그녀는 화상으로 죽고 말았다. 그 뒤 얼마 동안 롱펠로는 그때의 끔찍한 기억 때문에 거의 미쳐버릴 지경이었다.

하지만 다행스럽게도 그에게는 돌봐주어야 할 3명의 어린 자녀가 있었다. 그는 슬픔을 딛고 일어나 아이들의 아빠 겸 엄마 노릇을 했다. 그는 아이들과 함께 산책을 하고 아이들에게 이야기를 들려주기도 하고 아이들과 함께 놀이를 했다. 그들의 사랑은 그의 시 '아이들의 시간' 속에서 언제까지나 살아 있을 것이다. 롱펠로는 또한 단테의 작품을 번역했다. 이처럼 그는 여러 가지 일로 분주했기 때문에 자신의 비탄을 완전히 잊고 마음의 평화를 되찾았던 것이다. 테니슨은 가장 가까운 친구인 아서 할람을 잃었을 때 이렇게 말했다.

"나는 일에 몰두함으로써 나 자신을 잊어야 했다. 그렇지 않으면 절망의 늪에 빠져 허우적거렸을 것이다."

우리가 날마다 해야 할 일을 하고 있을 때나 열심히 일하는 순간에는 '몰입'하기가 어렵지 않다. 하지만 그 일이 끝난 뒤의 시간이 위험하다. 자유롭게 자기 시간을 즐기고, 가장 행복해야만 할 그 시간에 걱정이라는 끔찍한 이름의 마귀가 우리를 공격해오는 것이다. 우리가 지금 잘 살고 있는 건지, 제대로 궤도에 올라 서 있는 것인지, 상사가 뼈 있는 말을 하던데 그 말에 어떤 '의도'가 담겨 있는 것은 아닌지, 심지어 이렇게 머리가 빠지다가 결국 대머리가 되는 것은 아닌지 등등.

사람의 마음은 한가로울 때면 진공에 가까운 상태에 빠지기 쉽다. 물리를 배운 사람이라면 누구나 '자연은 진공을 거부한다.'는 사실을 알고 있을 것이다. 우리 눈에 띄는 것으로 가장 진공 상태에 가까운 것은 백열전구의 내부다. 전구를 깨뜨려보라. 그러면 자연은 이론적 진공 상태에 공기를 유입시킬 것이다.

마찬가지로 자연은 진공 상태의 정신을 채우기 위해 돌입한다. 그러면 무엇으로 돌입해올까? 보통은 감정으로 채우려 든다. 왜냐하면 걱정이나 두려움, 질투, 부러움 등의 감정은 원시림 시대의 역동적인 에너지에 의해 추진되기 때문이다. 이러한 감정들은 너무 맹렬해서 우리의 정신으로부터 모든 평화롭고 행복한 감정을 몰아내려고 하는 경향이 있다.

컬럼비아 대학교에서 교육학을 가르치는 제임스 L. 머셀 교수는 이 사실을 설득력 있게 설파하고 있다.

"걱정은 인간이 행동할 때가 아니라, 하루 일과가 끝났을 때 가장 격렬하게 덤벼든다. 인간의 상상력은 이때 가장 분방해져서 온갖 종류의 어리석은 가능성을 불러일으키고, 아무것도 아닌 실수 하나하나를 확대시켜 보여준다. 이런 순간에 인간의 마음은 짐을 싣지 않고 달리는 모터가 된다. 이런 모터는 무작정 속력을 내어 달리다가 베어링을 태워버리거나 산산이 부서지고 말 염려가 있다. 그러므로 걱정에 대한 가장 좋은 치료법은 건설적인 일에 몰두하는 것이다."

하지만 이런 진리를 깨닫고 실천에 옮기기 위해 대학 교수여야 하는 것은 아니다. 세계 대전이 한창일 때 나는 시카고에서 온 어떤 가정주부를 만난 일이 있다. 그때 그녀는 '걱정에 대한 치료법은 무엇이든 건설적인 일에 몰두하는 것'이라는 사실을 깨닫게 된 자초지종을 들려주었다. 그때 나는 뉴욕에서 미주리주의 고향집으로 가던 참이었는데, 기차의 식당 칸에서 그 부인 내외를 만났다. 사례를 얘기할 때 나는 언제나 이름과 주소 등을 명기함으로써 진실성을 담보하는 구체적 사실을 제시하는 편인데, 유감스럽게도 그들 부부의 이름은 알아두지 못했다.

그들의 말에 따르면, 두 사람의 아들은 진주만이 공격을 받은 바로 다음 날 입대했으며, 부인은 하나뿐인 아들이 너무 걱정되어 거의 병자가 되었다고 했다. '아들은 어디에 있을까? 몸은 무사할까? 지금쯤 전

쟁을 하고 있을까? 부상을 당한 것은 아닐까? 혹시 죽은 것은 아닐까?'

내가 그녀에게 걱정을 어떻게 물리쳤느냐고 묻자 그녀는 이렇게 대답했다. "잠시도 쉬지 않고 일했지요." 그녀는 우선 하녀를 내보내고 집안일을 손수 함으로써 몸을 쉬지 않았는데, 이것은 그다지 도움이 되지 않았다고 했다.

"집안일이라야 모두 기계적인 일들이라 정신을 쓸 필요가 없었지요. 잠자리를 보살피고 설거지를 하는 동안에도 걱정은 머릿속을 떠나지 않았습니다. 그래서 하루 종일 정신적으로, 육체적으로 나를 바쁘게 할 수 있는 어떤 새로운 일이 필요하다는 것을 깨달았습니다. 그래서 저는 백화점 점원이 되었습니다. 그 일은 정말 효과가 있었습니다. 생각했던 대로 그날부터 바쁜 나날이 계속되었습니다. 가격과 사이즈, 색상 등을 묻는 손님들에게 에워싸여 하루를 보내야 했으니까요. 눈앞의 일거리 외에 다른 것을 생각할 여지가 1초도 없었습니다. 그러다가 밤이 되면 아픈 다리를 풀어주고 빨리 쉬고 싶은 생각밖에 없었습니다. 어쨌든 저녁 식사를 마치자마자 잠자리에 쓰러져 세상모르고 잠들어버렸습니다. 걱정할 겨를도 없고 기력도 없었던 것이지요."

그녀는 존 쿠퍼 포이스가 《불쾌한 일을 잊는 기술》이라는 책에서 "주어진 과제에 몰두하는 동안 인간은 즐거운 행복감이나 깊은 내적인 평화 또는 행복한 마비 상태에 빠져든다. 그것이 인간의 신경을 안정시킨다."라고 한 말을 직접 체험한 것이다.

이것은 인간에게 얼마나 큰 축복인가! 나는 세계에서 가장 유명한 여성 탐험가인 오사 존슨에게서 걱정과 슬픔으로부터 해방된 그녀의 이야기를 직접 들은 적이 있다. 그녀의 저서 《나는 모험과 결혼했다》를 통해 그녀의 삶에 관한 이야기는 여러분도 잘 알고 있을 것이다. 이 책 제목처럼 그녀는 모험과 결혼했다. 열여섯 살 때 마틴 존슨과 결혼한 그녀는 남편을 따라 캔자스주에서 비행기를 타고 보루네오의 밀림으로 향했다. 그로부터 25년 동안 이 부부는 전 세계를 돌아다니면서 아시아와 아프리카에서 사라져가는 야생 동물의 생활을 영상에 담았다.

이들은 몇 년 전에 미국으로 돌아와 자신들이 찍은 영상들을 보여주면서 강연 여행을 하고 다녔다. 그런데 덴버에서 해안으로 가는 비행 도중 그들이 타고 있던 비행기가 산에 부딪쳐 마틴 존슨은 그 자리에서 죽고 말았다. 의사들은 오사 여사도 재기 불능이라고 진단했다. 하지만 의사들은 오사 존슨이 어떤 사람인지 잘 알지 못했다. 3개월 뒤 그녀는 휠체어에 앉아서 수많은 청중에게 강연을 했다. 좀 더 구체적으로 말하자면 그녀는 이 무렵 1백 회 이상이나 강연을 다녔다. 어떻게 그렇게 할 수 있었느냐는 나의 물음에 그녀는 이렇게 대답했다. "그렇게 하면 슬퍼하거나 걱정할 겨를이 없으니까요."

오사 존슨은 1백 년 전에 테니슨이 노래한 "절망의 늪에 빠지지 않으려면 최대한 바쁘게 지내야 한다."라는 진리를 깨달았던 것이다.

버드 제독은 남극을 뒤덮고 있는 만년빙 속에 묻힌 오두막에서 고독한 생활을 하고 있을 때 이 진리를 터득했다. 그는 5개월 동안 그 오두막에서 고독하게 지냈다. 미국과 유럽을 합한 것보다 더 광활한 그 대륙은 만년빙으로 뒤덮인 채 태고적 비밀을 간직하고 있었다. 사방 1백 마일 안에 생물이라고는 아무것도 살지 않았고, 추위가 얼마나 심했던지 자신의 입김이 스쳐가는 바람에 얼어붙는 소리가 들리는 것 같았다.

그는 자신의 저서 《혼자서》에서 사람을 막막하게 만들고 영혼을 지치게 만드는 암흑 속에서 보낸 5개월 동안의 시간에 대해 말하고 있다. 낮도 밤이나 마찬가지로 어두웠다. 그는 정신을 잃지 않기 위해 언제나 바쁘게 움직여야 했다. 그는 이렇게 말하고 있다.

"밤이 되어 등불을 끄기 전에 나는 다음 날 아침에 할 일을 계획하는 습관을 길렀다. 예를 들면 이렇게 하는 것이다. 정비에 1시간, 밤새 쌓인 눈을 치우는 데 30분, 연료통 수리하는 데 1시간, 식료 터널 벽에 선반 만드는 데 1시간, 썰매 다리 수선하는 데 2시간… 이와 같이 어떤 일에 시간을 할당하는 것은 참으로 훌륭한 생각이었다. 그렇게 함으로써 나는 자제심을 가질 수 있었다. 만일 이런 일이 없었더라면 하루하루를 보내는 목적이 없어졌을 것이다. 그리고 목적 없는 무의미한 날이 계속되면 생활은 무너질 수밖에 없었을 것이다."

여기서 그가 마지막에 말한 "목적 없는 무의미한 날이 계속되면 생활은 무너질 수밖에 없다."라는 구절을 다시 한번 읽어주기 바란다.

만일 여러분이나 나에게 걱정거리가 생기면 오랜 세월 동안 사용되던 노동이라는 처방을 활용할 수 있다는 것을 기억하자. 하버드 대학교 임상의학 교수였던 리처드 C. 캐벗 박사는 《인간은 무엇으로 사는가?》라는 저서에서 이렇게 말하고 있다.

"나는 의혹이나 망설임, 동요, 두려움 때문에 생기는 영혼의 마비 상태에 시달리는 많은 사람이 일을 함으로써 낫는 사례를 많이 볼 수 있었던 것을 의사로서 다행으로 생각한다. 일을 통해 우리가 얻게 되는 용기는 일찍이 에머슨이 그토록 칭송하던 자기 신뢰와 같은 의미다."

만일 우리가 바쁘게 움직이지 않고 그저 가만히 앉아서 빈둥거리며 생각에만 잠긴다면, 찰스 다윈이 '위버 기버'라고 불렀던 것을 수도 없이 만들어낼 것이다. 요컨대 '위버 기버'란 옛이야기에 흔히 등장하는 그렘린, 즉 우리를 허무하게 만들고 우리의 행동력과 사고력을 마비시키는 작은 악마 같은 존재다.

나는 뉴욕의 한 사업가가 분주해짐으로써 조바심을 내거나 초조함에 빠지게 되는 틈을 없애고 '위버 기버'를 물리친 이야기를 알고 있다. 그의 이름은 트럼퍼 롱맨으로 사무실은 월스트리트 40번가에 있는데 내가 진행하는 강좌를 들으러 온 학생이었다. 그가 걱정을 극복한 경위가 아주 인상적이고 재미있어 수업이 끝난 후 나는 그를 저녁 식사에 초대했다. 그리고 밤이 깊도록 레스토랑에 앉아서 그의 경험담을 들었다. 그의 이야기를 옮겨보면 다음과 같다.

18년 전 나는 지독한 걱정에 빠져 결국 불면증에 걸리고 말았습니다. 나는 언제나 극도로 긴장한 상태였고, 툭하면 짜증을 냈고, 신경 과민 상태였습니다. 스스로도 내가 신경 쇠약증일지도 모른다고 생각했습니다. 하지만 내게는 걱정할 만한 까닭이 있었습니다. 나는 뉴욕의 웨스트 브로드웨이 418번지에 있는 크라운 음료회사의 회계 담당이었습니다. 우리 회사는 갤런 크기의 통에 포장된 딸기에 1백만 달러를 투자하고 있었습니다. 이미 20년 동안이나 우리는 갤런 통에 담긴 딸기를 아이스크림 제조업자에게 판매하고 있었습니다. 그런데 갑자기 이 거래가 끊기고 말았습니다. 내셔널 데어리나 보든즈 같은 대형 아이스크림 제조업자들이 배럴 단위로 들어 있는 대량의 딸기를 사들여 생산량을 올림으로써 돈과 시간을 절약하기 시작했던 것입니다.

그러니 1백만 달러나 되는 딸기가 우리 손에 그대로 남게 된 데다 앞으로 1년 동안 1백만 달러어치에 이르는 딸기를 구매하겠다는 계약까지 체결된 상태였습니다. 우리는 그동안 35만 달러를 은행에서 대출 받아 쓰고 있었는데, 이제는 대출금을 갚기도 어려웠고 지불기한을 연장하기도 어려울 것 같았습니다. 상황이 이러니 내가 걱정하는 게 당연하지 않겠습니까?

나는 우리 회사 공장이 있는 캘리포니아로 달려갔습니다. 그리고 사장에게 상황이 바뀌었고 회사가 망할 위기에 처했다고 말했습니다. 그런데 그는 내 말을 믿지 않고 뉴욕 사무소가 무능했기 때문이라면서 욕을 퍼부었습니다. 나는 여러 날을 설득한 끝에 더 이상 딸기를 포장하지 않도록 업무를 중단시켰습니다. 나머지는 가공하지 않은 그대로 샌프란시스코에 있는 청과시장에 팔기로 했습니다. 이로써 문제는 거의 해결되었으므로 내 걱정도 당연히 없어져야 될 것이지만, 사실은 그렇지가 않았습니다. 걱정은 습관입니다. 어느새 나에게는 걱정하는 습관이 생겨버린 것입니다.

나는 뉴욕으로 돌아와서도 갖가지 일에 신경을 쓰지 않을 수 없었습니다. 이탈리아에서 사들이고 있던 체리, 하와이에서 사들이는 파인애플 등등 이런저런 걱정 때문에 항상 긴장했으며 신경은 더욱 예민해지고 있었습니다. 그러면서 앞에서도 말했지만 신경 쇠약증이 심해지고 있었습니다.

절망 끝에 나는 새로운 삶을 살기 위해 방법을 찾기로 했고, 그 방식 덕에 불면증이 사라지고 걱정에서도 해방될 수 있었습니다. 그건 바로 바쁘게 움직이는 것이었습니다. 문제를 처리하는 데 몰두하기 위해 나의 모든 능력을 동원했습니다. 그러다 보니 걱정할 겨를이 없었습니다. 그전까지는 하루에 7시간을 일했지만 그때는 하루에 15시간에서 16시간을 일에 매달렸습니다. 매일 아침 8시에 출근해 밤늦게까지 사무실에 남아 있었습니다. 그리고 기꺼이 새로운 직무와 책임을 떠맡았습니다. 밤늦게 집에 들어가서는 피로에 지쳐 자리에 눕자마자 바로 잠들어버리곤 했습니다.

나는 이런 생활을 3개월 정도 계속했습니다. 이때쯤 되자 드디어 걱정하는 습관으로부터 벗어날 수 있었습니다. 그 뒤부터는 다시 예전처럼 7~8시간 일하는 업무 시간으로 되돌아갔습니다. 벌써 18년 전의 일이지만, 그 이후로 지금까지 나는 한 번도 불면증이나 걱정에 시달린 일이 없습니다.

버나드 쇼의 말이 옳다. 그는 다음과 같은 말로 이러한 이치를 간단명료하게 설파하고 있다.

"비참해지는 비결은 자신이 행복한지 아닌지 고민하는 데 시간을 보내는 것이다."

자신이 행복한지 아닌지 생각하는 데 빠지지 말아야 한다. 바쁘게 움직여야 한다. 그러면 혈액순환이 좋아지고 머리가 활동하기 시작하며, 긍정 에너지가 마음속의 걱정을 몰아낼 것이다. 쉬지 말고 언제나 바쁜 상태를 유지하라. 이것이야말로 세상에 있는 모든 약 가운데 가장 값싸고 가장 효험이 있다.

걱정하는 습관을 없애기 위한 방법 1

언제나 바쁘게 움직여라. 걱정이 있을 때 절망의 늪에 빠지지 않으려면 일에 몰두해야만 한다.

How to stop worrying and start living

커다란 고목이
작은 딱정벌레 때문에 쓰러진다

내가 일생을 두고 잊을 수 없는
극적인 이야기가 하나 있다. 뉴저지주의 메이플우드 하이랜드에 사는
로버트 무어에게서 들은 이야기다.

1945년 3월, 나는 일생에서 가장 큰 교훈을 배우는 중요한 경험을 했습니다. 그것은 내가 인도차이나 앞바다에서 80미터 깊이의 바닷속에 있을 때의 일입니다. 나는 잠수함 바야 S. S. 318호에 타고 있던 88명 가운데 한 사람이었습니다. 우리는 레이더를 통해 일본군 호위 선단 한 척이 우리 항로 쪽으로 오고 있는 것을 발견했습니다. 동이 틀 무렵 우리는 공격하기 위해 잠항을 했습니다. 잠망경을 통해 보니 일본의 구축함이며 유조선, 기뢰부설함 등이 보였습니다.

우리는 구축함을 향해 어뢰 3개를 발사했지만 명중시키지 못했습니다. 어뢰 장치에 뭔가 이상이 생긴 것이었습니다. 그런데 적의 구축함은 공격을 눈치 채지 못했는지 항해를 계속했습니다. 우리가 일본군의 마지막 배인 기뢰부설함을 공격할 준비를 하고 있는데 별안간 기뢰부설함이 방향을 바꾸더니 우리 쪽으로 다가오는 것이었습니다. 일본군 비행기가 수심 18미터에 있던 우리 잠수함을 발견했고 무선으로 우리의 위치를 알려준 것입니다. 우리는 적에게 발견되지 않도록 45미터를 더 내려가 폭뢰에 대비했습니다. 그리고 잠수함에서 어떤 소리도 새어나가지 못하도록 선풍기며 냉방 장치, 그 밖의 모든 전기 장치를 껐습니다.

3분 뒤 그야말로 지옥 같은 상황이 벌어졌습니다. 6개의 폭뢰가 우리 주위에서 터졌고 우리는 80미터 깊이의 바다 밑바닥으로 가라앉고 말았습니다. 우리는 모두 두려움에 떨고 있었습니다. 잠수함은 수심 3백 미터 이내에서 공격을 당하면 위험했으며 1백50미터 이내의 공격에는 치명적이었습니다. 그런데 우리는 수심 1백50미터의 절반 남짓한 깊이에서 공격을 당하고 있었던 것입니다. 안전도로 말하자면 간신히 무릎이 잠길 만한 깊이에서 공격을 당한 것입니다. 이때부터 15시간 동안 일본의 기뢰부설함은 폭뢰를 쏘아댔습니다. 폭뢰가 잠수함과 5미터 이내의 거리에서 터지면 그 충격으로 잠수함에는 구멍이 나고 맙니다. 그런데 이런 폭뢰들이 우리 잠수함으로부터 15미터 안쪽 지점에서 폭발했습니다.

우리는 각자의 침대에 누워 꼼짝 말고 대기하라는 명령을 받았습니다. 나는 너무 두려워서 숨이 막힐 지경이었습니다. '이제 우린 끝장이구나! 끝났어!'라고 속으로 수도 없이 되뇌었습니다. 선풍기며 냉방 장치가 모조리 꺼져 있었기 때문에 잠수함 내 기온은 섭씨 40도를 오르내리고 있었습니다. 하지만 나는 무서움에 떨며 털옷 위에 털이 달린 재킷까지 입고 있었고, 그래도 몸은 여전히 부들부들 떨렸습니다. 이를 악물었지만 이가 부딪치는 소리가 들렸고 식은땀이 흘러내렸습니다. 적의 공격은 15시간 동안이나 계속되었습니다. 그러더니 어느 순간 멎었습니다. 일본의 기뢰부설함이 가지고 있던 폭뢰를 모두 소진해 마침내 사라진 것 같았습니다.

우리가 공격을 받은 15시간은 그야말로 1천5백만 년 같은 시간이었습니다. 그러는 동안 나의 과거가 마치 영화를 보는 것처럼 눈앞에 나타났다 사라져갔습니다. 내가 저질렀던 온갖 나쁜 짓을 비롯해 공연히 속을 태웠던 어리석은 일들이 하나하나 생생히 떠올랐습니다. 해군에 입대하기 전 나는 은행에서 사무원으로 일했는데 업무 시간은 길고 급료는 박한 데다 진급될 가망성도 없었기 때문에 은행을 계속 다녀야 하는지 몹시 고민하고 있었습니다. 아직도 내 집 하나 장만하지 못하고, 차도 바꾸지 못했으며, 아내에게 멋있는 옷 한 벌 사줄 수 없는 형편이었습니다. 또 언제나 잔소리만 늘어놓고 야단만 치는 상사에게도 화가 났습니다. 그러다가 언짢은 기분으로 집에 돌아가 대수롭지 않은 일로 아내와 곧잘 다투곤 했던 일 등이 생생하게 떠올랐습니다. 또한 자동차 사고로 다친 얼굴의 상처도 늘 걱정이었습니다.

몇 해 전까지만 해도 이러한 것들이 아주 큰 걱정거리였던 것입니다. 하지만 쉴 새 없이 터지는 폭뢰에 내 목숨이 날아가는 것은 아닌지 떨고 있자니 그런 일들이 한없이 어리석게만 생각되었습니다. 나는 그때 그 자리에서 이렇게 맹세했습니다. 만일 내가 살아서 다시 햇빛과 별을 볼 수 있다면, 다시는 걱정 따위는 하지 않는 삶을 살겠다고 말입니다. '다시는! 다시는! 절대 걱정 같은 것은 하지 않겠다!' 잠수함 속에서 두려움에 떨던 15시간 동안 나는 대학교에서 4년 동안 배운 것보다 더 많은 삶의 지혜를 배웠습니다.

우리는 종종 커다란 재앙에는 용감하게 맞서면서도 작고 하찮은 일, 예를 들면 목덜미에 난 작은 종기에는 쉽게 무너지는 경우가 있다. 새뮤얼 패피스의 일기를 보면 해리 베인 경이 참수당하는 광경을 목격했다는 기록이 있다. 그의 일기에 따르면, 해리 경은 처형대에 올라갔을 때 살려달라고 애걸하지는 않았으나 목에 난 종기를 건드려서 아프게 하지는 말아달라고 부탁했다는 것이다.

버드 제독이 남극 대륙의 암흑과 추위 속에서 무수한 밤을 보내며 발견한 사실도 이와 마찬가지다. 부하 대원들은 중대한 사항보다는 당장 느끼는 사소한 불편에 야단법석이었다. 그들은 위험과 곤란, 때로는 영하 60도에 달하는 극한도 불평 한마디 없이 태연하게 견뎌냈다. 하지만 버드 제독은 이렇게 말했다.

"베개를 나란히 하고 이야기를 주고받던 두 동료가 갑자기 입을 다무는 때가 있다. 상대방 침구가 자기의 잠자리를 침범하고 있다고 생각하기 때문이다. 또 어떤 사람은 음식을 삼키기 전에 28번은 씹어야 한다고 주장하는 플레처식 식사법을 맹신했는데, 이 사람이 보는 앞에서는 음식이 목구멍으로 넘어가지 않는다는 다른 사람들도 있었다. 극지의 캠프에서는 이와 같은 자질구레한 일들조차 정규 훈련을 받은 사람까지도 미치기 직전까지 몰고 가는 것이다."

하지만 우리는 버드 제독의 말에 이런 말을 덧붙일 수도 있을 것이다. "결혼생활에서 사소한 일들이 사람들을 미치기 직전까지 몰고 가며, 그것이 이 세상에 존재하는 걱정의 원인 절반입니다."라고.

적어도 이 분야의 권위자들은 의견을 같이하고 있다. 이를테면 시카고주의 조지프 새바스 판사는 4만 건 이상의 이혼 사건에서 조정을 처리한 적이 있는데 그는 이렇게 단언하고 있다.

"결혼생활이 불행해지는 원인은 대개의 경우 사소한 일이다."

또한 뉴욕 카운티의 프랭크 S. 호건 지방검사는 다음과 같은 말을 했다.

"우리 지역 형사재판 사건의 과반수는 사소한 원인 때문이다. 술집에서 공연한 허세 부리기, 가족끼리의 사소한 말다툼, 모욕적인 언행, 욕설, 예의 없는 행동 등이 폭행이나 살인을 일으키는 사소한 이유들이다. 말하자면 누군가 우리에게 몹시 부당하게 대하거나 중대한 잘못을 저질러서 문제가 되는 일은 별로 없다. 자존심이나 허영심을 다치게 했다든지 당황스러웠다는 등의 사소한 감정이 이 세상 슬픈 사연의 절반을 만들어내는 원인이다."

엘리너 루스벨트는 결혼 초에 요리를 잘 못 하는 새로운 요리사 때문에 정말 많은 시간을 고민했다. 하지만 그녀는 이렇게 말하고 있다.

"만일 지금이라면 어깨를 한번 들썩일 뿐 그다지 신경 쓰지 않았을 거예요."

바로 이런 것이 감정적으로 어른다운 행동이라고 할 수 있다. 한때 포악하기로 이름난 예카테리나 여제마저도 요리사가 요리에 실패했을 때 웃어버리고 말았다고 한다.

우리 부부가 시카고에 사는 친구 집에 초대되어 갔을 때의 일이다. 내 친구가 고기를 자르다가 사소한 실수를 저질렀다. 나는 눈치 채지 못했고 비록 알았다 해도 잠자코 있었을 것이다. 하지만 그의 부인은 그 장면을 보고 우리가 있는 자리에서 친구에게 쏘아붙이는 것이었다. "여보, 그게 뭐예요! 제대로 할 수 없어요?" 그러고는 우리를 향해 이렇게 말했다. "저이는 언제나 저렇게 실수를 한답니다. 도대체 고치려고 노력하지 않는다니까요."

비록 내 친구가 음식을 제대로 다루지는 못했는지 모르지만 그런 부인과 20년이나 함께 살아온 친구에게 경의를 표하지 않을 수 없었다. 솔직히 말하자면 나는 그녀의 잔소리를 들으면서 북경오리나 상어 지느러미 같은 기막힌 요리를 먹기보다는 평화로운 분위기에서 겨자 넣은 핫도그를 먹는 게 훨씬 나을 거라고 생각한다.

이런 일이 있고 나서 얼마 뒤 우리는 몇몇 친구를 저녁 식사에 초대했다. 그런데 손님들이 도착할 무렵이 다 되어서야 아내는 준비된 냅킨 가운데 세 장이 식탁보와 어울리지 않는다는 것을 발견했다. 나중에 아내는 내게 이렇게 얘기했다.

"요리사에게 물어보니 나머지 냅킨 세 장은 세탁소에 있다는 거예요. 손님들은 벌써 문 앞에 와 있는데 바꿀 만한 시간은 없었지요. 순간 울고 싶은 기분이었어요. 머릿속에는 온통 '어쩌다가 이런 바보 같은 실수를 해서 이 좋은 시간을 망치게 된 거야!'라는 생각뿐이었요. 그러다가 나는 생각을 고쳤어요. '아니야, 이런 실수 때문에 밤새 언짢은 기분으로 있을 수는 없어.' 하고 생각했지요. 그리고 실제로 즐겁게 지낼 수 있었어요. 사람들이 나를 신경질적이고 무뚝뚝한 여자라고 보기보다는 집안일에 좀 서툰 사람이라고 보는 편이 훨씬 낫다는 생각이 들더라고요. 그런데 아무도 냅킨에 대해서는 눈치 채지 못한 것 같았어요."

유명한 법률 격언 중에 "법은 사소한 일에 관여하지 않는다."라는 말이 있다. 걱정에서 해방되어 마음의 평화를 얻고자 한다면 그렇게 해야 할 것이다. 하찮은 일에 얽매이고 싶지 않다면 마음속에 새롭고 유쾌한 인생관을 마련해야 할 것이다. 《그들은 파리로 갔다》 외에 많은 책을 쓴 내 친구 호머 크로이는 어떻게 이것을 이룰 수 있었는지 놀랍고도 훌륭한 사례를 제공해주었다.

뉴욕의 아파트에서 저술에 몰두하고 있을 때 그는 난방 장치에서 나는 소리 때문에 거의 미칠 지경에 이르렀다. 스팀에서 땅땅거리는 소리에 이어 피시식 하는 소리가 날 때마다 책상에 앉아 있던 그의 머릿속에서도 열이 오르기 시작했다. 호머 크로이는 다음과 같이 말했다.

"그래서 나는 친구들과 함께 캠핑을 떠났다네. 활활 타오르는 모닥불을 보고 있자니 나뭇가지 타는 소리가 난방 장치에서 나는 스팀 소리와 비슷하다는 생각이 들더군. 그렇다면 왜 한편에서는 유쾌하게 받아들이면서 다른 한편에서는 그렇게도 불쾌한 것일까? 집으로 돌아와서 나는 이렇게 생각했다네. '불길에 타는 나뭇가지 소리는 듣기에 즐거웠어. 난방 장치의 소리도 별반 다르지 않아. 소리에는 신경 쓰지 말고 잠이나 자자.' 나는 그대로 실행했지. 2, 3일 동안은 여전히 난방 장치에서 나는 소리에 신경이 쓰였지만 그 이후에는 아무런 신경도 쓰이지 않더군. 수많은 사소한 걱정거리도 다르지 않다네. 우리가 그것들 때문에 싫어하면서 스트레스 받는 건 사실 우리가 그 중요성을 과장해서 생각하기 때문일 거야."

디즈레일리는 이렇게 말했다.

"사소한 일에 신경 쓰기엔 인생은 너무 짧다."

그런가 하면 앙드레 모루아는 이 말과 관련해 〈디스 위크〉지에 이런 글을 썼다.

"이 말은 내가 수많은 쓰라린 경험을 극복하는 데 아주 많은 도움이 되었다. 우리는 가끔 가볍게 넘겨도 좋은 하찮은 일로 곧잘 분노에 빠진다. 우리가 이 땅 위에 머무르는 시간은 몇십 년 되지 않는다. 그런데도 우리는 1년도 안 되어 모든 사람의 기억에서 잊히고 말 불만을 되새기면서 돌이킬 수 없는 귀중한 시간을 낭비하고 있다. 그래서는 안 된다. 우리는 우리의 인생을 가치 있는 행동과 감정 또는 위대한 사상, 진실한 애정 등 영원히 가치 있는 과업에 바쳐야 한다. 사소한 일에 매달리기에는 인생은 너무 짧기 때문이다."

러디어드 키플링 같은 유명한 인물마저도 때로는 '사소한 일에 신경 쓰기엔 인생은 너무 짧다.'는 진리를 잊어버리곤 했다. 그래서 결과는 어떻게 되었을까? 그는 자신의 처남과 버몬트 역사상 가장 유명한 소송으로 다투게 되었다. 이 싸움에 대해서는 책 한 권을 쓸 수 있을 정도였는데 바로 유명한 《러디어 키플링 ─버몬트의 불화》라는 책이다.

사건의 자초지종은 이러하다. 키플링은 버몬트 출신의 처녀 캐롤라인 발레스티어와 결혼하고 버몬트의 브래틀버로에 그림같이 멋진 저택을 짓고 여생을 그곳에서 보낼 생각이었다. 그의 처남 비티 발레스티어는 금세 키플링의 친구가 되었고, 두 사람은 함께 일하며 취미 생활도 같이 즐겼다. 그러다가 키플링은 해마다 때가 되면 건초를 베어가도 좋다는 조건으로 발레스티어로부터 땅을 샀다. 그런데 어느 날 발레스티어는 키플링이 건초를 키워야 할 풀밭에 화원을 만들 생각임을 알게 되었다. 이러한 사실에 발레스티어는 피가 끓어올랐다. 그는 몹시 화가 나서 길길이 날뛰었다. 하지만 키플링도 양보하지 않았다. 일이 이쯤 되자 버몬트의 그린 산맥에는 험악한 공기와 팽팽한 긴장이 감돌았다.

며칠 뒤 키플링이 자전거를 타고 길을 달리고 있을 때 그의 처남이 난데없이 여러 마리의 말이 끄는 짐마차를 몰고 나와 키플링의 앞길을 가로지르는 바람에 때문에 키플링이 자전거에서 굴러 떨어지는 사고가 생겼다.

"만약 당신 주위의 모든 사람이 자제심을 잃고 당신에게 비난을 퍼부을지라도 당신은 냉정을 유지해야 한다."고 충고했던 키플링은 정작 본인이 판단력을 잃고 곧바로 발레스티어에게 체포 명령을 내려달라고 청구했다. 그렇게 해서 세상의 이목이 집중되는 공판이 시작되었다. 큰 도시에서 보도진이 마을을 향해 밀어닥쳤고, 이 소식은 눈 깜짝할 사이에 전 세계로 퍼져나갔다. 하지만 사건은 쉽게 해결되지 않았다. 어떤 타협도 이루어지지 않았다. 그리고 이 싸움으로 말미암아 키플링 부부는 여생을 미국에서 보낼 수 없게 되었다. 돌이켜보면 이러한 비극적인 고통을 일으킨 건 극히 사소한 일, 어처구니없게도 하찮은 건초 한 다발이 원인이었던 것이다.

페리클레스는 2천4백 년 전에 이러한 말을 했다. "생각해보라! 우리는 너무 사소한 일로 너무 오래 입씨름을 하고 있지 않은가."

사실 그렇지 않은가! 해리 에머슨 포스딕 박사가 들려준 재미있는 이야기를 여러분에게 소개하겠다. 그것은 숲속에 사는 거인이 이기고 진 싸움에 관한 이야기다.

콜로라도의 롱스피크 경사지에는 거대한 나무의 잔해가 지금도 남아 있다. 식물학자들이 주장하는 바에 따르면 그 나무는 거의 4백 년이 넘는 시간을 그곳에 서 있었을 것이라고 한다. 일찍이 콜럼버스가 산살바도르에 상륙했을 때 그 나무는 아직 어렸고, 영국의 청교도들이 미국으로 건너와 플리머스에 정착한 시기에는 반 정도 자라 있었다. 그 나무는 긴 생애 동안 14번이나 낙뢰를 맞았다. 또한 4백 년을 서 있는 동안 수없이 많은 산사태와 폭풍우가 할퀴고 지나갔다. 그렇지만 나무는 그 모든 것을 이겨냈다. 그런데 어느 날 딱정벌레 떼가 몰려와 그 나무를 넘어뜨리고 말았다. 벌레들이 나무껍질을 타고 올라가며 파먹기 시작해 조금씩이기는 하지만 끊임없는 공격으로 나무 내부의 견고한 활력을 서서히 파괴한 것이다. 숲의 거인으로서 오랜 세월에도 시들지 않고, 벼락에도 굽히지 않고, 폭풍에도 굴하지 않았던 거목이 끝내 사람이 손가락 끝으로 짓이길 수 있는 작은 벌레 때문에 쓰러지고 만 것이다.

우리 인간 역시 이 숲에서 싸우고 있는 거인과 비슷하지 않은가? 우리는 어떻게 해서든 사나운 폭풍우나 산사태 또는 번개와 같은 재앙에는 잘 견디며 살아가지만, 걱정이라는 작은 벌레, 손가락으로 짓눌러버릴 수 있을 만큼 작은 벌레 때문에 마음을 잠식당하고 있는 건 아닌가?

몇 년 전 와이오밍주의 고속도로 순찰대에서 일하는 세이프레드를 비롯한 그의 친구들과 함께 그랜드티턴 국립공원으로 여행한 일이 있다. 우리는 공원 안에 있는 존 D. 록펠러의 저택을 찾아가 보기로 했다. 그런데 내가 타고 있던 차가 길을 잘못 들어서 헤매는 바람에 다른 차들보다 1시간이나 늦게 저택 입구에 도착했다. 문의 열쇠를 가지고 있던 세이프레드는 우리가 도착할 때까지 1시간이나 모기가 극성인 숲속에서 기다리고 있어야만 했다. 그곳의 모기는 어떤 성자라도 화나게 만들 만큼 대단했다. 하지만 극성스러운 모기떼들도 찰스 세이프레드를 굴복시킬 수는 없었다. 그는 우리가 도착할 때까지 기다리는 동안 포플러나무 가지를 꺾어 피리를 만들고 있었다. 나는 사소한 일에 마음을 쓰지 않는 훌륭한 사람의 기념품으로 그 피리를 받아 지금까지도 소중하게 간직하고 있다.

걱정하는 습관에 잠식당하기 전에 걱정하는 습관을 해치워버리고 싶다면 다음의 방법을 기억하라.

걱정하는 습관을 없애기 위한 방법 2

우리가 무시할 수 있고 잊어버려야 할 사소한 일에 마음을 어지럽히지 마라. 이 말을 기억하라. "사소한 일에 신경 쓰며 살기엔 인생은 너무나 짧다."

3 *How to stop worrying and start living*

걱정을 추방하는
평균의 법칙

나는 어렸을 때

미주리주의 농장에서 살았다. 어느 날 버찌 열매의 씨를 빼는 어머니의 일을 돕던 나는 갑자기 울음을 터뜨렸다.

"아니 데일, 왜 우는 거냐?"

어머니께서 이렇게 묻자 나는 울면서 대답했다.

"산 채로 매장당할까 봐 무서워요."

그 무렵 나는 모든 일이 걱정스러웠다. 비 오는 날 번개가 치면 벼락을 맞아 죽지나 않을까 걱정했다. 집안 형편이 기우는 것처럼 보이면 당장 굶게 되지나 않을까 두려워했다. 나는 또 죽은 뒤 지옥으로 떨어지면 어쩌나 걱정했다. 심지어는 내 귀를 자르겠다고 겁을 주던 샘 화이트 형이 정말로 내 귀를 잘라버리는 것은 아닐까 두려워했다. 나는 또 모자에 손을 얹고 인사를 하면 여자아이들에게 웃음거리가 되지 않을까 걱정했다. 그리고 또 나와 결혼하겠다는 여자가 한 사람도 없는 게 아닐까 걱정하기도 했다.

결혼식을 올리고 나면 어떤 말을 해야 좋을까? 나는 어느 한적한 시골 교회에서 예식을 올리게 되겠지만, 식이 끝나면 꽃 장식한 사륜마차를 타고 농장으로 돌아오겠지…. 그렇다면 돌아오는 마차 안에서는 어떤 말을 해야 좋을까. 어떻게 하지? 어떻게 하면 좋지? 나는 밭둑길을 몇 시간씩이나 걸으면서 이런 중대한 문제를 해결하려고 골머리를 앓았다.

하지만 세월이 흐르고 나이가 들어 나는 여태껏 걱정해온 것 가운데 99퍼센트는 끝내 일어나지 않았다는 것을 알게 되었다. 이를테면 나는 전에 벼락을 맞을까 봐 그토록 무서워했지만, 국가 안전위원회에서 보고한 것처럼 내가 어느 한 해에 벼락을 맞아 죽을 확률은 35만 분의 1 정도라는 것을 이제는 알고 있다. 산 채로 매장될지도 모른다는 걱정은 더욱 바보스러운 것이었다. 산 채로 매장된 사람은 1천만 명 가운데 한 사람 정도 있을까 말까 했다. 하지만 어릴 적에는 그런 일이 생길까 봐 두려워서 울었던 것이다.

8명 가운데 하나는 암으로 사망한다. 그러므로 내가 만일 걱정을 해야 한다면 벼락으로 죽거나 산 채로 매장되는 것이 아니라 암을 두려워하는 것이 당연할 것이다.

물론 내가 지금 말하고 있는 건 어렸을 때와 젊은 시절에 나를 괴롭혔던 걱정에 대한 이야기다. 하지만 어른들의 걱정도 이와 다르지 않아서 상당히 바보스러운 것이 많다. 어느 정도 시간을 할애한 뒤 조바심을 버리고 평균적인 법칙에 비추어보았을 때 우리의 걱정에 정당성이 있는지 알아보기만 한다면, 우리가 품고 있는 걱정의 90퍼센트는 틀림없이 해소될 것이다.

세계에서 가장 유명한 보험회사인 런던로이즈는 흔히 일어나지 않는 일로 사람들이 걱정하는 경향이 있다는 사실을 이용해 막대한 돈을 벌었다. 런던로이즈는 사람들이 걱정하는 재난은 결코 발생하지 않을 것이라는 전망에 내기를 걸었던 것이다. 하지만 그들은 그런 행위에 대해 내기를 걸었다고 표현하지 않는다. 보험이라고 부르는 것뿐이다. 하지만 사실 이것은 평균의 법칙에 근거를 둔 도박이나 다름없다. 이 거대한 보험회사는 창립한 지 이제 2백 년이 되어 가는데 여전히 성장세를 유지하고 있고, 인간의 본성이 변화하지 않는 한 앞으로도 50세기는 더 번창할 것이다. 세상 사람들은 혹시 모를 재난에 대비해서 보험을 들겠지만 사실 평균의 법칙으로 볼 때 재난이란 우리가 상상하는 만큼은 일어나지 않기 때문이다.

평균의 법칙을 조사해본다면 우리는 여태껏 생각하지 못한 사실을 발견하고 놀라게 될 것이다. 가령 내가 앞으로 5년 동안 게티즈버그에서 발발했던 전쟁 같은 격전에 참가해야 한다는 것을 알게 된다면, 분명히 나는 공포에 떨 것이다. 그러면 나는 있는 돈을 몽땅 털어 생명보험이라는 이름의 모든 보험에 들 것이다. 유언장을 작성해 재산과 그밖의 일들을 정리할 것이다. 그리고 아마 이렇게 말할 것이다.

"이 전쟁에서 살아 돌아오지 못할지도 모르니까 남은 시간이라도 마음껏 즐기며 살자."

그렇지만 평균의 법칙에 따르면, 전쟁이 아니더라도 쉰 살부터 쉰다섯 살까지 사는 동안 게티즈버그 전쟁에서 죽을 수 있는 확률만큼이나 위험하고 치명적인 일은 얼마든지 많다. 왜냐하면 평화로운 시기의 그

5년 사이에 죽는 사람의 사망률은 게티즈버그 전투에 참가했던 16만 3천 명의 장병 1천 명당 사망률과 거의 같기 때문이다.

나는 이 책의 몇 장을 캐나디언 로키에 있는 보우 호수 기슭의 '넘티가 로지'라는 제임스 심슨의 별장에서 집필했다. 한여름을 그곳에서 지내는 동안 나는 샌프란시스코에 사는 허버트 H. 샐린저 씨와 그의 부인을 만났다. 샐린저 부인은 차분하고 말이 없는 여성이었는데 한 번도 걱정 같은 것은 해본 적이 없는 인품으로 보였다.

어느 날 밤, 모닥불 앞에 모여 앉아 이런저런 이야기를 나누던 중 나는 그녀에게 지금까지 걱정거리로 마음고생을 해본 일이 있느냐고 물었다. 그녀는 이런 이야기를 들려주었다.

걱정이라고요? 그것 때문에 일생을 망칠 뻔한 적이 있긴 합니다. 저는 자그마치 11년 동안이나 제가 만든 지옥에서 지내다가 겨우 빠져나왔답니다. 저는 작은 일에도 쉽게 화를 내고 성질이 급해서 늘 안절부절못했지요. 사는 게 언제나 긴장의 연속이었어요. 저는 매주 우리 집이 있는 샌머테이오에서 샌프란시스코까지 버스를 타고 나가 물건을 사러 다녔어요. 하지만 물건을 사는 동안에도 여러 가지 집안일이 걱정스러워 내내 어쩔 줄을 몰랐습니다. 다리미판 위에 다리미를 그냥 두고 나온 것은 아닌가, 집에 혹시 불이라도 나지 않았을까, 가정부가 아이들만 내버려두고 나가지나 않았을까, 아이들이 혹시 밖에서 자전거를 타고 놀다가 차에 치이지나 않았을까 등등 걱정이 태산 같았습니다. 그래서 물건을 사다가도 걱정으로 조바심이 나면 뛰쳐나가 버스를 타고 다시 집으로 달려가서 살펴보고

오기도 했습니다. 제 첫 번째 결혼이 불행하게 끝난 것도 이상할 것이 없습니다.

두 번째 결혼한 사람은 변호사인데, 어떤 일에도 걱정하는 법이 없고 침착하고 비판적인 성격입니다. 가끔 내가 초조해하고 긴장하기 시작하면 이런 말을 했답니다.

"침착해요. 긴장하지 말고 무엇이 그렇게 걱정되는지 한번 생각해봐요. 평균의 법칙에 비추어볼 때 그 일이 정말 현실에서 일어날 가능성이 있는지 분석해보는 게 어떻겠소."

한번은 이런 일도 있었어요. 우리가 뉴멕시코의 앨버커키에서 칼즈배드 동굴 국립공원으로 가기 위해 험한 길을 드라이브하던 때의 일인데, 도중에 폭풍우를 만났답니다. 차가 이리저리 흔들리고 미끄러지는 게 걷잡을 수가 없었어요. 나는 당장에라도 차가 길 옆 도랑으로 처박히고 말 거라는 생각에 어찌할 바를 모르고 있었어요. 하지만 남편은 이렇게 말하는 것이었어요.

"내가 조심해서 운전하고 있으니까 아무 일도 없을 거야. 혹시라도 차가 미끄러져서 도랑에 처박힌다고 해도, 평균의 법칙에 따르면 우리는 조금도 다치지 않을 거야."

남편의 이런 침착성과 자신감이 비로소 나를 진정시켜주었지요.

어느 해 여름에 있었던 일도 기억나는군요. 우리는 캐나디언 로키에 있는 투캥 계곡으로 캠핑을 갔습니다. 어느 날 밤 해발 2천 미터나 되는 지점에서 야영을 했는데 폭풍우를 만났습니다. 바람이 어찌나 심하게 부는지 텐트가 금방이라도 찢어질 것 같았습니다. 우리 텐트는 밧줄로 튼튼하게 나무 받침대에 묶어놓았지만, 2중으로 되어 있는 바깥쪽의 텐트는 바람에 흔들리며 비명을 질렀습니다.

나는 당장 우리 텐트가 찢겨져 공중으로 날아가지나 않을까 공포에 떨며 숨을 죽이고 있었습니다. 너무 두려워서 부들부들 떨었답니다. 하지만 남편은 이렇게 말하는 것이었어요.

"괜찮아, 여보, 우리는 지금 브루스터스사의 가이드와 함께 여행하고 있고 브루스터스 사람들은 이럴 때 어떻게 하면 좋은지 꿰뚫고 있는 전문가들이야. 그 사람들은 60년 동안이나 이 산에서 텐트를 쳐봤어. 이 텐트도 오래전부터 이곳에 있었지만, 지금까지 바람에 날아간 적은 없어. 그리고 평균의 법칙에 비추어보더라도 오늘 밤에 텐트가 날아가는 사고는 생기지 않을 거야. 만일 날아간다 해도 다른 텐트로 옮기면 되지 않소. 그러니 걱정하지 말아요."

나는 남편의 말대로 마음을 가라앉히고 그 밤을 편히 잤습니다.

몇 해 전 우리가 사는 캘리포니아에 소아마비 전염병이 굉장히 유행한 적이 있습니다. 아마 예전 같았으면 나는 히스테리를 일으켰을 겁니다. 하지만 남편은 내가 진정하도록 타일렀습니다. 우리는 아이에게 가능한 모든 예방 조치를 취했어요. 사람이 많은 곳에 보내지 않았고, 학교를 쉬게 하고, 극장에도 가지 못하게 했습니다. 그리고 위생국에 문의를 했더니, 지금까지 캘리포니아에서 가장 심하게 소아마비가 유행했을 때도 이 병에 걸린 아이들은 주 전체를 통틀어 1천8백35명에 불과했다고 말했습니다. 일반적으로는 2백 명 내지 3백 명 정도라는 사실도 알게 되었지요. 물론 그것도 결코 적은 것은 아니라서 마음을 놓을 수는 없었지만, 평균의 법칙에 따르면 아이 한 명이 이 병에 걸릴 확률은 극히 적다는 것을 알았습니다.

"평균의 법칙에 따르면 그런 일은 일어나지 않을 것이다."라는 말은 제 걱정의 90퍼센트를 해결해주었습니다. 그리고 과거 20년 동안의 삶은 떠오르지도 않을 정도로 아름답고 평화로운 삶을 만들어주었답니다.

미국 역사상 인디언과의 싸움에서 가장 큰 공을 세운 사람으로 기록되는 조지 크룩 장군의 《자서전》에는 이런 말이 있다.

"인디언들이 갖고 있던 온갖 걱정과 불행은 대부분 현실이 아니라 그들의 상상에서 생겨난 것이다."

나 역시 과거를 돌이켜보면 걱정의 대부분이 이런 것이었음을 알 수 있다. 짐 그랜트는 자기 또한 그러했다고 말한다. 그는 뉴욕 프랭클린 스트리트에 있는 제임스 A. 그랜트 디스트리뷰팅 컴퍼니를 경영하고 있다. 그는 플로리다산 오렌지와 자몽을 한 번에 화차 열 대 내지 열다섯 대 분량을 주문하는데, 언제나 다음과 같은 걱정을 했다고 한다. '혹시 열차 사고가 나면 어쩌지? 과일들이 어딘지도 모르는 오지의 선로에 쏟아지지나 않을까? 과일을 실은 기차가 철교를 통과하다가 다리가 무너지는 것은 아닐까?' 물론 화물은 보험에 들어두었지만, 기일 내에 과일을 배달하지 못하면 시장을 잃을 수도 있기 때문에 걱정하지 않을 수 없었다.

그는 걱정이 지나쳐서 아무래도 위궤양에 걸린 것 같은 생각이 들어 의사를 찾았다. 진찰 결과 의사는 신경이 너무 날카로운 점을 제외하고는 아무 이상도 없다고 했다. 그는 의사의 말을 듣고서야 겨우 마음을 놓았다. 그는 이렇게 말했다.

"그 순간 정신을 차리게 되었습니다. 그래서 스스로에게 이렇게 물어보았습니다. '이봐, 짐 그랜트, 한 해에 얼마나 많은 과일 수송 열차가 운행되고 있지?' 답은 이랬습니다. '약 2만 5천 대.' 그러고는 다시 스스로에게 물어보았습니다. '그렇다면 그중에서 몇 대 정도나 열차 사고가 있었지?', '음, 5대 정도.' 나는 다시 스스로에게 물어보았습니다. '2만 5천 대 중에서 겨우 5대? 이 말이 무슨 뜻인지 알고 있는 건가? 그러면 확률은 5천 분의 1 아닌가. 경험으로 보아 평균의 법칙에 따르면 자네의 화차 한 대가 전복할 위험은 겨우 5천 분의 1에 불과하다는 얘기지? 그런데도 불구하고 무얼 걱정하고 있는 거야?'

그러고 나서 이렇게 말했습니다. '철교가 무너질지도 모르지.' 그리고는 이렇게 물어보았습니다. '잠깐만 기다리게. 다리가 무너지는 바람에 손해 본 화차는 몇 대나 있었지?' 답은 '한 대도 없었다'였습니다. 나는 다시 자신에게 말했습니다. '자네는 정말 바보군. 한 번도 무너진 적이 없는 철교나 5천 분의 1밖에 안 되는 기차 사고 확률 때문에 걱정하느라 위궤양에 걸리기라도 한다면 말이야…'"

짐 그랜트는 계속해서 내게 이런 말을 했다.

"이런 생각들이 떠오르자 제가 그동안 얼마나 어리석었는지 알게 되었습니다. 그리고 바로 그 자리에서 결심했습니다. 걱정은 평균의 법칙에 맡기기로 하자고. 그런 뒤부터 위궤양 걱정은 한 번도 해본 적이 없습니다."

알 스미스가 뉴욕 주지사일 때의 일이다. 그는 정적들이 공격해오면 언제나 "기록을 조사해봅시다."라고 대답했다. 그러고 나서 사실들을 확인하고 실천해 나갔다. 여러분이나 내가 혹시 일어날지도 모르는 사고 때문에 걱정되는 경우가 있으면, 현명한 알 스미스의 충언에 따라 기록을 조사하고, 끊임없이 우리를 괴롭히는 불안이 어느 정도 근거가 있는지 검토해보자.

프레드릭 J. 말슈테트는 자신이 혹시 죽어가고 있는 것은 아닌지 걱정돼 불안했을 때 이 방법을 실천했다. 그가 뉴욕에서 진행된 나의 강좌에서 들려준 이야기는 다음과 같다.

1944년 6월 초, 저는 오마하 해변 근처의 좁고 긴 참호 속에 엎드려 있었습니다. 저는 제999 통신 공병대에 소속되어 있었는데 우리 부대는 막 노르망디에 상륙해 개인 참호를 구축해 대비하고 있었습니다. 저는 땅에 파놓은 좁고 긴 참호를 둘러보면서 "이건 꼭 무덤 같군." 하고 말했는데, 막상 그 속에 누워 자려니까 정말 무덤처럼 느껴졌습니다. 그리고 '어쩌면 이것이 내 무덤이 될지도 몰라.'라는 생각이 더욱 강렬해졌습니다. 그러다가 밤 11시쯤 독일군 폭격기가 나타나 폭탄을 투하하기 시작하자 저는 공포로 온몸이 굳어버렸습니다. 처음 2, 3일 동안은 전혀 잠을 잘 수 없었습니다. 4, 5일 후에는 거의 신경 쇠약에 시달릴 정도였습니다. 무슨 방법이든 조취를 취하지 않는다면 정말 미치고 말 거라는 생각이 들었습니다.

그런데 문득 오늘로 5일 밤이 지났는데도 아직 살아 있지 않는가 하는 생각이 들었습니다. 나뿐만 아니라 다른 부대원도 모두 무사하다는 것도 비로소 생각났습니다. 물론 부상자가 2명 있기는 했지만 그것도 독일군의 폭탄에 맞은 것이 아니라, 아군의 고사포에서 발사된 유탄이 떨어지면서 파편에 맞은 것이었습니다.

저는 무엇이든 건설적인 일을 함으로써 걱정을 잊어야겠다고 결심했습니다. 그래서 우선 참호 위에 떨어지는 유탄을 막기 위해 두꺼운 나무 지붕을 만들었습니다. 저는 우리 부대가 주둔하고 있는 지역이 얼마나 넓은지 생각해보았습니다. 생각해보니 깊고도 좁은 참호 속에서 내가 죽을 확률은 1만 분의 1이 될까 말까 할 정도였습니다. 이렇게 생각을 바꾸고 나니 마음이 점점 차분해지고 2, 3일 후에는 지독한 폭격 속에서도 곤하게 잘 수 있게 되었습니다.

미 해군은 장병들의 사기를 북돋우기 위해 평균 법칙의 통계를 이용하고 있다. 전에 해군에서 복무한 적이 있는 한 사람이 이런 이야기를 해주었다. 해군 시절 그와 같은 배를 타고 있던 동료들은 함께 고옥탄가 유조선에 배치되었다. 그들은 두려움으로 온몸이 뻣뻣하게 굳는 것을 느꼈다고 했다. 그들은 모두 고옥탄가 가솔린을 실은 유조선이 어뢰를 맞으면 배는 폭발하고, 그러면 그 배에 타고 있던 사람들까지 모두 함께 날려버린다고 굳게 믿고 있었다.

하지만 미 해군은 그렇지 않다는 것을 충분히 알고 있었다. 그래서 해군은 그 사실을 뒷받침해줄 만한 정확한 숫자를 공표했는데, 이에 따르면 어뢰에 명중된 1백 척의 유조선 가운데 60척은 침몰하지 않았으며, 침몰한 40척도 겨우 5척만이 10분 이내에 침몰했다는 것이다. 이 말은 배에서 도피할 수 있는 시간적 여유가 있으며, 사상자는 극소수에 불과하다는 의미였다. 이러한 사실이 해군들의 사기를 올리는 데 도움이 되었을까?

"평균의 법칙을 알고 나서 우리의 불안은 깨끗이 사라졌습니다."

이 이야기를 들려준 클라이드 W. 마스는 미네소타주 세인트폴 월넛 스트리트에 살고 있는데 그는 이렇게 말하고 있다.

"모든 승무원이 용기를 되찾았습니다. 최악의 사태가 벌어지더라도 우리에게는 기회가 있다는 걸 알게 되었으니까요. 평균의 법칙 덕분에 우리가 전사하는 일은 없을 거라는 사실을 알았습니다."

걱정하는 습관을 해치우는 세 번째 방법은 다음과 같다.

걱정하는 습관을 없애기 위한 방법 3

기록을 조사해보자. 그리고 스스로에게 다음과 같이 물어보자.
"평균의 법칙으로 보았을 때, 당장 일어날지도 모른다고 걱정하는 그
일이 실제로 일어날 확률이 얼마나 되는가?"

4

피할 수 없다면
협력하라

내가 아주 어렸을 때의
일이다. 나는 미주리주 북서부에 있는 몹시 낡은 집 다락방에서 몇몇
친구와 놀고 있었다. 다락방에서 내려올 때, 나는 문틀을 살짝 밟고 뛰
어내리다가 왼손 집게손가락에 끼었던 반지가 못에 걸려 손가락이 떨
어져 나갔다. 나는 비명을 질렀다. 무서웠다. 죽을지도 모른다는 생각
이 들었다. 하지만 손가락이 나은 뒤에는 한 번도 그런 걱정을 해본 적
이 없다. 걱정한다고 해서 무슨 소용이 있는가? 나는 피할 수 없는 결과
를 받아들였다. 지금 내 왼손에는 엄지손가락과 나머지 세 손가락밖에
없지만, 몇 달씩이나 이 사실을 잊고 지내기도 한다.

몇 년 전 뉴욕 도심의 업무용 빌딩에 사무실을 두고 화물 엘리베이터
사업을 하는 사람을 만난 적이 있다. 그 사람의 왼손은 손목에서부터

절단된 상태였다. 나는 그에게 한쪽 손이 없다는 사실이 괴롭지 않느냐고 물었다. 그러자 그는 이렇게 대답했다.

"아뇨, 그런 것은 생각해본 일도 없습니다. 나는 독신입니다. 그래서 손 하나가 없다는 사실을 비로소 느끼는 경우는 바늘에 실을 꿸 때뿐입니다."

인간은 어쩔 수 없는 상황이라고 판단하면 어떠한 상태라도 재빨리 받아들일 수 있게 되어 있다. 그리고 자기를 그 상황에 적응시켜서 그런 사실이 있다는 것도 잊어버린다.

나는 가끔 네덜란드 암스테르담에 있는 15세기에 지은 성당 폐허에 있던 글귀를 생각하곤 한다. 그것은 플랑드르어로 되어 있는데 뜻은 이렇다. "이미 그렇게 되었다. 달리 방법이 없다."

사는 동안 우리는 여러 가지 어쩔 수 없는 불쾌한 실패에 부딪히게 될 것이다. 그것은 불가피한 일이다. 하지만 우리는 선택할 수 있는 자유가 있다. 즉, 그것을 불가피한 일로 받아들여 적응하든가, 아니면 그것에 반항함으로써 인생을 망치고 결국 신경 쇠약에 걸려 일생을 헛되이 사는 것이다.

여기 내가 존경하는 철학자 윌리엄 제임스의 현명한 충고가 있다. "있는 그대로 받아들이려고 노력하라. 일단 일어난 일을 받아들이는 것이 불행한 결과를 극복하는 첫걸음이다."

오레곤주 포틀랜드에 사는 엘리자베스 콘리는 갖은 고생 끝에 이 사실을 깨달았다. 그녀가 나에게 보낸 편지에는 이렇게 씌어 있었다.

미국이 북부 아프리카에서 승전했다고 축하하던 그날, 저는 국방성으로부터 전보 한 장을 받았습니다. 제가 세상에서 가장 사랑하는 조카가 작전 중 행방불명되었다는 내용이었습니다. 그리고 조금 지나 조카가 전사했다는 비보를 접했습니다. 저는 비탄에 잠겨 쓰러지고 말았습니다. 그때까지 저의 인생은 즐거움 그 자체였습니다.

저는 제가 좋아하는 일을 하면서 살고 있었습니다. 저는 이 조카를 키우는 데 온갖 애정을 쏟았습니다. 저에게는 그가 더없이 멋지고 이상적인 청년이었습니다. 마치 수면에 던진 빵이 모두 케이크가 되어 돌아오는 것 같은 느낌이었습니다. 그런데 이런 비보를 들은 것입니다. 온 세상이 무너져 내린 것 같은 느낌이었습니다. 저는 살아야 할 목적이 사라진 것 같았습니다. 일도 손에 잡히지 않았고, 친구들도 만나지 않았습니다. 만사가 귀찮아서 될 대로 되라는 심정으로 내버려두었습니다.

저는 너무 가슴이 아프고 세상이 원망스러웠습니다. 왜 나의 소중한 조카가 지금 죽어야 했는가? 그렇게 착하고 비전 있는 청년이 왜 죽음을 당하지 않으면 안 되었던가? 저는 이 사실을 도저히 받아들일 수가 없었습니다. 저는 너무 비통한 나머지 직장도 그만두고 비통함과 슬픔 속에 자취를 감추려고 했습니다.

저는 그곳을 떠날 준비를 하면서 책상을 청소하다가 편지 한 통을 발견했습니다. 그것은 얼마 전에 전사한 조카가 몇 년 전에 제 어머님이 돌아가셨을 때 보낸 것이었습니다. 그 편지에는 이런 말이 적혀 있었습니다.

"물론 저희도 모두 할머니를 그리워할 겁니다. 이모님은 특히 그러하시리라고 생각합니다. 하지만 저는 이모님께서 슬픔을 잘 이겨내실 줄로 믿습니다. 이모님은 철학을 갖고 사시는 분이니 틀림없이 그러실 수 있다고 믿습니다. 저는 이모님께서 가르쳐주신 아름다운 진리를 결코 잊을 수 없습니다. 설사 어디에 있든지, 아무리 멀리 떨어져 있더라도 '언제나 미소를 잊지 말아라. 무슨 일을 당하든 남자답게 받아들여라.'라고 말씀하신 교훈을 기억하고 있습니다."

저는 그 편지를 읽고 또 읽었습니다. 마치 조카가 제 옆에서 이런 말을 하는 것 같았습니다. "이모님은 제게 이렇게 가르쳐주셨잖아요. 무슨 일이 일어나든 견뎌라, 슬픔을 미소로 감추고 견뎌내라. 그런데 이모님은 왜 그렇게 하지 않으세요?"

그래서 저는 다시 일터로 돌아갔습니다. 그리고 원망하는 마음과 반항하는 태도를 그만두었습니다. 저는 끊임없이 제 자신에게 이렇게 말했습니다. "이미 일어나버린 일이다. 내 힘으로는 어떻게 할 수 없다. 하지만 나는 조카가 기대하는 대로 견딜 수 있고, 견디기 위해 노력할 것이다."

저는 일에 전심전력을 기울였습니다. 저는 다른 누군가의 자식이기도 한 군인들에게 편지를 보냈습니다. 그리고 야간 성인 교육 강좌에 참가해 새로운 지식을 배웠고, 새로운 친구도 사귀었습니다. 그로 인해 제 신변에 일어난 변화는 믿을 수가 없을 정도입니다. 이제는 영원히 가버린 과거, 돌아오지 않을 시간에 대해 슬퍼하지 않게 되었습니다. 저는 지금 하루하루 즐겁게 살고 있습니다. 조카가 저에게 기대했던 것처럼 저는 인생을 즐기고 있습니다. 제 인생과 화해했고 운명을 받아들이고 있습니다. 저는 예전보다 더욱 풍성하고 완전한 인생을 보내고 있습니다.

엘리자베스 콘리는 우리 모두가 조만간 배우지 않으면 안 될 것을 먼저 배운 것이다. 즉, 피할 수 없는 것은 받아들이고, 그것에 협력해야만 한다는 것이다. "이미 그렇게 되었다. 달리 방법이 없다." 이것은 받아들이기 쉽지 않은 교훈이다. 왕좌에 앉은 군주들까지도 이 사실을 마음에 새겨두지 않으면 안 된다.

조지 5세는 버킹엄 궁전에 있는 자신의 서재 벽에 다음과 같은 교훈을 걸어두었다.

달을 따 달라고 울지 않고,
엎질러진 우유 때문에 후회하지 않도록 가르쳐주소서.

이와 같은 생각을 쇼펜하우어는 달리 표현하고 있다.

"인생이라는 여행을 떠나기 위해 가장 중요한 준비는 어떤 어려움이 닥쳐도 견뎌내겠다는 각오다."

확신하건대 단지 환경 자체가 우리를 행복하게 하거나 불행하게 만드는 것은 아니다. 바꾸어 말하면 우리의 감정을 결정하는 것은 환경에 대해 우리가 어떻게 반응하느냐에 달려 있다. 예수는 천국이 우리 안에 있다고 설파했다. 그러므로 지옥도 우리 안에 있는 것이다.

정말 꼭 해야만 한다고 생각하면 우리는 누구나 재난과 비극을 견디고 승리를 얻을 수 있다. 불가능하다고 생각할지도 모른다. 하지만 우리에게는 그것을 이용하기만 한다면 우리를 끝까지 지켜줄 내면의 힘이 있다.

부스 타킹턴은 언제나 이런 말을 했다.

"나는 인생이 나에게 강요하는 것이라면 무엇이든 참을 수 있다. 단한 가지 예외가 있는데 그것은 바로 앞이 보이지 않는 것이다. 이것만은 견딜 수 없다."

그런데 그가 60대를 막 넘어선 어느 날, 무심코 마루 위에 깔아놓은 카펫을 보는데 색깔이 부옇게 흐려 보이고 무늬를 알아볼 수 없었다. 그 길로 전문의를 찾아간 그는 비통한 사실을 알게 되었다. 그는 시력을 잃어가고 있었으며, 이미 한쪽 눈은 거의 보이지 않는 상태였다. 말하자면 지금까지 그가 가장 두려워했던 불행이 현실이 돼버린 것이다.

그렇다면 타킹턴은 이 '최악의 불행'에 대해 어떤 반응을 보였을까. '이젠 끝이야. 내 인생은 이것으로 끝장이야!' 이렇게 생각했을까? 아니다. 자기 자신마저도 놀랄 정도로 그는 명랑한 기분이었다. 그는 자신의 시련을 유머러스하게 표현할 정도로 여유가 있었다. 그를 괴롭히고 있는 것들은 '작은 반점들'이었다. 그것들이 그의 눈 속에서 아른거리며 돌아다니다가 때로는 전혀 보이지 않게 만들기도 했다. 그중에서도 커다란 반점이 눈 속에서 떠다니다가 눈을 가로막으면 그는 이렇게 말했다. "아! 또 영감님이 오셨군! 오늘은 날씨도 좋은데, 어디로 가시는 거지!"

과연 운명은 이렇듯 강한 영혼을 쓰러뜨릴 수 있을까? 아니다. 결코 그럴 수 없다. 어느 날 두 눈이 완전히 보이지 않게 되자 타킹턴은 이렇게 말했다.

"나는 시력을 잃어버렸다는 사실을 받아들일 수 있다. 사람이 온갖 것을 받아들이는 것과 다르지 않다. 만일 내가 5가지의 감각을 모두 상실하더라도 나는 계속 살아갈 수 있다는 것을 느낌으로 알 수 있다. 우리가 그것을 인정하든 인정하지 않든 우리는 마음으로 보는 것이고 마음으로 사는 법이니까."

그는 시력을 되찾을 수 있다는 희망으로 1년에 12번도 넘는 수술을 받아야만 했다. 그것도 국부 마취만으로! 그렇지만 그는 이에 대해 아무런 불평도 하지 않았다. 그는 그것이 해야만 하는 일이라는 것을 알고 있었다. 피할 수 있는 방법이 달리 없다는 것을 알고 있었으므로 고통을 더는 유일한 방법으로 흔쾌히 그 방법을 받아들였던 것이다. 그는 개인 병실을 거절하고 다른 환자와 함께 있기 위해 일반 병실에 들었으며, 그들을 즐겁게 만들어주기 위해 애썼다. 여러 차례에 걸쳐 수술을 받아야만 했을 때, 게다가 자신의 눈에서 어떤 일이 벌어지고 있는지 똑똑히 의식할 수 있는 수술을 받으면서도 자신이 얼마나 운이 좋은 사람인지 생각하기 위해 노력했다. 그는 이렇게 말했다. "정말 훌륭해! 훌륭해! 과학이 이제는 사람의 눈처럼 복잡한 것까지 수술할 수 있을 정도로 놀라운 기술을 가졌다니!"

보통사람이라면 12번이나 수술을 받고도 여전히 눈먼 장님이라면 틀림없이 신경 쇠약에 걸렸을 것이다. 하지만 타킹턴은 오히려 이렇게 말했다. "나는 이 경험을 보다 행복한 경험과 바꿀 생각이 없다."

그의 경험은 그에게 받아들이는 법을 가르쳤다. 또한 '인생이 주는 어떤 불행이든 참을 수 없는 것은 없다.'는 것을 알게 한 것이다. 그는 그 경험을 통해 존 밀턴이 발견한 것처럼 다음과 같은 사실을 깨달았다. "장님이 된다는 것은 생각만큼 비참하지 않다. 다만 앞이 보이지 않는다는 사실을 견딜 수 없는 것이 비참하다."

뉴잉글랜드의 유명한 여권주의자인 마가렛 풀러는 언젠가 자신의 신조에 대해 이렇게 말했다. "나는 우주를 받아들인다."

까다롭기로 이름난 토머스 칼라일은 영국에서 이 말을 들었을 때 이렇게 말했다. "물론이지. 그렇게 하는 거야!"

그렇다. 여러분도 나도 피할 수 없는 문제는 받아들여야 한다! 피할 수 없는 문제를 받아들이지 못하고 불평하거나 저항감을 가지면 상황을 바꾸지 못하게 된다. 오히려 불평과 저항이 우리를 변화시킬 뿐이다. 나는 일찍이 이 사실을 경험했기 때문에 자신 있게 말할 수 있다.

언젠가 내가 직면한 불가피한 사태를 받아들이려고 하지 않았던 적이 있다. 어리석게도 나는 그것에 불평하고 반항했다. 그러자 곧 나는 매일 밤 잠을 이루지 못하며 지옥을 헤매게 되었고, 온갖 짜증나는 일들이 쏟아졌다. 결국 1년 동안이나 자신을 괴롭힌 후에야 결국 애당초 바꿀 수 없는 상황이었다는 것을 받아들이지 않을 수 없었다. 나는 진작부터 월터 휘트먼의 시처럼 소리 높여 노래했어야만 했다.

오, 맞이할지어다.
암흑과 폭풍, 굶주림과 조롱, 사고와 냉대.
나무와 짐승들, 동물이 그러하듯.

나는 12년 동안이나 가축을 보살펴왔지만, 내가 돌보는 소 떼 중 가뭄이나 진눈깨비, 추위, 목초지가 바싹 말라버렸다거나 혹은 남자친구가 지나치게 다른 암소와 의좋게 지낸다는 이유로 화를 내는 소를 본 일이 없다. 짐승들은 밤이나 폭풍이나 굶주림도 태연히 맞이한다. 그렇기 때문에 동물은 결코 신경 쇠약이나 위궤양에 걸리는 법이 없다. 그리고 결코 정신 이상이 되지도 않는다.

그렇다고 해서 이 말이 우리의 앞길을 가로막은 역경에 무조건 머리를 숙이라는 것일까? 결코 아니다. 그것은 패배주의에 불과하다. 그 사태를 조금이라도 수습할 여지가 있는 한 우리는 최선을 다해 싸워야 한다. 하지만 상식적으로 생각했을 때 '이미 그렇게 돼버려서 달리 어쩔 도리가 없는' 상황이라고 판단되면, 냉정하게 앞뒤를 살펴보고 되지 않을 일에 에너지를 낭비할 필요는 없다.

컬럼비아 대학교의 학장이었던 호크스는 '마더구스의 노래' 중 한 구절을 좌우명으로 삼고 있다고 나에게 말한 적이 있다.

태양 아래 온갖 괴로움에는 구원이 있다.
하지만 없는 것도 있다.
있다면 그것을 찾아보라.
없다면 잊어버리는 거다.

이 책을 집필하는 동안 나는 성공한 미국 사업가들과 많은 인터뷰를 했다. 그러면서 나는 그들이 어쩔 수 없는 상황에 협력함으로써 전혀 걱정이 없는 생활을 영위하고 있는 데 감탄했다. 만일 그들이 그렇게 하지 않았다면 그들은 분명 긴장을 이기지 못하고 무너졌을 것이다. 이를 증명할 만한 몇 가지 실례를 제시하겠다.

미국에서 전국적인 체인망을 갖고 있는 페니 스토어의 설립자인 J. C. 페니는 다음과 같이 말했다.

"나는 설령 재산을 모두 잃더라도 걱정하지 않을 것이다. 걱정해도 얻을 것이 없다는 것을 잘 알고 있기 때문이다. 나는 내가 할 수 있는 최선을 다한 후 결과는 하나님께 맡길 뿐이다."

헨리 포드도 이와 비슷한 말을 했다.

"내가 감당할 수 없는 일은 저절로 되어가도록 내버려둔다."

언젠가 클라이슬러의 사장인 K. T. 텔러에게 걱정거리가 있을 때 어떻게 처리하느냐고 물었더니 그는 이렇게 대답했다.

"난처한 사태에 부딪히면 할 수 있는 데까지 최선을 다한다. 그리고 할 수 없는 일은 잊어버린다. 나는 미래에 대해서는 결코 걱정하지 않는다. 누구든 미래에 무슨 일이 생길지 예측할 수 없다는 것을 알고 있기 때문이다. 미래에 영향을 줄 수 있는 것이 얼마나 많은가! 그런 요인이 어떻게 생겨나는지 아는 사람도 없고 이해할 수 있는 사람도 없다. 그러니 걱정한다고 무슨 소용이 있겠는가?"

만일 여러분이 켈러에게 '당신은 철학자'라고 말한다면 그는 당황할 것이다. 그는 다만 유능한 사업가일 뿐이다. 하지만 그의 생각은 에픽테토스가 19세기 전에 로마에서 가르친 철학과 통한다. 에픽테토스는 일찍이 로마인들에게 이렇게 가르쳤다.

"행복에 이르는 길은 하나밖에 없다. 그것은 우리 의지로는 어떻게 할 수 없는 일에 대해 걱정하지 않는 것이다."

'성스러운 사라'라고 예찬되던 사라 베르나르는 어쩔 수 없는 상황에 협력하는 방법을 잘 실천한 좋은 실례다. 지난 반세기 동안 그녀는 전 세계에서 가장 사랑받는 여배우였고, 4개 대륙의 무대를 군림한 여왕이었다. 그런데 일흔한 살에 재산을 모두 잃고 파산하고 말았다. 그녀의 주치의는 그녀의 다리를 절단해야 한다고 말했다. 대서양을 횡단하던 중 폭풍을 만났는데 갑판 위를 뒹굴다 그만 다리에 정맥염이 생겼던 것이다. 상처가 점점 악화되는가 싶더니 급기야 다리가 오그라들고 말았다. 고통이 너무 심해지자 의사는 다리를 절단해야 한다는 진단을 내렸다. 하지만 의사는 성격이 거칠고 화를 잘 내는 사라에게 이 사실을 알려야 할지 주저했다. 그녀가 이 끔찍한 말을 듣는다면 미치광이처럼 행동할 거라고 믿어 의심치 않았다.

하지만 그것은 그가 잘못 생각한 것이었다. 사라는 한동안 그를 물끄러미 바라보더니 조용한 어조로 이렇게 말했다. "그래야 한다면 해야겠지요."

그것은 피할 수 없는 숙명이었다. 수술실로 실려 가는 동안 그녀는 울면서 자기를 바라보고 있는 아들에게 손을 흔들면서 밝은 목소리로 말했다. "아무 데도 가지 마라. 금방 돌아올 테니까."

그녀는 수술실로 가면서 자기가 연기했던 연극의 한 장면을 재연했다. 누군가 그녀에게 스스로를 격려하기 위해 하는 거냐고 묻자 그녀는 이렇게 대답했다. "아니오. 의사 선생님과 간호사들을 격려하기 위해서예요. 그 사람들이 지금 얼마나 긴장하고 있겠어요."

수술을 받고 회복된 뒤에도 그녀는 7년을 더 세계 각국을 순회하면서 관객을 매혹시켰다.

엘지 매코믹은 〈리더스 다이제스트〉지에 쓴 평론에서 이렇게 말했다. "우리가 피할 수 없는 것과 싸우기를 그만둘 때 보다 풍부한 인생을 창조하는 에너지가 생긴다."

인간은 피할 수 없는 것과 싸우는 동시에 새로운 생활을 창조하기에 충분한 감정과 활력을 지니고 있지는 않다. 그러므로 어느 쪽이든 하나를 선택해야 한다. 인생에서 만나는 불가피한 진눈깨비 속에서 머리를 숙이든가 반항을 하다 무너질 수도 있다.

나는 미주리주의 나의 농장에서 그 예를 보았다. 그 무렵 나는 농장에 나무를 심었는데, 처음에는 나무들이 놀랄 만한 힘으로 줄기차게 성장했다. 이윽고 진눈깨비가 내리자 나뭇가지는 온통 눈 속에 파묻혔다. 눈의 무게에 머리를 얌전히 숙이는 대신 당당하게 버티는 것 같더니 결국은 눈 더미의 무게를 견디지 못하고 부러지고 말았다. 그 나무들은 마침내 베어지고 말았다. 이 나무들은 북부 숲속의 나무들이 가진 지혜를 배우지 못했던 것이다.

나는 캐나다의 상록침엽수림을 가로질러 수백 마일이나 여행한 적이 있는데, 한 번도 전나무와 소나무가 얼음이나 진눈깨비 때문에 쓰러진 것을 보지 못했다. 왜냐하면 그곳의 상록수들은 머리를 숙이는 법, 가지를 늘어뜨리는 법, 피할 수 없는 것에 협력하는 방법을 알기 때문이다.

유술을 배우는 사람들에게 사범들은 "버들가지처럼 휘어져라. 참나무처럼 저항하지 말라."라고 가르친다.

여러분은 자동차의 타이어가 오랜 기간 그렇듯 모질게 사용해도 견디는 까닭을 아는가? 최초의 타이어 제조업자들은 도로의 충격에 저항하는 타이어를 만들어보았다. 그랬더니 타이어는 이내 갈기갈기 찢기고 말았다. 그래서 그들은 아스팔트가 주는 충격을 흡수하는 타이어를 만들었다. 타이어는 충격을 받아들였다. 이와 마찬가지로 우리도 험한 인생행로에서 만나는 충격과 흔들림을 흡수하는 방법을 배운다면, 행복한 여행을 즐길 수 있다.

만일 우리가 인생의 충격을 흡수하지 않고 반항한다면 어떤 일이 일어날까? 혹은 버드나무처럼 휘어지기를 거부하고 참나무처럼 저항한다면 어찌 될까? 해답은 명료하다. 엄청난 정신적 갈등에 고통스러울 것이다. 우리는 걱정하고 긴장하고 중압감에 시달리며 결국 신경 쇠약에 걸리고 말 것이다. 더구나 만일 우리가 준엄한 현실 세계를 거부하고 스스로 만든 몽상의 세계로 도피한다면, 그때는 미치광이가 되고 말 것이다.

제2차 세계 대전 중 공포에 떨던 수백만의 병사들은 어쩔 수 없는 현실을 받아들이거나 긴장에 쓰러지거나 둘 중의 하나가 되었다. 뉴욕의 윌리엄 H. 캐셀리어스의 경우를 보자. 그는 뉴욕에서 진행한 나의 강좌에서 이 발표를 통해 우수상을 받았다.

저는 연안경비대에 입대한 지 얼마 안 되어 대서양 연안에서 가장 분쟁이 치열한 지역에 배치되었습니다. 거기서 저는 폭발물 감시병으로 임명되었습니다. 생각해보십시오! 크래커 판매원이었던 제가 갑자기 폭발물 관리자가 되다니! 수천 톤에 달하는 위력적인 폭탄 위에 서있다는 생각만으로도 크래커 판매원의 간담은 서늘해졌습니다. 저는 겨우 이틀간 교육을 받았을 뿐인데, 거기서 배운 것들은 오히려 저를 더욱 두렵게 만들었습니다.

제가 처음으로 현장에 출동하던 날을 평생 잊을 수 없을 것입니다. 어둡고 춥고 안개까지 낀 어느 날, 저는 뉴저지주 베이온에 있는 케번 곳의 지붕 없는 부두에서 최초의 명령을 받았습니다.

저는 우리 배의 5번 화물창에 배치되었고 5명의 부두 노동자와 함께 그 화물창에 내려가서 일해야만 했습니다. 그들은 모두 늠름한 체격이었는데 폭탄에 대해서는 전혀 아는 바가 없었습니다. 게다가 그들은 단 한 발이면 이 낡은 배를 한순간에 날려버릴 수도 있는, 1톤이 넘는 TNT가 들어 있는 고성능 폭탄을 나르고 있었습니다. 이 대형 폭탄들을 겨우 2개의 철사 고리로 매달아 옮기고 있었습니다.

저는 마음속으로 오직 한 가지 생각만 했습니다. 만일 저 줄 하나가 끊어지거나 미끄러지기라도 한다면…. 오, 맙소사! 저는 너무 무서웠습니다. 몸이 덜덜 떨렸습니다. 입 안은 침 한 방울 없이 말라버렸고, 다리는 와들와들 떨렸습니다. 가슴은 쉴 새 없이 두근거렸습니다. 그렇다고 도망칠 수 있는 형편도 아니었습니다. 만일 도망친다면 그건 탈영입니다. 그렇게 되면 나의 군 생활은 불명예로 끝나고 부모님에게 불명예가 되는 것이었습니다. 뿐만 아니라 저는 탈영한 죄로 총살당할지도 모르는 일이었습니다. 저는 그 자리를 지켜야만 했습니다. 저는 부두 노동자들이 고성능 폭탄을 아무렇게나 취급하는 것을 두려운 마음으로 지켜보고 있었습니다.

배는 지금 당장에라도 폭발할 것만 같았습니다. 이렇게 전전긍긍하는 상태로 1시간 남짓 보내다 겨우 상식을 회복했습니다. 저는 스스로에게 이렇게 타일렀습니다. '정신 차려! 폭발이 일어났다고 해보자고. 목숨이 날아갈지도 모른다고? 할 수 없는 일이지. 어차피 별차이 없는 일이야. 오히려 그러는 편이 편하게 죽는 방법일지도 모르지. 암으로 고생하다 죽는 것보다는 훨씬 낫지. 바보처럼 굴지 마. 영원히 살 수 있는 것도 아니잖아. 너는 이 일을 해야 해. 아니면 총살을 당하든가. 아무래도 일하는 편이 낫지 않겠어?'

저는 몇 시간 동안이나 이렇게 제 자신에게 타일렀습니다. 그러자차츰 마음이 가라앉았고 결국에는 피할 수 없는 상황을 받아들임으로써 걱정과 공포를 이겨낼 수 있었습니다.

저는 언제까지나 그때 배운 교훈을 잊을 수 없을 것입니다. 지금도 제 힘으로 어찌할 수 없는 일로 걱정이 밀려올 때면 언제나 어깨를 으쓱하며 이렇게 말합니다. "잊어버리자." 그리고 이 말은 상당히도움이 됩니다. 저 같은 크래커 판매원에게도 말입니다.

예수의 십자가형 외에 역사상 가장 유명한 죽음은 소크라테스의 죽음이다. 앞으로 1만 년이 지난 뒤에도 사람들은 여전히 그가 죽는 장면을 기록한 플라톤의 불멸의 기록을 모든 문학 중에서 가장 감동적이고아름다운 문장이라고 인정할 것이며, 여전히 감격하며 읽을 것이다. 나이 든 맨발의 소크라테스는 그를 시기하고 질투하던 몇몇 아테네 사람의 무고로 사형 판결을 받았다. 친절한 간수는 소크라테스에게 독배를 권하며 이렇게 말했다. "피할 수 없는 일이라면 담담히 받아들이세요." 그리고 소크라테스는 그 말에 순종했다. 그가 죽음을 맞이하던 순간에 보여준 침착함과 체념은 거의 신성에 가까운 것이었다.

"피할 수 없는 일이라면 담담히 받아들이세요." 이 말은 기원전 399년에 생겼는데, 아직도 걱정으로부터 자유롭지 못한 이 세상에서 과거보다 더욱 필요한 교훈이 되었다.

지난 8년간 나는 걱정 해결법을 조금이라도 다루고 있는 책이나 글은 거의 하나도 빠짐없이 독파했다. 이런 노력의 결과 내가 발견한 걱정 해결에 관한 가장 좋은 충고를 알고 싶지 않은가? 궁금한 사람들을 위해 그 방법을 제시하겠다. 매일 아침 세수할 때 마음속의 걱정도 함께 씻겨나가도록 욕실 거울에 붙여두어도 좋다. 이 귀중한 기도문은 뉴욕 브로드웨이 120번가에 있는 유니언 신학교의 라인홀드 니부어 박사가 쓴 것이다.

주여, 제게 허락해주소서
바꿀 수 없는 것을 받아들이는 평정과
바꿀 수 있는 것을 바꿀 수 있는 용기를
그리고 이 둘을 분별할 수 있는 지혜를

걱정하는 습관이 우리를 망치기 전에 그것을 해치우는 네 번째 방법은 다음과 같다.

걱정하는 습관을 없애기 위한 방법 4

피할 수 없다면 협력하라.

How to stop worrying and start living

격정에
'손실 정지' 주문을 달아라

여러분은 월스트리트에서 큰돈을 벌 수 있는 방법을 알고 싶지 않은가? 그 비결을 알고 싶어 하는 사람은 당신뿐만 아니라 수도 없이 많을 것이다. 만일 내가 그 방법을 알고 있다면, 아마도 이 책은 한 권에 1만 달러라도 팔릴 것이다. 몇몇 성공한 중개인이 실행하고 있는 좋은 방법이 있기는 하다. 이 이야기는 뉴욕 동부에 사무실을 갖고 있는 투자 상담사 찰스 로버츠에게서 들은 것이다.

내가 맨 처음 텍사스를 떠나 뉴욕으로 왔을 때 내 주머니에는 주식에 투자하기 위해 친구들에게 빌린 2만 달러가 들어 있었습니다. 나는 누구보다도 주식 투자의 요령을 잘 알고 있다고 생각했지만 어찌 된 일인지 있는 돈을 몽땅 잃고 말았습니다. 가끔씩은 좀 벌기도 했지만 결국에는 전부 날리고 말았습니다. 내 돈을 날린 것은 그리 큰 문제가 아니었지만 친구들의 돈까지 잃고 나니 걱정이 되기 시작했습니다. 물론 친구들이 그 돈을 잃고 곤란을 당할 사람들은 아니었지만, 나는 그들에게 큰 손해를 끼쳤기 때문에 친구들을 다시 만나기가 두려웠습니다. 그런데 친구들은 놀랍게도 그 일에 대해 전혀 문제 삼지도 않았을 뿐만 아니라 낙천주의자들이었습니다.

나는 지금까지 순전히 운에 의존하고, 거기다 다른 사람들의 의견에만 의존하는 투자를 해왔다는 것을 알았습니다. 그러니까 H. I. 필립스가 말한 대로 '귀로 하는 주식 투자'를 하고 있었던 겁니다.

나는 내가 어떤 잘못을 했는지 분석하기 시작했고, 실패의 원인이 무엇인지 명확하게 분석하기 전에는 주식시장으로 돌아가지 않겠다고 마음먹었습니다. 나는 증권계에서 가장 성공한 사람이라고 알려진 버튼 S. 캐슬즈를 찾아갔습니다. 그는 수년째 성공적인 투자를 하고 있다고 알려지면서 명성을 누리고 있었는데, 그러한 성공이 단지 운이 좋아서 얻은 결과만은 아닐 것이므로 그에게서 여러 가지를 배울 수 있으리라고 생각했습니다.

그는 나에게 지금까지 어떤 식으로 투자를 해왔는지 두세 가지를 물었습니다. 그리고 나서 주식 거래에서 가장 중요한 원칙을 말해주었습니다. 그는 이렇게 말했습니다.

"나는 주식을 거래할 때 손절매 주문을 달아놓습니다. 이를테면 내가 한 주에 50달러에 산 것은 45달러가 되면 즉시 손절하도록 주문을 합니다. 그러니까 만일 시세가 떨어져서 매입가로부터 5포인트 하락하면 자동으로 팔리게 되는 것입니다. 그러므로 손실은 5포인트로 끝나는 셈이지요."

그 고수는 계속해서 이렇게 말했습니다.

"만일 여러분이 주식을 살 때 잘 구매했다면 여러분의 수익은 평균 10포인트 내지 25포인트, 또는 50포인트에 달할 것입니다. 그러므로 손실을 5포인트로 제한한다면, 절반 이상 거래에 실패하더라도 많은 이익을 남길 수 있는 겁니다."

나는 이 말을 들은 이후부터 지금까지 이 원칙을 고수하고 있습니다. 그런 뒤부터 고객에게도 이윤을 주고, 나도 많은 돈을 벌게 되었습니다.

그 후 나는 이 손절매 원칙을 주식뿐 아니라 다른 여러 가지 일에 이용할 수 있다는 것을 깨달았습니다. 투자뿐 아니라 나를 귀찮게 하는 일이나 불쾌한 사건이 생길 때면 나는 손절매 주문 원칙을 사용합니다. 그리고 그 방법은 마법 같은 효과를 보였습니다.

예를 들면, 나는 한 친구와 가끔 점심을 같이 먹었는데, 이 사람은 자주 약속 시간에 늦곤 했습니다. 언젠가는 점심 식사 시간이 거의 끝나갈 무렵까지도 오지 않아서 친구가 올 때까지 길고 지루한 시간을 기다려야만 했습니다. 마침내 나는 그에게 손절매 주문을 걸었습니다. 저는 이렇게 말했습니다.

"빌, 자네를 기다리는 시간에 대한 손절매 기준은 10분으로 하겠네. 만일 자네가 10분 이상 지각한다면, 우리의 점심 약속은 없었던 일로 하고 난 가버릴 거야."

이런! 나도 좀 더 일찍 나의 성급함, 노여움, 변명하고 싶은 욕심, 후회, 그 밖의 온갖 정신적이고 감정적인 긴장에 대해 손절매 원칙을 적용했더라면 얼마나 좋았을까! 왜 나는 마음의 평화를 어지럽히려는 온 갖 사태에 적정한 수준을 부여한 뒤 "이봐, 데일 카네기, 이번 일에는 이만큼 신경 쓰는 것으로 충분하네. 더 이상은 허락할 수 없어."라고 자 신에게 타이르지 못했을까?

그렇지만 나도 한 가지 경우에 대해서는 나 자신을 칭찬해주고 싶은 적이 있었다. 더구나 그것은 상당히 중대한 일이었다. 나의 꿈이라든가 미래에 대한 계획, 수년 동안의 수고가 허무하게 사라질 수도 있는 위 기에 직면해 있었던 것이다. 사연은 이러했다.

30대 초기에 나는 소설가가 되어보겠다고 결심했다. 말하자면 나는 제2의 프랭크 노리스라든가 잭 런던 또는 토머스 하디가 되겠노라고 결심한 것이다. 당시 나는 상당히 진지한 상태였고 그 때문에 유럽에 2년간 머물렀다. 이 무렵은 제1차 세계 대전 후 미국에서 달러를 엄청 나게 찍어내던 시대라서 돈을 마련하는 일은 그다지 어렵지 않았다. 나 는 그 2년 동안 내 나름의 역작을 써냈다. 나는 그 책 제목을 《눈보라》 라고 지었다.

이 제목은 정말 그럴싸했다. 내 작품에 대한 출판자들의 태도는 다 코타 대평원을 휘몰아치는 눈보라보다 더 싸늘했기 때문이다. 편집 담 당자로부터 소설을 쓸 재능이 없는 것 같다는 말을 들었을 때 내 심장 은 멈춰버릴 것 같았다. 나는 망연한 얼굴로 그의 사무실을 나왔다. 그 것은 몽둥이로 머리를 세게 얻어맞은 것보다 더한 타격이어서 나는 정 신이 멍해지고 말았다. 지금 나는 인생의 기로에 서 있으며, 실로 중대 한 결단을 내리지 않으면 안 된다는 것을 깨달았다. 어찌해야 할 것인 가? 어느 쪽을 선택해야 좋을 것인가? 몽롱한 정신 상태는 여러 주일 계속되었다. 그 무렵에는 "당신의 걱정에 손절매 주문을 걸어라."라는 말을 들어보지 못했다. 하지만 이제 와서 돌이켜보면 손절매 주문을 실행했다는 것을 알 수 있다. 나는 소설을 쓰기 위해 고심하던 2년 동안 귀중한 경험을 했다고 인정하고 다시 출발했던 것이다. 나는 성인 교육 강좌로 되돌아왔으며, 일하는 틈틈이 전기를 쓰기 시작했다. 그렇게 쓴 전기나 자기계발서 가운데 한 권을 여러분이 지금 읽고 있는 것이다.

그때 그런 결심을 한 것을 기쁘게 생각하느냐고? 기쁘게? 물론이다. 나는 그 일이 생각날 때마다 거리로 나가 덩실덩실 춤을 추고 싶을 정도다. 그 후로 내가 제2의 토머스 하디가 되지 못한 것을 후회한 적은 한 번도 없다.

지금부터 1백여 년 전, 숲속에서 비명올빼미가 울고 있을 때 헨리 데이비드 소로는 월든 호숫가에서 손수 만든 잉크에 깃털 펜을 적셔가며 일기장에 이렇게 썼다.

"어떤 일을 하려면 짧을 수도 있고 길 수도 있지만 어쨌든 인생이라는 비용이 든다."

바꾸어 말하면, 어떤 일에 대해 지나치게 인생을 지불하는 자는 어리석은 사람이라는 의미이기도 하다.

길버트와 설리번이 정확하게 그런 경우에 속했다. 흥겨운 대사와 흥겨운 음악을 만들 줄은 알았지만, 그들 자신의 생활을 쾌활하게 하는 법은 몰랐던 것이다. 그들은 '인내심', '군함 피나포어', '미카도' 등 실로 아름다운 희가극을 창조해 듣는 사람들의 눈과 귀를 기쁘게 했으나, 자신의 감정을 조절하는 데는 실패했다. 그들은 겨우 한 장의 카펫 때문에 몇 해씩이나 불쾌한 나날을 보냈던 것이다. 설리번은 그들이 매입한 극장을 단장하기 위해 새 카펫을 주문했다. 그런데 길버트가 그 청구서를 보고 불같이 화를 냈고 마침내 그들은 법정에서까지 다투었다. 두 사람은 죽을 때까지 서로 말을 섞지 않았다. 설리번은 새로운 작품에 대한 곡을 쓰면 그것을 길버트에게 우송했다. 그러면 길버트는 거기에 가사를 붙여 설리번에게 다시 우송했다. 한번은 두 사람이 청중들에게 답례 인사를 하기 위해 함께 무대에 나서야만 했다. 하지만 그들은 무대 양쪽 끝에 서서 각자 다른 방향으로 머리를 숙이며 서로를 외면했다. 그들은 일찍이 링컨이 보여주었던 미덕, 즉 자신의 분노에 대해 손절매 주문을 걸어두는 분별이 없었던 것이다.

남북 전쟁이 한창이던 어느 날 링컨의 친구 몇 사람이 그의 정적을 맹렬히 비난하자 링컨은 이렇게 말했다.

"자네들은 나보다 더 원한이 큰 것 같군. 내가 지나치게 분개하지 않는 것인지도 모르고. 하지만 그런 마음이 도움이 되지는 않을 거라고 생각하네. 일생의 절반을 논쟁으로 허비해도 좋을 만큼 시간이 많은 사람은 없을 테니까. 누구든 나를 공격하는 행위를 그만둔다면, 나는 그의 과거를 잊어버리기로 했다네."

늙으신 나의 숙모 에디스가 링컨처럼 너그러운 정신을 가졌더라면 얼마나 좋았을까. 숙모와 프랭크 삼촌은 물 사정도 나쁘고 눈길 가는 곳마다 온통 도꼬마리 투성이인 데다가 저당까지 잡혀 있는 농장에 살고 있었다. 두 사람의 형편은 말이 아니었다. 한 푼이라도 아껴 쓰지 않으면 안 되었다. 그런데 에디스 숙모는 세간이 거의 없어 보잘것없는 집을 조금이라도 밝게 꾸미기 위해 커튼이다 뭐다 하며 자질구레한 것들을 사들이는 걸 좋아했다. 더구나 숙모는 이런 사치품들을 미주리 메리빌에 있던 댄 에버소울 포목점에서 외상으로 샀다.

그런데 빚이라면 푼돈이라도 겁내는 전형적인 농부 기질의 숙부는 걱정스러워서, 아내에게 외상으로 물건을 주지 말라고 상점에 몰래 부탁했다. 하지만 이 사실을 알게 된 숙모는 노발대발했다. 그런 일이 있은 지 50년이나 지난 뒤에도 숙모의 노여움은 풀리지 않았다. 나는 숙모에게서 수도 없이 그 이야기를 들었는데, 내가 마지막으로 들은 것은 숙모가 일흔이 훨씬 넘었을 때였다. 나는 숙모에게 이런 말을 했다.

"에디스 숙모, 프랭크 삼촌이 숙모의 체면을 손상시킨 것은 확실히 잘못하신 일이죠. 그렇지만 그 일로 50년이나 불평하시는 건 삼촌의 잘못보다 더 나쁘다고 생각하지 않으세요?"(하지만 이 말은 숙모에게는 아무런 의미가 없었다.)

숙모는 오랫동안 마음에 담아둔 노여움과 괴로운 추억에 대해 값비싼 대가를 치러야만 했다. 그 대가는 마음의 평화를 내주는 것이었다.

벤저민 프랭클린은 일곱 살 때 한 가지 실수를 저질렀는데 그는 그것을 70년 동안이나 기억하고 있었다. 그는 일곱 살 때 피리를 몹시 좋아했다. 피리에 어찌나 열중했던지 장난감 가게에 가서 갖고 있던 동전을 몽땅 털어 값도 물어보지 않고 피리를 하나 달라고 했다. 그로부터 70년이 지난 뒤 그는 친구에게 보내는 편지에 그때의 일을 다음과 같이 썼다.

"나는 피리를 가지고 집에 돌아와서는 기쁨에 겨워 온 집 안을 돌아다니며 피리를 불었다네."

하지만 그의 형들과 누나들은 그가 피리 값을 너무 많이 주었다는 것을 알고 동생을 놀려댔다. 그래서 그는 "너무 분해서 울었다."는 것이다. 세월이 흐르고 프랭클린이 세계적으로 유명한 인물이 되었을 때도 그는 피리 값을 너무 많이 치렀다는 사실 때문에 '피리가 기쁨보다는 슬픔'을 주었다는 것을 여전히 기억하고 있었다. 하지만 결국 프랭클린이 그로 인해 얻은 교훈은 값으로 따지자면 퍽 싼 것이었다. 그는 이렇게 말하고 있다.

"사회에 나와 세상 사람들의 행동을 관찰하면서 나는 많은 사람이 피리 값을 너무 많이 지불하고 있다는 것을 알았다네. 간단히 말하자면, 결국 사람이 겪고 있는 대부분의 불행은 '피리' 값을 잘못 평가함으로써 피리 값을 너무 많이 치른 데 원인이 있다고 나는 생각하네."

길버트와 설리번도 자신들의 피리에 너무 많은 비용을 지불했다. 에디스 숙모도 마찬가지다. 그리고 나 자신도 그런 경우가 상당히 많았다. 세계 최대 걸작으로 인정받고 있는 《전쟁과 평화》, 《안나카레리나》의 저자인 불멸의 작가 레오 톨스토이도 이 범주에서 벗어나지 못했다. 《브리태니커 백과사전》에 따르면 레오 톨스토이는 그의 생애 가운데 최후의 20년은 '세상에서 가장 존경받은 사람'이었다.

그가 죽기 전 20년 동안, 그러니까 1890년부터 1910년까지 무수한 숭배자가 그의 얼굴이라도 한번 보려고, 그의 목소리라도 한번 들으려고, 그의 옷자락이라도 한번 만져보려고 톨스토이의 집을 찾았다. 그의 말 한마디 한마디는 마치 '신의 계시'라도 되는 것처럼 기록되었다. 하지만 사생활의 관점에서 볼 때, 행복한 삶이라는 측면에서 본다면 톨스토이는 프랭클린이 일곱 살 때 가졌던 분별만큼도 지니지 못했다! 그에게는 분별력이 전혀 없었다. 내가 하고 싶은 말은 다음과 같다.

톨스토이는 몹시 사랑하던 여자와 결혼했다. 그들의 결혼생활은 말로 할 수 없을 정도로 행복해서 그들은 이렇듯 순수하고 지고한 행복이 언제까지나 계속되기를 기도했다. 그런데 톨스토이가 아내로 맞이한 여자는 천성적으로 질투심이 강했다. 그녀는 누추한 농부 차림을 하고 숲속까지 따라다니며 남편의 행동을 감시하곤 했다. 그들은 자주 말다

툼을 했다. 그녀의 질투는 점점 심해져서 자식에게도 예외가 아니었는데, 딸의 사진을 총으로 쏘아 구멍을 내기도 했다. 심한 경우에는 아편 병을 입에 물고 마룻바닥을 뒹굴면서 자살하겠다고 울부짖기도 했다. 그러는 동안 아이들은 방구석에 움츠리고 앉아 두려움으로 비명을 질렀다.

그러면 톨스토이는 어떻게 했을까? 나는 그가 흥분해서 가구를 부수었다고 해도 비난하지 않을 것이다. 그럴 만한 이유가 있었으니까. 하지만 톨스토이는 이보다 훨씬 더 심한 짓을 했다. 그 모든 것을 자신의 일기에 적어두었던 것이다! 그렇다. 그는 일기에 기록했다. 그는 자신의 일기에 아내가 얼마나 나쁜 여자인지 조목조목 기록했다. 말하자면 이것이 바로 그의 '피리'였다. 그는 다음 세대들이 자기를 동정하고 아내를 비난하게 할 작정이었다. 이에 대해 그의 아내는 어떻게 대응했을까? 물론 그녀는 남편의 일기를 빼앗아 그 가운데 일부를 불태워버렸다. 그리고 자기도 일기를 쓰기 시작했다. 그녀의 일기에서 톨스토이는 악한 그 자체였다. 그녀는 《누구의 잘못인가?》라는 제목의 소설을 통해 남편을 가정의 폭군으로 만들고 자기를 그 희생자로 만들었다.

무엇 때문에 그런 짓을 했을까? 왜 이 두 사람은 자신들의 유일한 휴식처를 톨스토이의 말처럼 '정신병원'으로 만들고 말았을까? 여기에는 확실히 몇 가지 이유가 있었다. 그 하나는 다른 사람들에게 깊은 인상을 주려는 강한 욕망이 있었다는 점이다. 맞다. 사실 자신들을 어떻게 평가할 것인지 노심초사하던 그 세대가 바로 우리 아닌가! 우리는 그들 두 사람 중 누가 잘못했는지 따질 생각이 있는가? 아니다. 우리는 톨스토이를 생각할 겨를 따위 없다. 우리는 자신의 문제를 생각하는 것만으로도 벅차니까. 하지만 이 불쌍한 두 사람은 얼마나 비싼 대가를 자신들의 '피리'에 지불했는가! 두 사람 모두 "이제 그만!"하고 외칠 분별력이 없었기 때문에 50년 동안이나 지옥 같은 생활을 했다니! "자, 이제 그만 이 문제에 대해 당장 손절매 주문을 넣도록 합시다. 우리는 지금 인생을 낭비하고 있어요. '이만하면 충분해'라고 지금 당장 선언하는 게 어떻겠소."라고 말할 만한 판단력이 두 사람 중 누구에게도 없었기 때문이다.

그렇다. 나는 참다운 마음의 평화를 얻을 수 있는 가장 중요한 비결 가운데 하나는 가치에 대한 올바른 판단력에 달려 있다고 믿는다. 만일 우리가 인생이라는 관점에서 무엇이 소중한 것인지 판단하는 개인적인 황금률을 개발한다면, 우리를 괴롭히는 걱정의 50퍼센트는 해소할 수 있으리라고 믿는다.

그러므로 걱정하는 습관이 우리를 망치기 전에 그것을 해치우는 다섯 번째 방법은 다음과 같다.

걱정하는 습관을 없애기 위한 방법 5

살면서 자신이 이미 저지른 잘못으로 인해 더 큰 잘못을 저지를 것 같을 때, 스스로에게 3가지 질문을 던져보자.

1. 내가 지금 걱정하고 있는 일이 얼마나 중대한 일인가?
2. 어느 정도에서 이 걱정에 대해 '손절매'를 외치고 잊어버릴 것인가?
3. 이 '피리'에 대해 정확히 얼마를 지불하면 되는가? 이미 충분히 지불하지 않았나?

6

How to stop worrying and start living

톱밥을
자를 수는 없다

글을 쓰면서 나는 가끔
창 너머로 정원에 있는 공룡의 발자국을 바라본다. 이탄암과 돌 속에
묻혀 있던 발자국으로, 나는 이것을 예일 대학의 피바디 자연사 박물관
에서 샀다. 피바디 박물관 관장은 그 발자국들이 1억 8천만 년 전에 생
긴 것이라고 편지를 통해 알려주었다. 다운증후군 환자라 하더라도 그
발자국을 바꾸기 위해 1억 8천만 년 전으로 되돌아가려고 하지는 않을
것이다. 그런데 우리는 이런 생각과 전혀 다를 것이 없는 바보 같은 짓
을 저지르고 있다. 즉, 우리는 1백80초 전으로 돌아가서 그때 일어난
일을 바꿀 수 없다는 이유로 고민하고 있다. 물론 1백80초 전에 일어났
던 일의 결과를 바꾸기 위해 뭔가를 해볼 수는 있다. 하지만 이미 일어
난 일을 바꿀 수는 없다.

과거를 건설적인 것으로 만드는 방법은 단 하나밖에 없다. 그것은 과거의 잘못을 조용히 분석해 그것을 유용하게 만든 다음 잊는 것이다.

나는 그것이 진리라고 생각한다. 하지만 언제든 그것을 실행할 수 있는 용기와 분별력이 있었을까? 이 물음에 대답하기 위해 내가 오래 전에 경험했던 기이한 사건 하나를 말하기로 한다. 30만 달러도 더 되는 돈이 들어왔는데도 한 푼도 건지지 못하고 나도 모르는 사이에 날려버린 일이다. 그 경위는 이러하다.

나는 한때 대규모의 성인 교육 사업을 시작해 여러 도시에 분교를 설치하고, 광고나 홍보에 아낌없이 돈을 썼다. 하지만 나는 강의를 하러 다니느라 너무 바빠 재정 문제를 살필 시간도, 마음의 여유도 없었다. 나는 경비를 감독할 유능한 관리자가 필요하다는 것을 깨닫기에는 당시 너무 고지식한 사람이었다.

그렇게 1년 정도 시간이 흐른 뒤 나는 뜻하지 않은 실태를 알고 깜짝 놀랐다. 그동안 막대한 수입이 있었는데도 불구하고 어찌 된 셈인지 순이익은 전혀 없었던 것이다. 이 사실을 알게 되었을 때 나는 2가지 조치를 취했어야 했다. 하나는 흑인 과학자 조지 워싱턴 카버가 일생 동안 저축한 4만 달러를 은행의 파산으로 잃었을 때 취한 행동이었다. 누군가 그에게 은행이 파산한 것을 알고 있느냐고 물었을 때 그는 "아, 그 얘기는 들었습니다."라고 대답하고 전과 다름없이 수업을 계속했다. 그는 돈을 잃은 것을 마음속에서 완전히 지워버리고 다시는 그 일을 입에 담지 않았다.

내가 취해야 했던 두 번째 조치는 과오를 철저하게 분석하고 같은 실수를 반복하지 않도록 교훈을 얻는 일이었다. 하지만 솔직히 고백하거니와, 나는 그 어느 쪽도 실행하지 않았다. 대신 나는 걱정의 소용돌이에서 몇 개월 동안이나 망연자실하고 있었다. 불면증에 시달렸고 체중도 줄었다. 그리고 이 큰 과오로부터 교훈을 얻기는커녕 규모는 작았지만 한 번 더 똑같은 과오를 저질렀다!

이처럼 우둔한 행위를 인정하는 것은 심히 부끄러운 일이지만, 나는 오래전부터 '유익한 것을 20명에게 가르치는 일이 내가 가르친 것을 실천해야 하는 20명 중 한 사람이 되는 것보다 더 쉽다.'는 사실을 알고 있었다.

나도 손더스 씨처럼 뉴욕의 조지 워싱턴 고등학교에 다니면서 폴 브랜드와인 박사의 가르침을 받았더라면 얼마나 좋았을까! 그는 앨런 손더스 씨를 가르친 스승이다. 손더스 씨의 말에 따르면 위생학 선생님이었던 폴 브랜드와인 박사는 그에게 평생 잊지 못할 소중한 교훈을 가르쳐주었다고 한다. 그 이야기는 이러하다.

저는 그 무렵 10대였는데 그 나이에 벌써 걱정이 습관처럼 배어 있었습니다. 그래서 제가 저지른 작은 실수에도 오래도록 걱정하며 애를 태웠습니다. 시험 답안을 제출하고 온 날은 혹시 낙제하지 않을까 걱정되어 잠을 잘 수 없었습니다. 저는 항상 제가 한 일을 다시 생각해내어 이렇게 했더라면 좋았을 것을 하고 후회했으며, 제가 과거에 했던 말을 되새기면서 더 멋지게 할 수도 있었는데 하고 후회했습니다.

어느 날 아침 과학 실험실에서 수업이 있었는데, 그곳에는 담당 선생님인 폴 브랜드와인 박사님이 앉아 계셨고 책상 모서리에 우유 한 병이 놓여 있었습니다. 우리는 그 우유를 보면서 선생님이 가르치는 위생학과 우유가 대체 어떤 관계가 있는지 의아하게 여기면서 자리에 앉았습니다. 그런데 갑자기 박사님이 자리에서 벌떡 일어나며 우유병을 개수대에 집어 던지더니 큰 소리로 말했습니다.

"엎지른 우유 때문에 울지 마라!"

그러고 나서 박사님은 우리를 개수대로 부르더니 깨진 우유병을 보게 했습니다. 그는 이렇게 말했습니다.

"잘 보아라. 여러분이 살아가는 동안 오늘 내가 말하는 교훈을 잘 기억해주기 바란다. 우유는 이미 사라지고 없다. 여러분이 보고 있는 것처럼 우유는 하수도로 흘러가 버렸다. 여러분이 아무리 떠들고 후회해도 우유는 한 방울도 되찾을 수 없다. 조금만 주의하고 조심했더라면 우유는 엎질러지지 않았을지도 모른다. 하지만 이미 너무 늦었다. 이제 우리가 할 수 있는 것은 이 일을 잊고 다음 일로 옮겨가는 것뿐이다."

이 간단한 실습은 입체 기하학이나 라틴어를 잊어버린 뒤에도 제 머리에서 사라지지 않았습니다. 실제로 4년간의 고교 생활 동안 그 실습에서 배운 교훈보다 더 실용적인 생활법을 가르쳐준 사람은 없었습니다. 그 실습은 제게 가능하면 우유를 엎지르지 않도록 주의할 것, 만일 우유가 엎질러져 하수도로 흘러가 버렸다면 깨끗이 잊어야 한다고 가르쳐주었습니다.

여러분 가운데 "엎지른 우유 때문에 울지 마라!" 같은 진부한 격언 따위를 이렇듯 호들갑스럽게 강조하는 것에 냉소하는 사람이 있을지도 모른다. 나도 이 말이 진부하고 평범하기 이를 데 없다는 것은 알고 있다. 여러분이 귀에 못이 박히도록 들었다는 것도 잘 알고 있다. 하지만 나는 이 진부한 격언에 오랜 세월 동안 걸러진 지혜의 정수가 포함

되어 있다는 것을 알고 있다. 이러한 격언들은 인류의 치열했던 경험에서 태어났고 무수한 세대를 거치는 동안 사라지지 않고 전수된 것이다. 만일 여러분이 역사상 가장 위대한 학자들이 걱정에 관해 쓴 모든 기록을 독파했다 하더라도, "다리에 도착하기 전까지는 미리 다리를 건너지 마라." 또는 "엎지른 우유 때문에 울지 마라." 같은 진부한 격언 이상으로 기본적이고도 의미심장한 말은 찾아볼 수 없을 것이다. 우리가 이런 격언들을 코웃음 치지 않고 그대로 적용했다면 지금 여러분이 보고 있는 이 책은 아예 필요하지도 않았을 것이다. 사실 우리가 오래된 격언들 대부분을 생활 전반에 적용한다면, 거의 완벽에 가까운 인생을 영위할 수 있을 것이다.

하지만 무릇 지식이라는 것은 실천하지 않으면 아무런 힘이 되지 않는다. 그리고 이 책은 여러분에게 새로운 것을 가르치자는 것이 아니다. 다만 여러분이 이미 알고 있는 사실을 일깨워주고 여러분의 정강이를 걷어차면서 실천하기 위해 노력하라고 격려하는 것이다.

지금은 작고하고 없지만 나는 언제나 프레드 풀러 셰드 같은 인물을 존경하지 않을 수 없다. 그는 해묵은 진리를 새롭고 생생한 형식으로 설명할 줄 아는 특별한 재능을 갖고 있었기 때문이다. 그는 〈필라델피아 불리틴〉지의 편집장이었는데, 어느 날 대학 졸업반 학생들에게 이런 질문을 던졌다.

"나무를 톱질해본 사람이 있나요? 있다면 손을 들어보세요."

대다수의 학생이 경험이 있었다. 그런데 그는 다시 질문을 던졌다.

"그러면 톱밥을 켜본 사람은 있나요?"

이번에는 아무도 손을 들지 않았다.

"물론 톱밥을 톱으로 켠다는 것은 불가능한 일입니다. 이미 톱으로 켠 것이니까요. 과거도 마찬가지입니다. 이미 지나버린 일을 가지고 마음을 괴롭히는 것은 톱밥을 다시 톱으로 켜려는 것과 다름없습니다."

언젠가 당시 여든한 살이었던 야구계의 전설 코니 맥에게 시합에서 패배한 것 때문에 속상한 적이 있었느냐고 물어보았다. 그러자 코니 맥은 이렇게 대답했다.

"물론 가끔 속상한 적도 있긴 했지만, 그런 어리석은 일은 까마득한 옛날에 그만두었다네. 걱정해봐야 아무 소용없다는 것을 알았으니까. 이미 흘러가 버린 물로 물레방아를 움직이게 할 수는 없잖아?"

그렇다. 흘러가 버린 물로 물레방아를 돌릴 수 없고 톱밥을 켤 수도 없다. 하지만 얼굴의 주름살이라든가 위궤양을 없앨 수는 있다.

나는 지난해 추수감사절 때 잭 뎀시와 함께 저녁 식사를 했다. 그는 크랜베리 소스를 바른 칠면조 요리를 먹으면서 터니에게 패배해 헤비급 챔피언 타이틀을 빼앗긴 시합 이야기를 들려주었다. 그것은 분명히 그의 자존심을 건드린 큰 충격이었다. 그는 이런 말을 했다.

"한창 시합을 하고 있는데 갑자기 내가 너무 늙었다고 느껴지더군. 10라운드가 끝났을 때 나는 아직 링 위에 서 있기는 했지만, 그냥 서 있었을 뿐 얼굴은 퉁퉁 붓고 눈은 거의 뜰 수도 없었지. 심판이 터니의 손을 번쩍 치켜들고 승리를 선언하는 게 보이더군. 나는 이제 더 이상 세계 챔피언이 아니었지. 비를 맞으며 군중을 헤치고 탈의실로 돌아왔어. 내가 지나갈 때 몇 사람인가는 내 손을 잡으려 했고 눈물이 글썽한 얼굴로 쳐다보는 사람도 있었다네. 몇 년 뒤 나는 터니와 다시 대결하게 되었지. 하지만 헛일이었어. 나의 시대는 영원히 가버렸던 거야. 그런 생각이 들자 자꾸 걱정스러운 마음이 들기는 했지만, 나는 자신에게 이렇게 타일렀다네. '나는 과거에 살 생각은 없다. 엎지른 우유 때문에 우는 짓도 하지 않겠다. 턱에 한 방 타격을 받기는 했지만 이대로 쓰러지지는 않겠다."

이리하여 잭 뎀시는 훌륭하게 해냈다. 어떻게 했을까? 자기 자신에게 끊임없이 '과거에 대해서는 결코 걱정하지 않겠다.'고 타일렀을까? 아니다. 그런 행동은 오히려 과거의 걱정들을 생각나게 했을 것이다. 그는 자신의 패배를 받아들이고 마음에서 완전히 지워버린 뒤 미래의 계획에 정신을 집중했다. 그리고 브로드웨이 57번가에서 그레이트 노던 호텔과 잭 뎀시 레스토랑을 경영함으로써 목표를 달성했다. 또 그는 프로 권투 경기를 주최하거나 시범 경기에 출전하기도 했다. 그는 끊임없이 자신을 바쁘게 만들어 과거의 실패를 생각할 겨를이 없게 함으로써 자신의 바람을 성취했다. 잭 뎀시는 이렇게 말했다.

"나는 최근 10년 동안 챔피언 보유자였을 때보다 더 즐겁게 살고 있다네."

그는 책을 그다지 많이 읽지 못했다고 했지만, 자신도 모르는 사이에 셰익스피어의 충고를 따르고 있었다.

"현명한 사람은 손실을 한탄하면서 앉아 있는 일이 없다. 그들은 그 결과를 바로잡기 위해 즐겁게 노력한다."

나는 역사책이나 전기를 읽으면서 걱정과 비극을 털어버리고 새롭게 행복한 생활로 나아가는 능력을 가진 사람들을 볼 때면 언제나 감동을 금할 수 없고 한편으론 힘을 얻기도 한다.

언젠가 씽씽 교도소를 방문한 적이 있는데, 그곳의 죄수들이 사회에서 지내는 일반 사람들과 마찬가지로 매우 행복해 보여 무척 놀랐다. 그 이야기를 소장 루이스 E. 로스 씨에게 했더니, 그가 흥미로운 이야기를 해주었다. 범죄자들이 처음 교도소에 올 때는 세상을 저주하고 남을 원망하는 게 일반적인 태도지만, 서너 달이 지나면 다소 분별 있는 죄수들은 자신에게 닥친 불행을 물리치고 교도소 생활을 받아들이기로 마음을 고쳐먹고 되도록 유쾌하게 지내려고 한다는 것이다. 로스 소장이 들려준 얘기에 따르면, "수형자 가운데 전직 정원사였던 사람이 있었는데 그는 교도소 담장 안에서 채소와 꽃을 가꾸면서 노래를 불렀다."고 한다. 교도소 안에서 꽃을 가꾸면서 노래를 불렀다는 그 죄수는 우리보다 훨씬 분별력이 있는 사람이다. 그는 알고 있었다.

> 움직이는 손은 글을 쓴다.
> 다 쓰고 나서는 다시 움직인다.
> 너의 신앙과 지혜를 다 불러도
> 그 손을 불러 한 행의 절반도 지우게 하지 못하고,
> 너의 모든 눈물도 그 가운데 한 자도 지우지 못한다.

그러므로 헛되이 눈물을 흘리는 일은 하지 않는 편이 좋다. 물론 우리는 실수도 하고 어리석은 행동을 저지르기도 한다. 하지만 어떻다는 말인가? 그것은 누구든지 하는 일이다. 나폴레옹조차도 중요한 전투에서 3분의 1은 패배했다. 아마 우리의 승률은 나폴레옹보다 나쁘지는 않을 것이다. 누가 알겠는가? 어쨌든 한 나라의 모든 병력을 동원한다 해도 과거를 돌이킬 수는 없다. 그러므로 다음의 방법을 잊지 않도록.

걱정하는 습관을 없애기 위한 방법 6

톱으로 톱밥을 켜려고 하지 마라.

걱정하는 습관에 당하기 전에 그것을 해치우는 방법

1. 바쁘게 움직여라. 일에 몰두함으로써 마음속에서 걱정을 밀어내라. 부지런히 움직이는 것이야말로 '걱정하는 병'에 가장 좋은 치료법이다.

2. 사소한 일에 법석 떨지 마라. 하찮은 일로 자신의 행복을 망치지 마라.

3. 평균의 법칙을 사용해 걱정을 물리쳐라. "평균의 법칙으로 따져보았을 때 내가 걱정하는 일이 일어날 가능성은 얼마나 되는가?"라고 스스로 물어보라.

4. 바꿀 수도 개선할 수도 없는 일이라면, "달라지는 것은 없다. 피할 수 없다면 받아들이자."라고 스스로를 타이르라.

5. 걱정에 손절매 주문을 달아라. 걱정의 한도를 결정하고 그 이상의 걱정은 거부하라.

6. 과거의 일은 과거에 묻어버려라. 톱으로 톱밥을 켜려고 하지 마라.

PART
4

Seven Ways To Cultivate
A Mental Attitude That
Will Bring You Peace And
Happiness

평화와
행복을
부르는
7가지 법칙

1

How to stop worrying and start living

인생을 바꾸는
몇 마디의 말

몇 해 전 라디오 프로그램에 출연했다가 "지금까지 당신이 배운 것 중 최대의 교훈은 무엇입니까?"라는 질문을 받았다. 대답은 간단했다. 내가 배운 가장 귀중한 교훈은 생각의 중요성이다. 여러분이 무엇을 생각하고 있는지 알 수 있으면 여러분이 어떤 사람인지도 알 수 있다. 생각이 우리를 만드는 것이다. 즉, 우리의 정신 자세는 우리의 운명을 결정하는 엑스(X) 함수다. 에머슨은 이렇게 말했다.

"그가 하루 종일 생각하는 모든 것, 그 자체가 그 사람이다."

여러분과 내가 해결해야 할 최대의 문제는, 아니 우리가 해결해야 할 유일한 문제는 바로 어떻게 해야 올바르게 생각하는 방법을 선택할 수 있는가 하는 것이라고 나는 확신한다. 만일 이에 성공한다면 우리에게 닥친 온갖 문제를 해결하는 길이 열려 있는 것이다. 로마 제국을 통치한 위대한 철학자 마르쿠스 아우렐리우스는 그것을 불과 몇 마디 말로 요약하고 있다. 여러분의 운명을 결정지을 수도 있는 그 간단한 말은 다음과 같다.

"인생은 우리가 생각하는 대로 만들어진다."

그렇다. 즐거운 생각을 하면 즐겁다. 마찬가지로 비참한 생각을 하면 비참해진다. 또한 두려운 생각을 하면 두려워진다. 병적인 생각을 하면 정말 병에 걸리게 된다. 실패를 생각하면 틀림없이 실패한다. 만일 우리가 자기 연민에 빠지면, 사람들은 모두 우리를 피하고 멀리한다. 노먼 빈센트 필은 이렇게 말하고 있다.

"당신은 자신이 생각하는 그런 사람이 아니다. 당신의 생각, 그것이 당신이다."

나는 지금 온갖 문제에 대해 무조건 낙천적인 태도를 취하던 폴리 앤나와 같은 태도를 가져야 한다고 말하고 있는 것일까? 아니다. 불행히도 인생은 그렇게 단순하지 않다. 다만 나는 부정적인 태도보다는 긍정적인 태도를 가져야 한다고 주장하고 있는 것이다. 바꿔 말하면 우리는 우리의 문제에 관심을 가질 필요는 있지만 걱정에 휘둘리면 안 된다는 것이다. 그렇다면 관심을 갖는 것과 걱정은 어떻게 다른가?

예를 들어 설명해보자. 교통이 혼잡한 뉴욕 거리를 걸을 때면 언제나 나는 내 행동에 관심을 기울이기는 하지만 걱정하지는 않는다. 관심이란 문제의 본질을 파악하고 조용히 그 문제를 해결하기 위한 방법을 선택하는 것이다. 그런데 걱정이란 무익한 원의 테두리를 미친 듯이 빙빙 도는 일이다.

자신의 중대한 문제에 대해 관심을 기울이는 사람은 가슴에 카네이션을 달고도 당당하게 거리를 활보할 수 있다. 나는 로웰 토마스가 그렇게 하는 것을 본 적이 있다. 나는 그가 제1차 세계 대전 당시 앨런비 로렌스 작전을 찍은 유명한 필름을 처음 공개했을 때 그와 가까워졌다. 그와 그의 동료들은 수많은 전투 현장을 누비고 다니며 전쟁 현장을 사진에 담았다. 그들이 아직까지 간직하고 있는 필름들 중에서 T. E. 로렌스와 그가 이끄는 아라비아군의 활약을 담은 사진들과 앨런비가 이끄는 부대가 성지를 탈환하는 장면을 담은 영화는 특히 훌륭했다. 그는 '팔레스타인의 앨런비, 아라비아의 로렌스'라는 제목으로 강연을 했는데 런던은 물론 전 세계에 커다란 반향을 불러일으켰다. 그가 코번트 가든 로열 오페라하우스에서 자신이 목격한 놀라운 이야기와 영화를 상연하는 동안 행사를 지속시키기 위해 런던의 오페라 시즌은 6주나 연기되었다. 런던에서 놀라운 성공을 거둔 후 그는 세계 각국을 순회하며 성공적인 강연 활동을 하면서 호평을 받았다. 그러고 나서 그는 인도와 아프가니스탄 사람들의 생활을 영화로 만드는 준비에 착수했다. 그런데 이때부터 믿기 어려울 만큼 수많은 불행이 계속되더니 결국 믿기 어려운 일이 벌어지고 말았다. 그가 런던에서 파산한 것이다. 당시 나는 그와 함께 있었다.

우리가 라이언스 코너 하우스 레스토랑에서 싸구려 식사로 견뎌야만 했던 일을 기억한다. 토마스 씨가 스코틀랜드 출신의 유명한 제임스 맥베이로부터 돈을 빌릴 수 없었더라면 그곳에도 가지 못했을 것이다. 내가 말하고 싶은 핵심은 이것이다. 로웰 토마스는 막대한 부채와 심각한 위기에 직면해 있었음에도 불구하고, 생각은 했으나 걱정은 하지 않았다. 그는 자신이 이 역경에 쓰러지고 만다면 채권자들에게도, 세상 사람들에게도 가치 없는 인간이 되고 만다는 것을 알고 있었다. 그리하여 그는 아침마다 집을 나설 때면 꽃을 사서 단춧구멍에 꽂은 다음 고개를 들고 활기찬 걸음걸이로 옥스퍼드 거리를 누비고 다녔다. 그는 긍정적인 생각, 용기를 잃지 않는 태도로 패배감에 쓰러지지 않도록 자신을 지켰다. 그가 생각하기에 진다는 것은 게임의 과정 중 일부에 불과했다. 그것은 정상을 목표로 삼는 사람이라면 거쳐야 할 훈련에 지나지 않았던 것이다.

정신적 태도는 육체적인 힘에 대해서도 믿을 수 없을 만큼 큰 영향을 미친다. 영국의 유명한 정신병리학자 J. A. 해드필드의 《힘의 심리학》이라는 책이 있다. 54페이지에 불과한 이 책에는 그러한 사실을 보여주는 놀라운 사례가 소개되어 있다. 그는 이렇게 적고 있다.

"나는 악력계를 이용해 정신적 암시가 근력에 미치는 영향을 3명의 남성에게 실험해보았다."

그는 우선 실험에 참가한 사람들에게 힘껏 악력계를 쥐게 했다. 그는 이들에게 3가지 다른 조건으로 각각 실험을 하게 했다. 보통의 맑은 정신일 때 그들의 평균 악력은 45킬로그램이었다. 다음에는 그들에게 최면을 걸고 "당신은 아주 약하다."는 암시를 준 후에 재어보니 겨우 13킬로그램으로 평소 근력의 3분의 1에도 미치지 못했다.(이들 중 한 사람은 격투기 우승자였는데, 최면을 걸고 "당신은 연약하다."는 암시를 주자 자신의 팔이 "어린아이의 팔처럼 작게" 느껴진다고 말했다.)

마지막으로 세 번째 테스트에서는 "당신은 아주 강하다."는 암시를 준 후에 측정했더니, 그들의 평균 악력은 64킬로그램에 달했다. 말하자면 그들의 뇌가 '나는 강하다.'는 적극적인 관념으로 충만하자 육체적 힘이 실제로 50퍼센트나 증가한 것이다.

생각의 힘은 이렇게 믿을 수 없을 정도의 영향력을 가지고 있다. 생각이 가진 놀라운 힘을 보여주기 위해 미국 역사상 가장 놀라운 이야기 하나를 소개하기로 한다. 이에 대해서는 한 권의 책도 쓸 수 있으나, 여기에서는 간단히 줄여서 얘기하겠다.

남북 전쟁이 끝나고 얼마 지나지 않은 10월의 어느 날 밤이었다. 집도 없고 돈도 한 푼 없어서 여기저기 떠돌며 사는 방랑자 신세가 된 한 여인이, 매사추세츠주 에임즈베리에 사는 퇴역 해군 대령의 부인 마더 웹스터가 살고 있는 집 문을 두드렸다. 문을 열어준 마더 웹스터는 45킬로그램이 될까 말까 해 보이는 피골이 상접한 작은 사람이 서 있는 것을 보았다. 글로버라는 이 여인은 밤낮없이 자기를 괴롭히고 있는 어떤 문제를 해결하고자 머물 곳을 찾고 있다고 했다.

웹스터 부인은 "그렇다면 우리 집에 머물면 어떻겠어요? 이렇게 큰 집에서 나 혼자 살고 있거든요."라고 말하며 그녀를 들였다.

만일 마더 웹스터의 사위인 빌 에리스가 휴가차 뉴욕에서 오지 않았더라면 글로버 부인은 그 집에서 얼마나 더 살았을지 모른다. 빌은 장모의 집에 있는 글로버 부인을 보더니 "이 집에 부랑자를 둘 수는 없습니다."라고 외치고는 갈 곳도 없는 가련한 여인을 쫓아내고 말았다. 그날은 비가 세차게 내리고 있었다. 그녀는 비를 맞으며 얼마 동안 떨고 있더니 비를 피할 곳을 찾아 다시 길을 떠났다.

지금부터 이 이야기의 놀라운 곡절을 들려주겠다. 빌 에리스가 문 밖으로 쫓아낸 그 부랑자 여인은 뒷날 인류에 실로 커다란 영향을 미칠 운명을 지니고 있었다. 그녀는 다름 아닌 크리스천 사이언스의 창시자이며, 수백만 명의 추종자에게 메리 베이커 에디라는 이름으로 숭배를 받고 있다.

하지만 그때까지 그녀는 질병과 비애감, 비극적 운명을 빼면 인생에 대해 아무것도 알지 못했다. 그녀의 첫 번째 남편은 결혼한 지 얼마 안 되어 죽었으며, 두 번째 남편은 다른 유부녀와 눈이 맞아 그녀를 버리고 도망가 버렸다. 그녀에게는 아들이 하나 있었는데 가난과 질병, 질투 때문에 아직 네 살밖에 안 된 자식을 포기해야만 했다. 그녀는 그 후로 아들의 소식을 전혀 듣지 못하다가 31년이나 지난 뒤에야 그를 다시 만났다. 에디 여사는 건강하지 못한 몸 때문에 그녀의 표현을 빌리자면 이른바 '정신요법의 과학'에 관심이 많았다. 그런데 그녀의 인생에서 극적인 전환점을 가져다준 사건이 일어났다. 매사추세츠주 린에서 있었던 일이다.

날씨가 몹시 추운 어느 날 그녀는 얼어붙은 길을 걷다가 미끄러지면서 의식을 잃었다. 척추를 크게 다친 그녀는 간헐적인 경련을 일으켰다. 의사는 그녀가 소생하기 어려울 것이며, 만일 살아난다 해도 두 번 다시 걷지 못할 것이라고 예언했다. 그렇게 침대에 누워 다가오는 죽음을 기다리면서 메리 베이커 에디는 성서를 펴들고, 그녀의 주장에 따르면 성령의 인도를 받아 마태복음의 한 구절을 읽게 되었다.

"침상에 누운 중풍 병자를 사람들이 데리고 오거늘 예수께서 저희의 믿음을 보시고 중풍 병자에게 이르시되 작은 자야 안심하라, 네 죄 사함을 받았노라…. 일어나 네 침상을 가지고 집으로 가라 하시니, 그가 일어나 집으로 돌아가거늘…."

그녀의 주장에 따르면, 예수의 이 말씀은 그녀 안에 엄청난 힘과 크나큰 신앙, 크고 격렬한 파도 같은 치유력을 불러일으켰고, 그녀는 즉시 침대에서 일어나 걸을 수 있었다.

에디 부인은 이렇게 말했다.

"그 경험은 뉴턴의 사과처럼 나 자신을 건강하게 만들고, 동시에 다른 사람들까지도 건강하게 만들 수 있는 방법을 발견하는 기회를 주었습니다. 나는 모든 불행의 원인은 마음에 있으며, 모든 일의 결과는 정신적 현상이라는 과학적 확신을 갖게 되었습니다."

그리하여 메리 베이커 에디 부인은 신흥 종교의 창설자이자 교주가 되었는데, 그녀가 창설한 크리스천 사이언스는 여성이 창설한 종교 가운데 가장 영향력 있는 종교로서 전 세계에 퍼지고 있다.

이렇게 얘기하면 여러분 중 "이 카네기라는 자가 크리스천 사이언스를 전도하고 있구나."라고 말하는 사람이 있을지도 모른다. 하지만 결코 그렇지 않다. 나는 크리스천 사이언스의 신도는 아니지만, 다만 세월이 흐를수록 생각의 힘이 얼마나 대단한지 더욱 확신하게 되었다.

35년 동안 강좌를 진행하면서 성인들을 가르쳐온 경험을 통해 나는 누구나 생각을 바꿈으로써 걱정과 공포, 온갖 질병을 몰아내고 인생을 변화시킬 수 있다는 것을 알게 되었다. 나는 안다! 알고 있다! 정말이다!! 믿기 어려운 변화가 실제로 일어나는 것을 수백 번도 넘게 보아왔다. 그런 경우를 너무 자주 보아서 이제는 그런 변화가 일어나도 조금도 의아하게 생각하지 않는다.

한 예로 생각의 힘을 보여주는 믿기 어려운 변화가 나의 강좌를 듣던 학생에게서 일어난 적이 있다. 그는 심각한 신경 쇠약에 시달리고 있었다. 그런데 그 원인은 걱정이었다. 그 학생의 이야기는 이랬다.

저는 매사에 걱정이 많았습니다. 몸이 지나치게 마른 것이 걱정이었고 머리카락이 빠진다든가, 결혼할 수 없을 만큼 돈을 모으지 못할까 봐 혹은 좋은 아버지가 될 수 없을 것 같아서, 실연을 당하지나 않을까, 무엇보다도 제대로 살고 있는 것 같지 않아서 걱정이었습니다.

그런가 하면 다른 사람에게 나쁘게 인식되어 있는 것은 아닌지 걱정스러웠고, 어떤 때는 위암에 걸린 것처럼 느껴져서 걱정스러웠습니다. 그러다가 도저히 일을 할 수 없는 지경이 되어 사표를 내고 말았습니다. 몸 안에 긴장이 가득해서 마치 안전밸브 없는 보일러 같았습니다. 그리고 점점 압력이 높아져서 당장에라도 터질 것 같더니 끝내 폭발하고 말았습니다. 만일 신경 쇠약증에 걸려본 적이 없다면, 제발 그런 병에는 걸리지 않게 해달라고 기도하십시오. 제아무리 대단한 육체적 고통이라도, 걱정에 시달리는 마음의 고통보다 심하지는 않을 겁니다.

저는 신경 쇠약이 너무 심해서 심지어는 집안 식구들과도 대화를 나눌 수 없었습니다. 저는 제 생각을 조절할 수 없었습니다. 저는 모든 것이 두렵기만 했습니다. 어디서 작은 소리만 들려도 소스라치게 놀라곤 했습니다. 사람들을 피하고만 싶었고 아무런 이유 없이 눈물을 흘리고는 했습니다. 그야말로 하루하루가 고통스러운 날들이었습니다. 저는 모든 사람이, 심지어는 하나님마저도 저를 버렸다는 느낌이 들었습니다. 차라리 강에 뛰어들어 죽고 싶은 충동에 사로잡혔습니다.

그러다가 저는 플로리다로 여행을 가기로 결심했습니다. 혹시 사는 환경을 바꾸면 마음도 달라질지 모른다고 생각했던 것입니다. 기차에 올랐을 때, 아버지가 편지를 주시면서 플로리다에 닿을 때까지는 열어보지 말라고 당부하셨습니다. 제가 플로리다에 도착했을 때는 마침 관광객들로 붐비는 시기였습니다. 호텔은 모두 만원이라 저는 차고에 딸린 방 하나를 빌려 잠을 잤습니다. 저는 마이애미로 떠나는 부정기 항로 화물선에서 일하고 싶었지만 뜻대로 되지 않았습니다. 그래서 저는 그곳 해변에서 딱히 하는 일도 없이 소일하게 되었습니다. 저는 고향에 있을 때보다 플로리다에서 더욱 비참했습니다. 그러던 어느 날 아버지의 편지를 뜯어보았는데, 거기에는 이렇게 씌어 있었습니다.

"아들아, 너는 집에서 1천5백 마일이나 떨어져 있지만, 너의 상태는 그다지 달라진 것이 없을 것이다. 그렇지 않니? 나는 충분히 짐작할 수 있단다. 왜냐하면 너는 네 걱정의 씨앗을 지니고 갔기 때문이다. 그것은 바로 네 자신이다. 몸도 마음도 너에게는 아무런 이상이 없다. 너를 괴롭히는 것은 네가 당면한 사태가 아니다. 너에게 당면한 상황을 바라보는 너의 생각이 너를 그토록 아프게 한 것이다. '사람이 생각하는 것, 그것이 바로 그 사람이다.' 이 사실을 깨닫게 되면, 집으로 돌아오너라. 너의 병은 나았을 테니까."

아버지의 편지를 읽은 저는 화가 치밀었습니다. 제가 원했던 것은 동정이지 교훈이 아니었습니다. 저는 몹시 흥분해서 절대 집으로 돌아가지 않겠다고 결심했습니다. 그날 밤 저는 마이애미의 어느 골목길을 걷다가 한창 예배가 진행 중인 교회 앞을 지나게 되었습니다. 딱히 갈 곳도 없어서 교회 안으로 들어갔는데, 마침 목사님이 설교를 하고 있었습니다. 목사님의 설교는 "너희 마음을 이기는 자는 성을 함락시키는 자보다 강하니라."라는 성경 구절에 대한 것이었습니다.

신성한 하나님의 성전에서 아버지가 편지에 썼던 것과 똑같은 사상을 듣고 있으려니, 머릿속에 쌓였던 먼지들이 씻겨나가는 것 같았습니다. 저는 생전 처음으로 명징하고 분별력 있는 생각을 할 수 있었습니다. 제 자신이 그동안 얼마나 어리석었는지 깨달았습니다. 또한 저는 있는 그대로의 제 모습을 보고 깜짝 놀랐습니다. 저는 지금까지 전 세계와 전 인류를 바꾸고 싶다고 생각했던 것입니다. 반드시 바꿔야 할 유일한 것은 바로 제 마음이라는, 카메라 렌즈의 초점이었던 것입니다.

다음 날 아침 저는 짐을 꾸려 고향으로 돌아갔습니다. 일주일 후에는 다시 직장으로 돌아갔고, 4개월 뒤에는 실연으로 끝나지 않을까 염려했던 아가씨와 결혼했습니다. 지금 우리는 5남매의 자녀를 두고 행복하게 지내고 있습니다. 하나님께서는 물질적으로, 정신적으로 저를 축복해주셨습니다. 신경 쇠약으로 시달리던 무렵 저는 작은 백화점의 야간 파트 주임으로 일했고 부하 직원 18명이 있었습니다. 현재는 종이상자를 만드는 공장의 공장장으로 일하면서 4백50명의 직원을 관리하고 있습니다. 일상은 언제나 순조로우며 사람들과의 교제도 원만합니다. 이제는 인생의 참다운 가치를 만끽하고 있다고 생각합니다. 누구나 겪는 일이지만, 가끔 불안한 생각에 사로잡힐 때는 마음의 카메라 초점을 다시 맞추라고 제 자신에게 타이릅니다. 그러면 모든 경험이 원만하게 해결됩니다.

저는 이제 제가 신경 쇠약에 걸렸던 것이 다행이었다고 생각합니다. 그 경험을 통해 생각이 우리의 몸과 마음에 얼마나 강력하게 영향을 주는지 확실하게 알았기 때문입니다. 지금은 저의 생각을 제 자신에게 반항하는 것이 아니라 도움이 되도록 조절할 수 있습니다. 걱정의 원인은 외부의 상황이 아니라, 그 상황을 해석하는 생각 때문이라고 말씀해주신 아버지가 옳았다는 것을 이제는 분명히 알고 있습니다. 그 사실을 깨달은 순간 저는 비로소 치유되었고, 더 이상은 그런 고통에 시달리는 일이 없습니다.

나는 마음의 평화, 삶에서 느끼는 기쁨은 우리가 어디에 있고 무엇을 하고 우리가 누구인가 하는 것이 아니라, 오직 정신 자세에 달려 있다는 것을 확신한다. 외부 조건은 거의 아무 관계가 없다.

이를테면 하퍼스 페리에서 미국 병기고를 습격하고 노예들에게 반란을 교사했다는 죄목으로 교수형을 받은 존 브라운의 경우가 바로 그것이다. 그는 관 위에 실려 교수대로 보내졌는데, 그의 곁을 따르던 간수는 잔뜩 긴장하고 두려워하는 표정이 역력했다. 하지만 브라운은 냉정했다. 그는 버지니아의 블루리지 산들을 바라보면서 감탄을 연발했다.

"얼마나 아름다운 나라인가! 이 나라를 진정으로 감상할 기회가 없었던 게 유감이군."

남극에 처음 도착한 영국인 로버트 팰컨 스콧과 그 대원들의 경우도 마찬가지다. 그들의 귀환 여정은 아마도 인류 역사에서 가장 고통스러운 시간이었을 것이다. 식량은 떨어졌고 연료도 없었다. 게다가 사나운 폭설이 열하루 동안 밤낮 없이 극지의 벌판을 강타해 그들은 한 걸음도 전진할 수 없었다. 남극의 바람은 지독하게 차갑고 날카로워서 얼음 표면에 균열이 생길 정도였다. 스콧과 대원들은 자신들이 죽음에 직면했다는 것을 알았다. 만일의 경우에 대비해 그들은 상당량의 아편을 휴대하고 있었다. 적정한 양 이상을 피우면 그들 모두 영원히 깨어나는 일 없이 편안한 꿈길로 들어설 수 있었던 것이다. 하지만 그들은 아편을 쓰지 않았다. 대신 그들은 '기운을 북돋우는 노래를 힘차게 부르면서' 죽어갔다. 이런 사실은 8개월 후 수색대가 얼어붙은 그들의 사체에서 발견한 편지를 통해 우리에게 알려졌다.

그렇다. 용기 있고 침착한 자세로 창조적인 생각을 할 수만 있다면, 관 위에 앉아 교수대로 끌려가더라도 경치를 즐길 수 있고, 굶주림과 혹한으로 죽어가면서도 '기운을 북돋우는 노래'로 텐트를 채울 수 있다.

이미 3백 년 전에 갑자기 눈이 먼 밀턴은 이러한 진리를 깨달았다.

마음은 자신의 터전이다.
그 안에서 지옥을 천국으로
천국을 지옥으로 만들 수 있나니.

나폴레옹과 헬렌 켈러는 밀턴의 이 말을 완벽하게 입증하고 있다. 나폴레옹은 명예, 권력, 부귀 등 인간이 일반적으로 열망하는 모든 것을 가진 것 같았지만, 세인트헬레나에서는 "내 일생에서 행복했던 날은 6일도 되지 않는다."라고 말했다.

그런가 하면 보이지도 않고 들리지도 않았던 헬렌 켈러는 "인생이 얼마나 아름다운지 알게 되었다."고 말했다.

내가 반세기 동안의 생애에서 무엇이든 배운 것이 있다면 그것은 다음과 같은 말이다. "자신에게 평화를 줄 수 있는 자는 자기 자신뿐이다." 이 말은 에머슨이 《자립》이라는 글에서 결론을 정리하면서 언급한 것을 내가 되풀이했을 뿐이다.

"정치적 승리, 임대료 인상, 질병으로부터의 회복, 오랫동안 떠나 있던 친구의 귀환, 그 밖의 여러 가지 외부적 사건은 우리를 즐겁게 하고 행복한 미래를 기대하게 한다. 하지만 그것을 믿어서는 안 된다. 그런 일은 없다. 자신에게 평화를 줄 수 있는 것은 자기 자신뿐이다."

스토아학파의 위대한 철학자 에픽테토스는 '육체의 종기나 종양'을 제거하기보다는 마음에서 나쁜 생각을 제거하기 위해 노력해야 한다고 했다. 에픽테토스는 지금으로부터 1천9백 년 전에 이런 말을 했지만 현대 의학도 이 말에 동의할 것이라고 생각한다.

G. 캔비 로빈슨 박사의 말에 따르면, 존스 홉킨스 병원에 입원한 환자 5명 중 4명은 감정적 긴장이나 압박감이 어느 정도 원인이 되어 일어난 증세에 시달리고 있다고 한다. 기질성 교란과 같은 질환도 같은 이유에서 발생하는 경우가 적지 않다고 한다. 그는 이렇게 말했다.

"이런 증세들은 결국 살면서 부딪히는 문제에 대해 자신을 적응시키지 못하기 때문에 생기는 것입니다."

프랑스의 위대한 철학자 몽테뉴는 다음과 같은 구절을 좌우명으로 삼고 있었다. "인간은 살면서 겪게 되는 문제로 인해 상처를 입는 것보다 그 문제에 대한 자신의 생각 때문에 더 상처를 입는다."

우리에게 닥친 일에 대한 생각은 전적으로 우리의 마음에 달려 있다. 이것은 어떤 의미인가? 여러분이 어떤 문제를 맞닥뜨려 신경이 바늘 끝처럼 날카로워졌을 때라도 의지만 있다면 정신 자세를 바꿀 수 있다는 것일까? 그렇다! 그뿐만 아니라 그 방법을 여러분에게 전수할 생각이다. 그러기 위해서는 노력이 필요하지만 비결은 지극히 간단하다.

실용심리학의 최고 권위자로 인정받는 윌리엄 제임스는 일찍이 이렇게 설명하고 있다.

"흔히 행동은 감정을 따르는 것이라고 생각하기 쉽지만 실제로 행동과 감정은 동시에 일어난다. 의지를 통해 지배당하는 행동을 더욱 적극적으로 규제함으로써 의지의 지배에서 멀리 떨어져 있는 감정을 간접적으로 규제할 수 있다."

바꾸어 말하면 윌리엄 제임스는 우리가 '단지 결심했다는 것만으로는' 우리의 감정을 곧바로 바꿀 수 없지만 행동을 바꿀 수는 있다는 것이다. 그리고 행동을 바꾸면 자동적으로 우리의 감정에 변화를 줄 수 있다는 것이다. 그는 또 이렇게 말하고 있다.

"그러므로 즐거움이 사라졌을 때 스스로의 힘으로 그것을 되찾는 가장 좋은 방법은, 즐거운 마음을 갖고 이미 즐거운 것처럼 말하고 행동하는 것이다."

이렇게 간단한 방법이 과연 도움이 될 것인가? 시험해보라. 얼굴 가득 미소를 띠고, 가슴을 쫙 펴고, 숨을 최대한 깊이 들이마셔라. 그리고 아무 노래라도 한 소절 불러보라. 노래를 못 하겠으면 휘파람이라도 불어라. 휘파람도 불지 못하면 콧노래라도 흥얼거려보자. 그러면 여러분은 윌리엄 제임스가 한 말을 납득하게 될 것이다. 말하자면 우리가 진심으로 행복할 때 보여주는 현상들을 보이고 있는 동안에는 침울하거나 우울해하는 것이 물리적으로 불가능하다는 것을 알게 될 것이다.

이것은 대자연의 작은 진리 가운데 하나로 생활에서 얼마든지 간단하게 기적을 만들어낼 수 있는 방법이다. 내가 아는 캘리포니아의 어떤 부인도 일찍이 이러한 비결을 알았더라면, 그녀의 모든 걱정을 24시간 내에 제거할 수 있었을 것이다. 그녀는 나이가 많은 미망인이다. 그것은 확실히 비통한 일이었다. 하지만 그녀는 행복한 사람처럼 행동하려고 노력했을까? 아니다. 여러분이 그녀에게 지금 기분이 어떠냐고 물으면 이렇게 대답할 것이다. "괜찮습니다." 하지만 그녀의 얼굴 표정이나 울먹이는 목소리는 자신이 얼마나 슬픈 일을 당해왔는지 모를 것이라고 호소하고 있는 것처럼 보인다. 그녀 앞에서 어떻게 그렇게 행복한 표정을 지을 수 있냐고 묻고 있는 것처럼 보인다.

세상에는 이보다 더 불행한 여자가 얼마든지 있다. 그녀의 남편은 그녀가 남은 생을 편히 지낼 수 있을 만한 보험금을 남겨주었고, 결혼한 자녀들과 함께 살고 있다. 그럼에도 불구하고 나는 그녀의 웃는 얼굴을 본 적이 없다. 그녀는 자녀들 집에서 몇 달씩 신세를 지고 살면서 사위 셋이 하나같이 구두쇠이며 너무 이기적이라고 불평했다. 그리고 딸들이 자기에게 아무것도 주지 않는다고 불평한다. 그러면서도 자기는 '노후에 대비해서' 단단히 돈을 움켜쥐고 있는 것이다.

그녀는 확실히 자기 자신에게, 그리고 불쌍한 자기 가족에게도 고통의 씨앗이 되고 있다. 하지만 그래야 할 이유가 있을까? 안타까운 점은 그녀가 다만 마음먹기에 따라, 자신을 불쌍하고 괴팍스럽고 불행한 처지가 아니라 가족들의 사랑과 존경을 받는 존재로 바꿀 수 있다는 것이다. 그러려면 우선 쾌활하게 행동하는 것이 중요하다. 지금까지 자기 자신에게만 기울였던 애정을 다른 사람에게도 나누어줄 수 있는 것처럼 행동하는 것이다.

인디애나주의 텔 시티에 사는 H. J. 잉글러트라는 사람이 있다. 그는 이 비결 덕분에 지금까지도 잘 지내고 있다. 그는 10년 전에 성홍열에 걸린 적이 있다. 그런데 거기서 회복되자 이번에는 신장염에 걸려 하다 못해 돌팔이 의사까지 유명하다는 의사는 다 찾아다니면서 진찰을 받았지만 도무지 완치되지 않았다. 그러던 중 얼마 전에는 다른 병까지 겹쳤다. 고혈압 증세까지 찾아온 것이다. 그를 진찰한 의사는 최고 혈압이 214에 달한다고 말하면서, "'치명적이다. 게다가 더 악화될 수 있으니 모든 일을 정리해두는 편이 좋을 것이다."라고 충고했다. 그는 그때의 심정을 이렇게 전했다.

"저는 집으로 돌아와서 미납된 보험료는 없는지 확인했습니다. 저는 침울한 기분으로 생각에 빠져 신에게 그동안 제가 지은 잘못에 대한 용서를 구했습니다. 저는 모든 사람을 슬픔에 잠기게 했습니다. 아내와 가족들은 실로 처참한 지경이었고, 제 자신도 완전히 암울해졌습니다. 그렇게 일주일가량 자기 연민에 빠져 헤매다 보니 이런 생각이 들었습니다. '너는 참 못났구나! 1년은 더 살지 모르는데, 왜 살아 있는 동안이라도 즐겁게 지낼 생각은 하지 않는 거지?' 저는 어깨를 펴고 얼굴에 미소를 지으며 만사가 순조롭다는 듯이 보이려고 했습니다. 물론 처음에는 어색했지만 저는 억지로라도 저 자신을 즐겁고 유쾌하게 만들었습니다. 이렇게 행동함으로써 가족들도 구할 수 있었지만, 나 자신도 구원을 받았습니다. 우선 기분이 좋은 척 거짓으로 생각하면 꼭 그만큼 실제로도 기분이 좋아진 것을 느낄 수 있었습니다. 그리하여 저의 병세는 하루하루 차도를 보여, 몇 개월 후에는 무덤 속에 있어야 할 몸이 완전히 건강해져서 행복하게 살고 있을 뿐만 아니라 혈압도 안정적인 수치로 떨어졌습니다. 여기에서 저는 분명한 사실 하나를 깨달았습니다. 제가 걱정하던 끝에 기력을 잃고 '나는 죽는다.'라는 부정적인 생각에 빠져 있었더라면 의사가 말한 대로 되었을 것이라는 점입니다. 하지만 저는 세상에 있는 그 무엇에 의존하는 것이 아니라 정신 자세를 바꿈으로써 제 육체에게 스스로 고칠 수 있는 기회를 주었던 것입니다."

여기서 한 가지 질문을 하겠다. 단지 쾌활하게 행동하고 건강과 용기에 관해 긍정적으로 생각하는 것만으로 사람이 목숨을 구할 수 있다면, 우리는 왜 사소한 우울이나 의기소침으로 단 1분이라도 힘들어해야 하는가? 또 쾌활하게 행동함으로써 행복해질 수 있는데도 우리는 왜 자신뿐만 아니라 주위 사람들을 불행하게 만드는가?

오래전 나는 내 삶에 깊은 영향을 준 책 한 권을 읽었다. 제임스 레인 앨런이 쓴《생각하는 대로》였는데 거기에 다음과 같은 구절이 있었다.

"우리가 다른 사람과 사물에 대한 자기의 생각을 바꾸면, 우리를 둘러싼 다른 사람과 사물도 변한다는 것을 알게 된다. 생각을 근본적으로 바꾸는 것만으로도 그로 인해 생활의 외적 조건이 놀라울 정도로 급속하게 변화한다. 그런데 인간은 자신들이 원하는 것은 끌어당기지 않고 있는 그대로의 현상만을 끌어당긴다. 목적에 형상을 부여하는 '신성'은 우리 내부에 있다. 그것은 또한 우리 자신이다. 따라서 인간이 이룩하는 모든 업적은 생각의 직접적인 결과다. 인간은 자신의 사고를 북돋움으로써 일어서서 정복하고 성취할 수 있다. 생각을 고양하기를 거부한다면 약하고 비열하고 비참한 상태에 머물러 있을 수밖에 없다."

구약 성경 창세기에 따르면, 하나님은 인간에게 온 땅을 지배하도록 만들었다고 기록되어 있다. 이것은 실로 강대한 선물이다. 하지만 나는 그와 같은 초특급 특권에는 흥미가 없다. 내가 바라는 것은 나 자신을 지배하는 일뿐이다. 내 생각을 지배하고, 내 두려움을 지배하고, 내 정신과 영혼을 지배할 수 있기를 바랄 뿐이다. 그리고 나는 단순히 자신의 행동을 조절하기만 하면 자신의 반응을 억제하는 것도 가능하며, 언제든지 내가 원하는 이런 지배력을 놀라울 정도로 달성할 수 있다는 것을 알고 있다. 그러므로 윌리엄 제임스가 한 다음과 같은 말을 잊지 않도록 하자.

"이른바 악이라고 부르는 대부분은 걱정에 지배당하는 내면의 자세를 바꾸기만 하면 두려움에서 투지로 변화시킴으로써 축복할 만한 선으로 바꿀 수 있는 것들이다."

우리의 행복을 위해 싸우자. 쾌활하고 건설적인 방향으로 생각을 이끄는 프로그램을 실천함으로써 행복해지도록 싸우자. 여기 그 프로그램이 있다. 프로그램의 타이틀은 '오늘 하루만은'이며 내용은 다음과 같다. 나는 이 프로그램이 사람들을 고무시키는 데 대단한 도움이 된다고 확신해 수백 명에게 나누어주었다. 이것은 지금부터 36년 전에 시빌 F. 파트리지가 쓴 것이다. 이 규칙을 실행한다면 걱정의 대부분을 없애고, 프랑스인들이 말하는 '삶의 기쁨'을 무한히 누리게 될 것이다.

오늘 하루만은

1. 오늘만은 행복하게 지내겠다. 링컨은 "대부분의 사람은 자기가 행복해지려고 결심한 만큼 행복하다."라고 했는데 지당한 말이다. 행복은 내부로부터 온다. 외부의 환경이 주는 것이 아니다.

2. 오늘만은 나 자신을 현실에 적합하도록 맞추자. 현실을 내가 바라는 대로 맞추려고 하지 않겠다. 가족, 사업, 행운을 있는 그대로 받아들이고 나 자신이 그것에 적합하게 하자.

3. 오늘만은 내 몸을 아끼자. 운동을 하고 관심을 기울이자. 영양을 섭취하고 혹사하거나 무시하지 않도록 하자. 그렇게 하면 몸은 나의 명령에 따르는 완벽한 기계가 될 것이다.

4. 오늘만은 내 마음을 굳게 하자. 무엇이든 유익한 것을 배우자. 정신적 게으름뱅이가 되지 말자. 노력하고 생각하고 집중해야 읽을 수 있는 책을 읽자.

5. 오늘만은 3가지 방법으로 내 영혼을 운동시키자. 다른 사람들이 눈치 채지 못하도록 뭔가 좋은 일을 하자. 윌리엄 제임스가 제안한 대로 정신수양을 위해 적어도 2가지는 하고 싶지 않은 일을 하자.

6. 오늘만은 유쾌한 사람이 되자. 될 수 있는 대로 활발하게, 잘 어울리는 옷을 입고, 조용히 이야기하고, 예의 바르게 행동하며, 남들을 아

껌없이 칭찬하자. 다른 사람을 비판하지 않고, 단점을 찾으려 하지 말고, 그 사람을 바로잡으려 하거나 바꾸려 하지 말자.

7. 오늘만은 오늘 하루에 충실하게 살자. 인생의 온갖 문제를 한꺼번에 풀려고 덤비지 말자. 일생을 두고 도저히 감당할 수 없을 것 같은 문제일지라도 12시간이면 해결할 수 있다.

8. 오늘만은 계획에 따라 행동하자. 시간마다 해야 할 일을 써두자. 비록 그대로는 되지 않을지라도 어쨌든 해보자. 그러면 성급함과 주저하는 태도를 고칠 수 있다.

9. 오늘만은 30분 동안 혼자서 조용히 휴식할 시간을 가져보자. 내 인생에 대한 올바른 인식을 얻을 수 있도록 그 30분 동안 때로는 신에 대해 생각해보자.

10. 오늘만은 두려워하지 말자. 특히 행복해지는 일, 아름다움을 즐기는 일, 사랑하는 일, 내가 사랑하는 이들이 나를 사랑하고 있다고 믿고 두려워하지 않기로 하자.

우리에게 평화와 행복을 주는 정신 자세를 갖고 싶다면 지켜야 할 첫 번째 법칙이 있다.

법칙 1
유쾌하게 생각하고 행동하라. 그러면 실제로 즐거워진다.

2

How to stop worrying and start living

원한은
더 큰 괴로움을 부른다

여러 해 전

옐로스톤 국립공원을 여행했을 때의 일이다. 어느 날 밤, 나는 다른 여행객들과 함께 소나무와 전나무가 울창한 숲을 볼 수 있는 벤치에 앉아 있었다. 그러자 조금 뒤 우리가 기다리던 동물, 이 숲의 공포인 회색 곰이 나타났다. 휘황하게 빛나는 조명 속으로 모습을 드러낸 회색 곰은 공원 안 호텔 식당에서 갖다놓은 음식 찌꺼기를 먹기 시작했다. 삼림 경비 감독인 마틴데일 대령은 말 위에 앉아 흥분한 여행객들에게 곰에 대한 이야기를 들려주었다. 그의 말에 따르면 회색 곰은 서구 세계에 존재하는 다른 어떤 동물보다 강하며, 이것과 맞설 수 있는 상대는 들소와 코디악 불곰 정도였다. 그런데 그날 밤 나는 회색 곰이 숲속에서 나온 한 짐승에게만은 잠자코 먹을 것을 나누어주는 광경을 보았다.

175

그 짐승은 바로 스컹크였다. 자신의 강력한 앞발로 한 번만 쳐도 스컹크 정도는 단숨에 해치울 수 있다는 것을 회색 곰은 알고 있다. 그런데 왜 그렇게 하지 않았을까? 곰은 그렇게 하면 득이 되지 않는다는 것을 경험으로 알고 있었기 때문이다.

나도 그런 사실을 알고 있다. 나는 어렸을 때 미주리주의 농장에서 일렬로 늘어선 관목들 사이에 덫을 놓아 네 발로 걷는 스컹크를 잡은 적이 있다. 어른이 된 뒤에는 뉴욕 거리에서 가끔 두 발로 걷는 스컹크를 본 적이 있는데, 어쨌든 나의 경험에 따르면 어느 쪽이건 그것들을 건드리면 좋을 게 없다는 것을 알고 있다.

사실 우리가 적을 증오하면 오히려 적에게 힘을 주게 된다. 그것은 우리의 수면, 식욕, 혈압, 건강, 행복에 관한 힘이다. 그들이 우리를 걱정하게 하고 괴롭히고 있다는 것, 우리에게 보복하고 있다는 것을 안다면 우리의 적은 껑충거리며 기뻐할 것이다. 말하자면 우리의 증오는 그들에게 조금도 상처를 주지 못한다. 증오는 오히려 우리를 지옥 같은 낮과 밤으로 끌어들인다.

"어떤 이기적인 사람이 당신을 이용해 이득을 취하려 하더라도 그 사람과 상대하지 않는 것이 상책이다. 보복하려 해서는 안 된다. 똑같이 갚아주려고 하는 순간 상대에게 상처를 주기보다는 오히려 자기 자신이 상처를 입는다."

이것을 몽상적인 눈을 가진 이상주의자들이나 하는 말이라고 생각할지 모르나 그렇지는 않다. 밀워키의 경찰청에서 발간한 회보에 실려 있던 내용이다.

보복은 어떻게 우리에게 상처를 주는 것일까? 거기에는 여러 가지 방법이 있다. 잡지 〈라이프〉에 따르면 그것은 건강까지도 잃게 할 수 있다고 한다. 〈라이프〉지에는 이런 글이 실려 있다.

"고혈압에 시달리는 사람들의 개인적 특성은 분노다. 분노가 만성화되면 만성 고혈압과 심장 질환을 일으킨다."

예수가 "원수를 사랑하라."고 한 말은 단순히 올바른 도덕을 설명한 것이 아니라 20세기에도 통용되는 의학을 설명하고 있다. "일곱 번씩 일흔 번까지라도 용서하라."고 말했을 때 그는 우리에게 고혈압, 심장 질환, 위궤양 그리고 그 밖의 질병들을 예방할 수 있는 방법에 관해 이야기했던 것이다.

최근에 내 친구 하나가 심각한 심장 발작을 일으켰는데, 의사는 그 친구를 침대에 눕게 하고는 어떤 일이 있더라도 화를 내지 말라고 경고했다. 의사들은 심장이 약한 사람이 노여움으로 발작을 일으키면 죽을 수도 있다는 것을 알고 있다. 지금 나는 죽을 수도 있다고 말했지만, 실제로 수년 전에 워싱턴주 스포캔에서 레스토랑을 경영하던 주인이 노여움으로 발작을 일으켜 사망한 사건이 있었다. 그 증거로 워싱턴의 스포캔 경찰청장인 제리 스와타웃 씨의 편지가 있다.

"몇 해 전에 스포캔에서 카페를 경영하던 윌리엄 포커버(68세)라는 사람이 요리사가 커피를 마실 때마다 자신의 접시를 사용하자 화를 내다가 그것이 원인이 되어 죽고 말았습니다. 그는 너무 화가 나서 권총을 들고 요리사를 쫓아갔는데, 권총을 손에 든 채 심장마비로 쓰러진 것입니다. 검시관은 보고서에 분노로 인해 심장 발작이 일어났다고 기록했습니다."

예수의 "원수를 사랑하라."는 말에는 어떻게 해야 우리의 표정을 좋게 할 수 있는지에 대해서도 담겨 있다. 여러분도 증오와 원한 때문에 주름이 가득하고 딱딱하게 굳은 표정을 짓고 있는 사람을 많이 보았을 것이다. 세상의 어떤 피부 관리 기술도 관용과 친절과 애정의 마음이 없는 사람의 용모를 아름답게 만들어주지는 못한다. 증오는 음식을 맛있게 먹을 수 있는 능력까지도 파괴한다. 성서에는 이렇게 씌어 있다.

"채소를 먹으며 서로 사랑하는 것이 살찐 소를 먹으며 서로 미워하는 것보다 나으니라."

우리가 증오로 스스로를 지치게 하고, 신경 쇠약에 시달리고, 외모를 험악하게 만들고, 심장 질환을 일으키고, 생명까지도 위태롭게 하고 있다는 사실을 우리의 적이 안다면 얼마나 기뻐할 것인가? 비록 원수는 사랑할 수 없다 할지라도, 적어도 우리 자신을 사랑할 수는 있지 않은가. 우리의 적에게 우리의 행복, 건강, 외모에 대한 지배권을 내주지 않도록 자신을 사랑해야 한다. 셰익스피어는 이렇게 말했다. "원수를 위해 불을 너무 많이 때지 말라. 그 불에 네가 먼저 그을릴 것이다."

예수의 원수를 "일곱 번씩 일흔 번까지라도 용서하라."는 이 말에는 업무상의 교훈도 포함되어 있다. 마침 여기에 스웨덴 웁살라의 조지 로나에게서 받은 편지가 있다. 조지 로나는 오랫동안 빈에서 변호사로 일했다. 제2차 세계 대전 중에는 스웨덴으로 피신했다. 하지만 돈이 한 푼도 없어 일자리를 구해야만 했다. 여러 외국어에 능통했던 그는 수출입 관련 사업을 하는 회사의 해외 연락 담당 업무를 하고 싶었다. 하지만 대부분의 무역회사에서는 전쟁 중이어서 그런 일거리가 없지만 필요하면 연락을 주겠다는 식으로 대답했다. 그런데 한 회사만은 다음과 같은 회답을 보내왔다.

"당신은 우리 사업에 대해 잘못 알고 있습니다. 뿐만 아니라 어리석은 부분도 있습니다. 우리 회사엔 해외 연락 담당자가 필요 없습니다. 필요하다 해도 당신을 채용할 생각은 조금도 없습니다. 당신은 우선 스웨덴 말도 제대로 쓸 줄 모르기 때문입니다. 당신의 편지는 오류 투성이였습니다."

편지를 다 읽은 조지 로나는 도널드 덕이 화를 내듯 노발대발했다. '내가 스웨덴 말도 제대로 못한다고? 대체 무슨 말이야? 이 스웨덴 녀석의 편지야말로 오류투성이잖아!' 조지 로나는 자신에게 무례한 편지를 보낸 사람을 혼내주기 위해 당장 답장을 썼다. 그러다가 어느 순간 글쓰기를 멈추고 잠시 생각에 잠겼다. '어쩌면 이 사람 말이 맞는지도 모른다. 내가 스웨덴어를 공부하기는 했지만 모국어는 아니니까 나도 모르는 오류가 있을지도 모른다. 그렇다면 취업을 위해 스웨덴어를 더 열심히 공부해야 할지도 모른다. 이 사람은 비록 의도한 것은 아닐지라도 나에게 좋은 충고를 해주었는지도 모른다. 표현이 좀 고약하기는 해도 그에게 오히려 빚을 졌는지도 모른다. 그렇다면 이 사람에게 고맙다는 편지를 보내야겠군.' 그리하여 조지 로나는 이미 썼던 것을 찢어버리고 다음과 같은 편지를 썼다.

"귀사에서는 연락 담당이 필요하지 않으심에도 수고스럽게 회답까지 보내주시어 감사합니다. 귀사의 사정을 잘 몰랐던 데 대해서는 죄송하게 생각합니다. 제가 편지를 보낸 이유는 조사 결과 귀사가 무역업계에서 손꼽히는 회사라는 것을 알게 되었기 때문이었습니다. 제 편지에 그토록 오류가 많았다는 것도 미처 알지 못했습니다. 심히 부끄러움을 느끼며 진심으로 사과드립니다. 앞으로는 스웨덴어를 열심히 공부해 오류가 없도록 노력할 생각입니다. 제 앞길에 친절하신 지도를 베풀어주셔서 진심으로 감사드립니다."

며칠 후 조지 로나는 자신에게 편지를 보낸 장본인으로부터 만나러 와달라는 편지를 받았다. 로나는 그를 만나러 갔고 일자리를 구했다.

조지 로나는 이 경험을 통해 '부드러운 대답은 노여움을 푼다.'는 것을 알게 되었다.

우리는 원수를 사랑할 만한 성자는 아닌지도 모른다. 하지만 자신의 건강과 행복을 위해 적어도 그들을 용서하고 잊어버리기로 하자. 그렇게 하는 것이 현명하다. 공자는 말했다.

"모욕을 당하거나 도둑질을 당하더라도 그것을 잊어버린다면 아무것도 아닌 일이다."

나는 언젠가 아이젠하워 장군의 둘째 아들인 존 아이젠하워에게 아버지가 남을 원망한 적이 있느냐고 물어보았다. 그러자 그는 이렇게 대답했다.

"천만에요. 아버지는 자기 마음에 들지 않는 사람들에 관해 생각할 시간이 단 1분도 없었습니다."

"어리석은 사람은 화를 내지 못하지만 현명한 사람은 화를 내지 않는다."라는 격언이 있다. 뉴욕 시장을 지낸 윌리엄 J. 게이너의 정책이 바로 이러했다. 그는 황색 언론의 혹독한 비판을 받은 후 어떤 미치광이가 쏜 총에 맞아 하마터면 목숨을 잃을 뻔했다. 그는 병상에 누워 목숨이 오락가락하는 상황에서도 이런 말을 했다.

"매일 밤, 나는 모든 죄와 모든 사람을 용서한다."

비현실적인 이상주의자처럼 보이는가? 아니면 지나치게 달콤한 표현인가? 그렇다면《염세주의 연구》의 저자인 독일의 위대한 철학자 쇼펜하우어의 의견을 들어보기로 하자. 그는 인생이란 무익하고 괴로운 경험의 연속이라고 생각했다. 그가 걸어가는 곳마다 우울이 그의 몸에서 뚝뚝 떨어지는 것 같았다. 하지만 절망의 밑바닥에 서 있던 쇼펜하우어도 이렇게 외치고 있다.

"되도록이면 누구에게든 조금의 원한도 품어서는 안 된다."

버나드 바루크는 윌슨, 하딩, 쿨리지, 후버, 루스벨트, 트루먼 등 6명의 대통령이 신임한 고문이었다. 나는 언젠가 그에게 지금까지 정적의 비난 때문에 당황해본 적이 있느냐고 물어보았다. 그러자 그는 "아니요. 아무도 나를 모욕하거나 골탕 먹일 수 없어요. 내가 그렇게 하도록 만들지 않으니까요."라고 대답했다. 우리 역시 그렇게 하도록 허락하지 않는다면 누구도 우리를 모욕하거나 난처하게 만들 수 없다.

몽둥이나 돌은 나의 뼈를 부러뜨릴 수 있어도
말로는 결코 나에게 상처를 줄 수 없다.

오랜 세월 동안 인류는 자기의 적에 대해 아무런 악의를 품지 않는 예수 같은 사람들에게 존경을 바쳐왔다. 나는 가끔 캐나다에 있는 재스퍼 국립공원을 찾아가 서구 세계에서 가장 아름답다는 에디스 카벨 산을 바라보곤 한다. 이 산은 1915년 10월 12일, 독일의 총살 집행 부대 앞에서 성인처럼 죽어간 영국의 간호사 에디스 카벨을 기념하여 지은 이름이다. 그녀는 대체 무슨 죄를 질었을까? 그녀는 벨기에의 자기 집에 프랑스와 영국의 부상병을 숨겨둔 채 간호하고, 식사를 제공하고, 그들이 네덜란드로 탈출하게 도왔다. 10월 어느 아침, 임종 미사를 위해 브뤼셀의 군대 교도소로 영국인 신부가 찾아왔을 때, 에디스 카벨은 다음과 같은 말을 했다.

"저는 애국심만으로는 충분하지 않다는 것을 절실하게 느꼈을 뿐입니다. 저는 그 누구도 원망하거나 증오하지 않습니다."

이로부터 4년 뒤, 그녀의 유해는 영국으로 옮겨졌고 웨스트민스터

사원에서 추도식이 거행되었다. 나는 얼마 전 런던에 1년 동안 머물렀다. 그때 나는 종종 국립 초상화 미술관을 향해 서 있는 그녀의 동상 앞에 서서 화강암에 새겨진 그녀의 명언을 읽곤 했다.

"저는 애국심만으로는 충분하지 않다는 것을 절실하게 느꼈을 뿐입니다. 저는 그 누구도 원망하거나 증오하지 않습니다."

우리의 원수를 용서하고 그걸 잊는 확실한 방법은 우리 자신보다 무한히 큰 어떤 대의에 몰입하는 일이다. 그러면 우리가 당하는 모욕이나 적의는 아무 문제도 되지 않는다. 우리가 품고 있는 대의 이외의 어떤 것도 가볍게 여기는 마음이 생길 것이기 때문이다. 이를테면 1918년 미시시피의 소나무 밭에서 일어날 뻔했던 극적인 사건이 그런 경우다. 로렌스 존스라는 흑인 목사 겸 교사가 처참한 린치를 당할 뻔했던 사건이다.

수년 전 나는 로렌스 존스가 창립한 파이니우즈 컨트리 스쿨을 찾아가 학생들에게 강연을 한 적도 있다. 그 학교는 오늘날 전국적으로 알려져 있지만, 내가 말하고자 하는 사건은 그보다 훨씬 전의 일이다. 그 일은 모든 사람의 신경이 곤두서 있던 제1차 세계 대전 중에 일어났는데, 미시시피 중부 지방에 독일 사람이 흑인을 선동해 반란을 일으키려 한다는 소문이 자자했다. 그리고 린치를 당할 뻔했던 로렌스 존스가 바로 그 장본인이라는 것이었다. 한 무리의 백인들이 몰려와서 그의 교회 앞에 서 있자, 목사는 군중을 향해 이렇게 외쳤다.

"인생은 투쟁입니다. 그러므로 모든 흑인은 갑옷으로 무장하고 생존과 성공을 위해 싸워야 합니다."

'싸우자!' '갑옷!' 이 말만 들어도 충분하다고 단정해버린 흥분한 청년들은 밤의 어둠을 뚫고 달려가, 폭도를 동원해 교회로 되돌아와서 목사를 밧줄로 묶었다. 그들은 목사를 1마일이나 끌고 가서 장작더미 위에 세워놓고 성냥에 불을 붙여 교수형과 동시에 화형에 처하려 했다. 그런데 이때 누군가가 소리쳤다.

"태워 죽이기 전에 저 검둥이에게 그 괘씸한 설교나 하게 하자. 자, 떠들어봐라! 연설해봐!"

로렌스 존스는 장작더미 위에 서서 목에 밧줄을 감은 채 자신의 인생과 대의에 대해 연설했다. 그는 1907년에 아이오와 대학을 졸업했다. 그의 인품과 뛰어난 학업 성적, 음악적 재능은 학생들과 교수들 모두에게 인기가 있었다. 그가 졸업했을 때 어떤 호텔 경영자가 그를 키워주겠다고 제안했지만 그는 거절했다. 또 어떤 부호는 음악 수업을 위한 학비를 대주겠다고 했지만 이것 역시 거절했다. 왜 그랬을까? 그에게는 열정을 바쳐야 할 사명이 있었기 때문이다.

부커 T. 워싱턴의 전기를 읽고 감명을 받은 그는 자기도 가난에 허덕이는 무지한 자신의 동족을 교육시키는 데 일생을 바치겠다고 결심했던 것이다. 그래서 그는 남부에서도 가장 벽지인 미시시피주 잭슨에서 남쪽으로 25마일 더 떨어진 지역으로 갔다. 그는 자신의 회중시계를 저당 잡히고 받은 1달러 65센트를 가지고 숲속의 빈터에 나무 그루터기를 책상 삼아 학교를 열었다.

로렌스 존스는 죽음을 눈앞에 두고 자신을 린치하기 위해 기다리는 흥분한 군중에게 배우지 못한 어린 소년 소녀들을 가르쳐 선량한 농부로, 직공으로, 요리사로, 가정부로 훈련시키느라 얼마나 많은 고초를 겪었는지 이야기했다. 또 그는 파이니우즈 컨트리 스쿨을 창립하는 데 도와준 백인들을 비롯해 교육 사업의 발전을 위해 토지, 목재, 가축, 현금 등을 기부한 수많은 백인의 공헌에 대해서도 이야기했다.

뒷날 로렌스 존스는 이렇듯 자신을 질질 끌고 다니고 목을 매달고 불에 태워 죽이려 했던 사람들을 증오하지 않았느냐는 질문을 받았을 때, 자기는 사명을 실천하기에도 너무 바쁘고 자신보다 더 큰일에 몰두하고 있기 때문에 남을 미워할 여유가 없었다고 대답했다.

"나는 남들과 다툴 시간이 없습니다. 후회할 시간도 없습니다. 미워하지 않고는 못 견딜 정도로 나를 굴복시킬 수 있는 사람은 없습니다."

폭도들은 로렌스 존스가 자신을 위해서가 아니라, 대의를 위해 진심에서 우러나오는 감동적인 열변으로 호소하는 것을 듣고 차츰 누그러지기 시작했다. 그러자 군중 속에서 남부 퇴역 군인 한 사람이 이렇게 말했다.

"저 사람의 말은 사실인 것 같군. 지금 그가 말한 백인들은 나도 아는 사람들이야. 저 사람은 훌륭한 일을 하고 있는데, 우리가 오해한 거야. 이 사람을 죽일 게 아니라 도와주어야 할 것 같아."

그리고 이 퇴역 군인은 모자를 벗어 돌렸고, 파이니우즈 컨트리 스쿨의 창립자를 불태워 죽이겠다고 모였던 사람들로부터 52달러라는 기금을 거두었다. "나는 남들과 다툴 시간이 없습니다. 후회할 시간도 없습니다. 미워하지 않고는 못 견딜 정도로 나를 굴복시킬 수 있는 사람은 없습니다."라고 말했던 사람을 위해.

19세기 전 에픽테토스는 "뿌린 대로 거둔다.", "운명이란 어떻게든 우리가 저지른 악행에 대가를 치르게 한다."라는 말을 했다. 그의 말을 빌리면 다음과 같다.

"결국 인간은 자신이 저지른 잘못에 대해 보상해야 한다. 이 사실을 아는 자는 누구에게도 화내지 않으며, 분개하지 않으며, 욕하지 않으며, 남을 탓하지 않으며, 불쾌하게 만들지 않을 것이며, 미워하지도 않을 것이다."

아마 미국 역사상 링컨만큼 욕을 많이 먹고, 비난받고, 배신을 많이 당한 사람은 없을 것이다. 하지만 링컨 자서전의 고전이라고 할 만한 헌든의 전기에는 링컨에 대해 이렇게 쓰여 있다.

"링컨은 다른 사람에 대한 자신의 좋거나 나쁜 감정으로 그를 판단하지 않았다. 어떤 일을 처리할 때 자기의 정적도 다른 사람들처럼 잘 수행할 수 있다는 것을 인정할 줄 알았다. 어떤 사람이 자기에게 악의를 품고 못마땅하게 행동할 경우에도 어떤 지위에 적합한 인물이 라면, 링컨은 친구나 다름없이 기꺼이 그 지위에 앉혔다…. 내가 아는 한 그는 자기의 정적이라거나 그에게 반감을 가졌다는 이유로 누군가를 물러나게 한 적은 한 번도 없었다."

링컨은 그가 권력의 지위에 임명했던 사람들, 예를 들면 매클렐런, 시워드, 스탠턴, 체이스 같은 사람들로부터 탄핵받고 모욕을 당했다. 하지만 법률적 동지였던 헌든의 전기에 따르면 링컨은 다음과 같이 말했다.

"어떤 일을 했다는 것으로 칭찬받을 바는 못 된다. 또한 어떤 일을 했다거나 하지 않았다는 이유로 비난받을 것도 없다. 왜냐하면 인간은 조건, 환경, 교육, 습관 등을 비롯해 유전의 소산물이며, 이런 것들이 현재와 미래를 결정하기 때문이다."

링컨이 옳았던 것 같다. 우리가 우리의 적과 동일한 육체적·정신적·감정적 특질을 가지고 태어났다면, 그리고 우리의 적이 우리와 같은 인생을 보내고 있다면 우리도 그들과 똑같이 행동할 것이다. 그렇게 하지 않을 수 없다. 수(Sioux)족 인디언들처럼 관대한 마음을 가지고 다음과 같이 기도하자.

"오, 위대한 영혼이여, 내가 보름 동안 그의 입장이 되어보기 전에는 그를 판단하거나 비판하지 않도록 나를 지켜주소서."

그러므로 우리는 원수를 미워하기보다는 그들을 불쌍히 여기고 우리가 그들이 아닌 것을 신에게 감사해야 할 일이다. 원수에게 비난과 복수심을 품는 대신 이해하고 공감하고 도움과 관용, 기도를 베풀어야 할 것이다.

나는 매일 밤 성경에 나오는 사건에 대한 글을 읽거나 성경의 일부분을 따라 읽은 뒤 식구들 모두 무릎을 꿇고 '가정 기도문'을 외우는 집안에서 자랐다. 지금도 아버지가 미주리주의 쓸쓸한 농장에서 예수의 말씀을 들려주시던 것을 확실히 기억하고 있다. 예수의 다음과 같은 말씀은 인간이 예수의 이상을 여전히 존중하는 한 영원히 반복될 것이다.

"너희의 원수를 사랑하라. 너희를 저주하는 이들에게 은혜를 베풀며, 너희를 미워하는 사람들에게 선행을 베풀고, 너희를 모욕하고 핍박하는 이들을 위하여 기도하라."

나의 아버지는 이러한 예수의 말씀을 실천하려고 애썼다. 그런 노력은 그분의 마음에 평화를 주었고, 그 평화는 세상의 제왕과 군주들이 그토록 갈구했지만 얻을 수 없었던 것이었다.

평화와 행복을 주는 정신 자세를 갖추고 싶다면 다음 글을 기억하라.

법칙 2

원수에게 보복하려고 하지 마라.

그것은 원수에게 상처를 입히기보다 자기 자신에게 더 많은 상처를 주는 일이다.

아이젠하워 장군이 그랬듯이 싫어하는 사람들을 생각하는 데는 단 1분도 낭비하지 마라.

3

How to stop worrying and start living

감사를
바라지 마라

최근 텍사스에서

한 사업가를 만났는데 그는 무슨 일인지 화가 잔뜩 나 있었다. 그를 만나면 15분도 되기 전에 틀림없이 그 이야기를 듣게 될 것이라는 말을 들었는데 정말 그랬다. 그를 화나게 한 사건은 11개월 전 일이었는데, 그는 여전히 화가 나 있었다. 나를 만나서도 그는 오직 그 이야기뿐이었다. 34명의 직원에게 크리스마스 보너스로 1만 달러, 그러니까 한 사람당 3백 달러씩이나 주었는데도 누구 하나 고맙다는 인사가 없었다는 것이다. "그럴 줄 알았다면 한 푼도 주지 말걸 그랬어!"라고 말하면서 그는 격분을 감추지 못했다.

"성난 자는 언제나 독이 가득하다."라는 공자의 말처럼 그는 독으로 가득 차 있어 오히려 불쌍하게 보일 정도였다. 그의 나이는 예순 살 정도였다. 생명보험 회사의 통계에 따르면, 인간은 지금부터 여든 살까지 남은 시간에서 3분의 2보다 조금 더 살 것이라고 한다. 그러므로 그 사람도 기껏해야 앞으로 14년 내지 15년을 더 살 수 있는 셈이다. 그런데도 그는 지나버린 일에 대해 한탄하고 괴로워함으로써 남은 인생 가운데 거의 1년을 낭비해버린 것이다. 나는 그가 측은해 보였다.

그는 원한과 자기 연민에 빠지는 대신 왜 감사의 인사를 받지 못했는지 스스로를 되돌아보는 것이 더 나았을 것이다. 그는 종업원들에게 보수는 조금 주면서 혹사시켰는지도 모른다. 그들은 크리스마스 보너스를 선물이라 생각하지 않고 자신들의 노동에 대한 정당한 급료의 일부라고 생각했는지도 모른다. 그렇지 않으면 그가 너무 비판적이고 가까이하기가 거북스러워 고맙다는 인사를 망설였거나 잊었는지도 모른다. 아니면 어차피 세금으로 바치게 될 이익이니 보너스로 주었을 거라고 생각했을지도 모른다. 아니면 이와 반대로 종업원들이 이기적이고 비열하며 예의를 모르는 사람들인지도 모른다. 누가 옳고 그른지는 아무도 모른다. 하지만 나는 새뮤얼 존슨 박사가 "감사하는 마음은 교양의 결실이다. 비천한 사람에게는 찾아볼 수 없다."라고 한 말을 기억하고 있다.

내가 말하고 싶은 것은 바로 이 점이다. 텍사스의 이 사업가는 누구나 흔히 저지르는 실수이긴 하지만 자신을 괴롭히는 실수, 그러니까 감사를 바라는 실수를 저질렀다. 말하자면 그는 인간의 본성에 대해 잘 알지 못했던 것이다.

만일 여러분이 어떤 사람의 생명을 구해주면 그가 틀림없이 감사할 것이라고 생각하는가? 판사가 되기 전까지 유명한 형사 변호사였던 새뮤얼 라이보비츠는 78명의 피고를 전기의자로부터 구했다. 그중에서 몇 사람이나 그에게 고맙다는 인사를 했을 것 같은가? 혹은 몇 사람이나 크리스마스카드를 보내왔으리라고 생각하는가? 한번 생각해보라. 그렇다, 한 사람도 없었다.

예수는 어느 날 오후 10명의 나병 환자를 치료했다. 그중에서 몇 사람이나 감사의 표시를 하기 위해 예수를 찾았을까? '누가복음'을 보면 단 한 사람뿐이었다. 예수가 그의 제자들에게 "다른 아홉 사람은 어디 있는가?" 하고 물었을 때 그들은 모두 달아나고 없었다. 한마디 인사도 없이 가버렸던 것이다. 여러분에게 묻겠다. 우리 혹은 텍사스의 이 사업가는 자신이 행한 사소한 친절에 대해 예수가 받은 것 이상의 감사를 기대할 이유가 있는가?

그런데 이것이 돈과 관련된 문제라면 더욱 기대하기 어렵다. 찰스 슈왑에게 들은 이야기인데, 그는 언젠가 은행 돈으로 주식시장에서 투기를 한 은행원을 구해준 일이 있었다. 그는 자기 돈으로 그의 빚을 갚아 그가 감옥에 가는 것을 막아주었다. 물론 잠시 동안 그 은행원은 그에게 감사의 마음을 갖긴 했다. 그러나 얼마 지나지 않아 그는 슈왑에게 반감을 갖고 비난을 퍼붓기 시작했다. 자신을 감옥에 가지 않게 구해준 은인을!

만일 여러분이 어떤 친척에게 1백만 달러를 주었다면, 그 사람이 여러분에게 고마워할 것이라고 기대하는가? 앤드류 카네기는 그랬다. 하지만 만약 카네기가 무덤에서 나와 다시 세상으로 돌아온다면, 그는 그 친척이 자기를 헐뜯는 것을 보고 기겁했을 것이다. 비난의 이유는 무엇이겠는가? 카네기는 자선단체에 3억 6천5백 달러나 기부했으면서 자신에게는 그의 말대로 '겨우 1백만 달러밖에' 주지 않았다는 것이다.

세상 이치가 이렇다. 인간의 본성은 원래 이런 것이며, 그 본성은 절대로 바뀌지 않는다. 그러므로 받아들이는 수밖에 없지 않겠는가? 로마 제국을 통치했던 사람들 중 가장 현명하다고 하는 마르쿠스 아우렐리우스처럼 현실적으로 보는 게 어떻겠는가? 그는 자신의 일기에 다음과 같이 쓰고 있다.

"나는 오늘도 지나치게 말이 많은 사람, 이기적이고 자기중심적이며 은혜를 모르는 사람들을 만날 것이다. 하지만 나는 놀라지도 않고 상처받지도 않을 것이다. 이런 사람이 없는 세계는 상상할 수 없으니까."

현명한 생각이다. 그렇지 않은가? 만일 우리가 감사할 줄 모르는 사람들에 대해 계속해서 불평한다면 대체 그것은 누구의 죄일까? 인간의 본성이 죄일까, 아니면 인간의 본성에 대해 무지한 우리의 죄일까? 어쨌든 감사를 기대해서는 안 된다. 그러면 어쩌다 조금이라도 감사의 인사를 받을 때 놀라운 기쁨이 될 것이다. 또한 감사의 인사를 받지 않더라도 별로 화가 나지 않을 것이다.

바로 이 점이 내가 이 장에서 밝히려고 하는 핵심이다. 즉, 인간은 감사하는 마음을 잊어버리는 존재다. 그러므로 감사를 기대하는 마음을 버리지 않으면 마음 아픈 일이 너무 많이 생길 것이다.

나는 뉴욕에 사는 한 부인을 아는데, 그녀는 언제나 고독하다고 호소하며 불평을 한다. 그녀의 친척 가운데 그녀 가까이 가려는 사람은 아무도 없다. 당연한 일이다. 그녀는 누가 찾아가기만 하면 몇 시간이나 조카들이 어렸을 때 자신이 얼마나 잘해줬는지에 대해 늘어놓는다. 그들이 홍역이나 볼거리, 백일해에 걸렸을 때 그녀가 알뜰히 간호해주었다는 이야기부터 여러 해 동안 그들을 재워주고 먹였으며, 그중 한 명이 실업학교를 갈 때는 보조도 해주었고 다른 아이는 결혼할 때까지 보살펴주었다는 얘기를 늘어놓는다.

그렇다면 조카들은 그녀를 찾아올까? 물론 가끔 의무적으로 방문하기는 한다. 하지만 그들은 방문할 때마다 두려워하고 있다. 장시간 꼼짝도 못 하고 앉아서 훈계 비슷한 잔소리를 듣고 있어야 한다는 걸 잘 알고 있기 때문이다. 그들은 격하게 내뱉는 그녀의 불평과 자기 신세를 한탄하며 내쉬는 넋두리를 언제까지고 듣고만 있어야 한다. 그리고 조카들을 위협하거나 야단치거나 들볶아대도 그들이 인사를 오지 않으면 그녀는 최후의 '마법'을 동원한다. 심장 발작을 일으키는 것이다.

그러면 이 심장 발작은 사실이었을까? 물론 그렇다. 의사들은 그녀가 신경과민성 심장을 갖고 있으며, 심계항진을 앓고 있다고 진단했다. 하지만 여기에 덧붙여서 의사들은 그녀를 치료할 방법이 없다는 진단을 내렸다. 왜냐하면 그녀의 발작은 순전히 감정적인 문제라는 것이다. 이 부인이 실제로 원하는 것은 애정과 관심이다. 하지만 그녀는 그것을 '보은'이라고 부르고 있다. 그녀가 요구하는 한 결코 감사도 애정도 얻을 수 없을 것이다. 그녀는 자신의 요구가 당연한 권리라고 생각하기 때문이다.

세상에는 이 여성처럼 감사에 대한 기대, 고독, 소외감 등으로 괴로워하는 사람이 너무 많다. 그들은 한결같이 애정을 구하고 있으나, 그들이 사랑을 받으려면 사랑해달라고 칭얼거리는 태도를 중단하고 보답을 기대하지 않은 채 애정을 베풀기 위해 힘써야만 한다.

순진하고 비현실적이며 한낱 공상적인 이상주의라고 생각되는가? 그렇지 않다. 오히려 이는 평범한 상식에 불과하다. 우리가 갈구하는 행복을 얻기 위해 여러분과 내가 실천할 수 있는 좋은 방법이다. 나는 알고 있다. 멀리 갈 것도 없이 바로 우리 가정에서 그런 일이 일어나는 것을 보고 있기 때문이다. 우리 부모님은 남을 돕는 것을 기쁨으로 삼고 살았다. 우리는 가난했고 늘 빚에 쪼들려야만 했다. 하지만 부모님은 돈을 모아 매년 아이오와주 카운실 블러프스에 있는 고아원에 기부금을 보냈다. 아버지와 어머니는 한 번도 그 고아원에 간 적이 없고, 편지 말고는 누구에게도 인사를 받은 적이 없지만 두 분은 충분한 보답을 받았다. 도움이 필요한 어린아이들을 돕고 있다는 기쁨이 있었기 때문이다.

나는 집을 떠나온 뒤부터 매년 크리스마스에 부모님께 약간의 돈을 보내면서 두 분이 무엇이든 즐거운 일에 쓰시라고 권했다. 하지만 두 분은 그렇게 하지 않았다. 크리스마스를 며칠 앞두고 집에 가면 아버지는 그 돈으로 여러 명의 자식을 키우면서 양식과 땔감이 부족해 고생하는 마을의 미망인에게 석탄과 식량을 사주었다는 이야기를 하셨다. 두 분은 이 선물을 보내고 큰 기쁨을 맛보고 계셨다. 그것은 아무런 보답도 바라지 않고 오직 베푸는 데서 오는 순수한 행복이다.

나는 내 아버지가 아리스토텔레스가 제시한 이상적인 사람, 행복해질 가치가 있는 사람이라고 믿는다. 아리스토텔레스는 이렇게 말했다.

"이상적인 사람은 다른 사람을 돕는 데서 기쁨을 느낀다. 하지만 다른 사람이 자신을 돕는 것을 부끄럽게 여긴다. 왜냐하면 친절을 베푸는 것은 우월의 표시이며, 그것을 받는 것은 열등의 표시이기 때문이다."

이 장에서 내가 말하려는 두 번째 핵심이 이것이다. 행복해지고 싶다면 다른 사람이 감사 표시를 하든 하지 않든 마음 쓰지 말고 오직 베푸는 데서 느낄 수 있는 기쁨을 위해 베풀어야 한다.

인류가 시작된 이래 1만 년 전부터 부모들은 자식들의 배은망덕에 대해 끊임없이 분개하고 있다. 셰익스피어의 비극 《리어왕》의 주인공 리어왕도 "은혜를 모르는 자식을 둔다는 것은 독사에게 물린 것보다 더 고통스럽다!"라고 외쳤다. 그렇다면 부모가 그렇게 하라고 가르치는 것이 아니라면 자식들이 부모에게 감사의 마음을 가져야 할 이유는 무엇일까? 감사를 모르는 것은 마치 잡초가 자라는 것처럼 자연스러운 일이다. 감사는 장미와 같은 것이다. 거름을 주고 물을 주고 사랑으로 기르고 보호해야 비로소 꽃을 볼 수 있다. 우리의 자녀들이 은혜를 모른다면 그것은 누구의 책임일까? 책임은 우리에게 있다. 다른 사람에게 감사의 마음을 표현하도록 우리가 아이들에게 가르쳐주지 않았으면서 자식들이 우리에게 감사하기를 기대할 수 있는가?

내가 아는 시카고의 어떤 사람은 자기 의붓아들들의 배은망덕에 대해 불평할 자격이 충분하다. 그는 상자 공장에서 힘들게 일했는데 일주일에 고작 40달러밖에 벌지 못했다. 그러던 차에 그는 어떤 미망인과 결혼을 했는데, 그녀는 남편을 설득해 대출을 받게 한 뒤 그 돈으로 자신이 데리고 온 두 아들을 대학에 보냈다. 그는 주급 40달러로 식비, 집세, 연료비, 옷값뿐 아니라 대출 받은 돈도 갚아나가야 했다. 그는 이 짓을 4년 동안이나 계속했지만 막노동자처럼 고되게 살면서도 불평 한마디 하지 않았다. 그래서 그는 고맙다는 인사를 받았을까? 아니었다. 그의 아내와 의붓자식들은 이것을 당연한 일이라고 여겼다. 그들은 의붓아버지에게 빚을 지고 있다고 생각하지 않았을 뿐만 아니라 심지어는 고마울 것이 없다고 생각했다.

대체 누구의 잘못인가? 아이들의 잘못일까? 물론 아이들에게도 잘못은 있다. 하지만 어머니 쪽이 훨씬 더 비난받아야 한다. 그녀는 이제 막 인생을 시작하는 자신의 아들들에게 채무 의식을 갖게 하는 것은 부모로서 수치스러운 일이라고 생각했고, 아이들이 '빚을 짊어지고 출발'하는 것을 원치 않았다. 이러니 그녀가 아이들에게 "너희를 대학에 보내주시다니 아버지는 정말 훌륭하신 분이다!"라고 말하는 것은 꿈에도 생각할 수 없는 일이었다. 대신 그녀는 이런 식의 태도를 보였다. "아버지라면 이 정도 해주는 건 당연하지 않니?"

그녀는 자기로서는 자식들을 무척 사랑한다고 생각했겠지만, 실제로는 자식들에게 세상은 그들의 생활을 보장할 의무가 있다는 위험한 생각을 심어준 채 인생 항로에 내보낸 것이다. 이것은 참으로 위험한 생각이었다. 아들 가운데 한 명은 고용주에게서 자기 말로는 '돈을 빌리려고' 하다가 마침내 감옥으로 가는 신세가 되고 말았다.

아이들은 부모가 교육시키는 대로 성장한다는 것을 잊어서는 안 된다. 이를테면 미니애폴리스에 사는 나의 이모 비올라 알렉산더의 경우가 바로 그런 사례다. 나의 이모는 자식의 망은에 대해 조금도 불평할 이유가 없다는 것을 보여주는 좋은 사례였다. 내가 어렸을 때 이모는 친정어머니, 그러니까 내 외할머니를 돌보기 위해 자기 집으로 모셨다. 뿐만 아니라 시어머니도 한 집에 머무르게 했다. 지금도 이 두 분이 이모 집 난롯가에 앉아 있던 모습이 눈에 선하다. 두 분이 이모에게 '귀찮은 존재'는 아니었을까? 때로는 그랬을 것이라고 생각한다. 하지만 이모는 그런 내색을 보인 일이 없다. 그녀는 그분들을 사랑했다. 그래서 그분들의 응석을 받아주고, 어떤 행동을 해도 이해하면서 마음 편하게 지내도록 해드렸다. 더구나 이모에게는 아이가 여섯이나 있었다. 하지만 이모가 특별히 훌륭한 일을 한다는 생각은 조금도 하지 않았다. 이모는 자기가 두 노인을 돌보는 것은 자연스럽고 당연한 일이면서 하고 싶은 일이었다.

지금 이모는 어떻게 지내실까? 그분은 벌써 20년 남짓 혼자 살고 있다. 자녀들은 저마다 독립해 가정을 이루고 살고 있는데 서로 어머니를 모시고 살겠다고 아우성이다. 그들은 어머니를 열렬히 사랑하고 존재하는 것만으로도 감사하다고 생각한다. 이것은 '감사한' 생각에서일까? 어림없는 말이다. 그것은 사랑, 순수한 사랑이다. 이모의 자녀들은 어린 시절부터 온정과 우아한 인간애가 넘치는 분위기 속에서 자랐다. 그러므로 입장이 바뀐 오늘 이들이 자신이 받은 사랑을 돌려주는 것은 이상할 것이 없지 않은가?

그러므로 감사할 줄 아는 자녀로 키우고 싶다면 우리가 먼저 감사할 줄 아는 마음을 가져야 한다는 것을 잊어서는 안 된다. "아이들은 귀가 밝다."는 격언을 늘 잊지 말고 각별히 말을 조심해야 한다. 예를 들어, 다른 사람의 친절을 흠잡고 싶더라도 주위에 아이들이 있다면 일단 멈춰야 한다.

"수가 크리스마스 선물로 보낸 이 행주 좀 봐요. 그 애가 직접 만들었대요. 글쎄 한 푼도 쓰지 않았다니까요." 이런 식으로 말해서는 안 된다. 우리에게는 대수롭지 않게 들릴지 모르나 아이들은 귀담아 듣는다. 그러므로 이렇게 말하자. "수가 크리스마스 선물로 이것을 짜느라고 애썼겠다. 좋은 분이지? 지금 바로 고맙다는 편지를 써야겠구나." 이렇게 말하면 아이들은 저도 모르는 사이에 칭찬과 감사하는 습관을 가지게 될 것이다.

감사의 인사를 받지 못해 원망하거나 상처받고 싶지 않다면 다음의 법칙을 기억해라.

법칙 3

1. 고마움을 모른다고 화내지 말고 아예 기대하지 마라. 예수가 하루에 10명의 나병 환자를 고쳐주었지만, 단 한 사람만 감사를 표했을 뿐이다. 우리가 예수보다 더 감사 받기를 기대해도 되는가?
2. 행복하고 싶다면 감사를 바라지 말고 베푸는 데서 얻는 즐거움을 누려라.
3. 감사할 줄 아는 마음은 '배워서 알게 되는' 것이다. 그러므로 우리 자녀가 감사할 줄 아는 사람이 되기를 바란다면 감사하는 법을 가르쳐야 한다.

4

How to stop worrying and start living

당신의 보물 1호는
당신이다

헤럴드 애보트는
오래된 나의 지인이다. 미주리주 웹시에 살고 있는 그는 오랫동안 내 강연 사업의 매니저 역할을 했다. 어느 날 우연히 캔자스시에서 그를 만났는데 그가 나를 미주리주 벨턴에 있는 나의 농장까지 태워다주었다. 차 안에서 나는 그에게 어떻게 걱정을 물리치고 있느냐고 물어보았다. 그때 그의 이야기는 내가 영원히 잊지 못할 정도로 감명 깊었다. 그는 이렇게 말했다.

"저는 평소 걱정이 많은 사람이었습니다. 그런데 1934년 어느 봄날 웹시의 거리를 지나다가 나의 걱정을 한순간에 사라지게 한 어떤 광경을 목격했습니다. 그 일은 불과 10초 사이에 일어났지만 그 10초 동안에 저는 10년 동안 배운 것 이상으로 인생을 어떻게 살아야 하는지 배웠습니다. 2년째 저는 웹시에서 식료 잡화상을 경영했는데 사업 실패로 그동안 모아두었던 돈을 전부 잃었을 뿐 아니라, 빚까지 있어 그것을 앞으로 7년 동안 갚아야 했습니다. 가게는 그전 주 토요일에 문을 닫았고, 나는 캔자스로 일자리를 구하러 갈 여비를 빌리기 위해 은행에 가는 길이었습니다. 제 모습은 말할 수 없이 초라했으며 자신감과 의욕을 완전히 잃어버린 상태였습니다.

그때 길 저쪽에서 다리가 없는 사람이 오는 모습이 보였습니다. 그는 롤러스케이트용 바퀴를 단 작은 나무판자 위에 앉아서 양손에 쥔 나무막대로 줄곧 땅을 밀며 앞으로 오고 있었습니다. 제가 그를 보았을 때, 그는 마침 거리를 가로질러 인도와 보도 사이에 있는 턱 위로 올라가기 위해 자기 몸을 들어 올리려고 안간힘을 쓰고 있었습니다. 그리고 판자를 비스듬히 들어 올리는 순간 저와 눈이 마주쳤습니다. 그는 빙긋 웃으며 활기찬 목소리로 저에게 인사했습니다.

"안녕하세요? 날씨가 정말 좋죠?"

그 사람의 모습을 물끄러미 바라보면서 저는 제 자신이 얼마나 부자인지 깨달았습니다. 저에게는 두 다리가 있고 걸어 다닐 수도 있습니다. 자기 연민에 빠져 있던 제 자신이 한없이 부끄러웠습니다. '두 다리가 없으면서도 저렇게 행복하고 즐겁고 자신감을 잃지 않고 사는데, 다리도 멀쩡한 내가 그러지 못할 이유가 있는가.'라는 생각이 들었고, 그러자 절로 용기가 생겼습니다. 애초에는 은행에서 1백 달러만 대출받을 생각이었지만 2백 달러를 요청할 만한 용기가 생겼습니다. 은행에 가서 일자리를 얻기 위해 캔자스로 갈 생각이라고 말할 작정이었는데, 이제는 당당하게 캔자스에 가서 일자리를 구하겠다고 말했습니다. 그러자 은행에서는 돈을 빌려주었고 취직에도 성공했습니다. 나는 다음과 같은 말을 욕실 거울에 붙여두고 매일 아침 면도할 때마다 읽고 있습니다.

나는 신발이 없다고 울적해했다
길에서 다리 없는 사람을 만날 때까지.

나는 언젠가 에디 리켄베커에게 다른 조난자들과 3주일 동안이나 구명 뗏목을 타고 태평양을 표류했을 때 얻은 최대의 교훈은 무엇이었느냐고 물어보았다. 그러자 그는 다음과 같이 대답했다.

"그때의 경험에서 제가 배운 가장 큰 교훈은 목마르면 마실 수 있는 신선한 물이 있고 배고프면 먹을 수 있는 식량만 있다면, 어떤 일에도 불평해서는 안 된다는 것입니다."

언젠가 〈타임〉지에 과달카날에서 부상당한 어느 하사관의 이야기가 실린 적이 있다. 그는 포탄의 파편에 맞아 목에 부상을 입고 일곱 번이나 수혈을 받았다. 그는 쪽지에 글을 써서 의사에게 보여주었다. "내가 살 수 있겠습니까?" 그러자 의사는 "예스."라고 대답했다. 그는 다시 쪽지에 글을 써서 의사에게 보여주었다. "말도 할 수 있게 될까요?" 이번에도 대답은 "예스."였다. 그러자 그는 다음과 같이 썼다. "그렇다면 걱정할 이유가 하나도 없군요."

지금 당장 걱정을 중단하고 "걱정해야 할 이유가 뭐지?" 하고 스스로에게 물어보자. 아마도 여러분은 지금 걱정하고 있는 일이 사소하고 중요하지 않은 것임을 알게 될 것이다.

우리가 살면서 부딪히는 90퍼센트의 사건은 지당한 것이고 나머지 10퍼센트 정도는 잘못된 일이다. 그러므로 행복하기를 바란다면, 90퍼센트의 당연한 일에 마음을 집중하고 10퍼센트의 잘못된 경우는 무시하면 된다. 걱정과 마음의 병으로 위궤양에 걸리고 싶다면, 뭔가 잘못 처리된 10퍼센트의 사건에 집중하고 찬란하게 빛나는 90퍼센트를 무시하면 되는 것이다.

오늘날에도 여전히 영국 크롬웰 종파의 교회 중에는 다음과 같은 구절이 새겨진 곳이 많다.

"생각하라. 그리고 감사하라. (Think and Thank.)"

이 말은 우리 마음에도 새겨두어야 한다. "생각하라. 그리고 감사하라." 우리가 감사해야만 할 모든 것을 생각해보고 우리가 누리고 있는 은혜와 자비에 대해 감사해야 할 것이다.

《걸리버 여행기》의 저자 조나단 스위프트는 영국 문학사상 가장 과격한 염세주의자였다. 그는 이 세상에 태어난 것을 비관해 생일날에는 상복을 입고 아무것도 먹지 않았다. 하지만 인생을 덧없다고 생각했던 이런 염세주의자조차도 "유쾌함과 행복은 인간을 건강하게 만드는 엄청난 영향력을 갖고 있다."고 찬미했다. 그는 이렇게 말했다.

"세상에서 가장 뛰어난 의사는 '닥터 식이요법', '닥터 평온', '닥터 즐거움'이다."

우리는 알리바바가 소유했던 것보다 상상할 수 없을 만큼 더 많은 부를 누리고 있다. 여러분과 내가 지금 누리고 있는 부에 관심을 기울인다면 하루 종일 '닥터 즐거움'의 봉사를 공짜로 누릴 수 있다. 여러분은 수백억을 준다면 두 눈을 팔겠는가? 두 다리는 얼마를 받겠는가? 손은? 귀는? 여러분의 자녀들은? 여러분의 가족은? 여러분이 가진 전 재산을 계산해본다면, 여러분은 록펠러나 포드, 모건 가문이 축적한 재산 전부를 준다 해도 여러분이 가진 것과 바꿀 수 없음을 알게 될 것이다.

그런데도 우리는 이런 자산의 진가를 인정하느냐 하면 그렇지 못하다. 쇼펜하우어는 이렇게 말했다.

"우리는 자신이 이미 가지고 있는 것에 대해서는 거의 생각하지 않으면서 갖지 못한 것에 대해서는 언제나 생각한다."

그렇다. '자신이 가진 것에 대해서는 거의 생각하지 않으면서 갖지 못한 것만 생각하는' 자세는 인류 최대의 비극이다. 인류 역사에 있었던 어떤 전쟁이나 재난도 이것만큼 인간을 불행하게 만든 것은 없을 것이다.

뉴저지주 패터슨에 살고 있는 존 파머가 '인간적인 보통 사람에서 불만투성이 늙은이'로 변하고 인생이 엉망진창으로 망가질 뻔했던 것도 이런 이유 때문이었다. 그에게서 직접 자초지종을 들어 알고 있다.

🖋 "퇴역 후에 나는 장사를 시작했습니다. 밤낮을 가리지 않고 열심히 일했고 만사가 순조로웠습니다. 그런데 뜻밖에 골치 아픈 일이 생겼습니다. 부속품과 재료를 조달하는 일에 문제가 생긴 것입니다. 나는 문을 닫아야 하는 건 아닌지 걱정스러웠습니다. 걱정이 지나쳐서 예전에는 사교적인 사람이었는데 이제는 불평 많은 늙은이가 되고 말았습니다. 난 우울해지고 예민해져서 그 무렵에는 전혀 깨닫지 못했지만 하마터면 단란한 가정까지 망칠 뻔했습니다.

그런데 어느 날 나와 함께 일하던 동료 상이용사 한 사람이 내게 이런 말을 하더군요. "이봐, 조니, 부끄럽지도 않은가? 자네는 마치 이 세상 고민을 자네 혼자 짊어지고 있는 것 같은 모양새군. 잠시 가게를 닫는다고 해서 그게 어떻다는 건가? 경기가 좋아지면 다시 시작할 수 있잖은가? 자네에게 감사할 것이 얼마나 많은지 모르는 모양이군. 자넨 언제나 투덜거리기만 하지. 내가 자네 입장이라면 아무것도 부럽지 않을 걸세. 나를 좀 봐. 팔은 하나밖에 없고 얼굴 절반은 날아가 버려서 형편없지. 하지만 나는 불평하지 않네. 자네가 그렇게 늘 불평만 한다면 장사도 날아갈 테고, 건강도 가정도 친구도 전부 잃게 되고 말 거네."

그의 말을 듣고 나는 불평하던 버릇을 당장 그만두었습니다. 그 말 덕분에 내가 얼마나 행복한지 알게 되었습니다. 나는 즉시 지금의 모습을 버리고 옛날의 나로 되돌아가겠다고 결심했고, 그렇게 했습니다.

내 친구 루실 블레이크는 한때 비극의 고비에 서 있었다. 그 아슬아슬한 순간 그녀는 자신이 갖고 있지 못한 것 때문에 불평하는 대신 자신이 가진 것에 만족함으로써 행복해질 수 있음을 배웠다. 내가 루실을 알게 된 것은 오래전이다. 그 무렵 우리는 컬럼비아 대학교 언론대학원에서 단편소설 작법을 공부했다. 그녀는 9년 전에 자기 삶을 송두리째 흔들어버린 충격적인 일을 겪었는데, 그때의 일을 그녀는 이렇게 말하고 있다.

저는 눈코 뜰 새 없이 바쁜 날들을 보내고 있었습니다. 애리조나 대학에서 오르간을 배우고, 시내로 나가 스피치 지도 과정을 진행하고, 제가 머물고 있던 데저트 윌로우 목장에서는 음악 감상 교실을 진행했습니다. 그리고 늦은 시간까지 파티, 무도회, 승마 모임에 참석했습니다. 그러던 어느 날 아침 저는 갑자기 쓰러지고 말았습니다. 심장에 문제가 생긴 것이었습니다. 의사는 "적어도 1년 동안은 절대 안정이 필요하다."고 했습니다. 그렇지만 그전처럼 건강해질 수 있다고는 하지 않았습니다. 1년씩이나 병원에 있어야 하다니! 환자가 되는 건 둘째 치고 죽을지도 모른다고? 저는 무서워서 떨었습니다. '내가 어쩌다가 이런 꼴이 된 거지? 내가 무얼 잘못했기에 이런 벌을 받아야 하는 거지?' 저는 울고 또 울었습니다. 끝 모를 절망과 비탄에 잠겨 몸부림치고 흥분했으며 반항심이 생겼습니다. 하지만 의사가 말한 대로는 실행했지요. 그런데 이웃에 사는 화가 루돌프가 이렇게 말하더군요.

"1년씩이나 병상에 누워 지내는 것이 비극이라고 생각하는 모양인데 결코 그렇지 않을 겁니다. 오히려 차분하게 생각할 수 있고 당신 자신을 더 잘 알게 되는 시간이 될 겁니다. 지금까지 살아온 모든 시간보다 앞으로 몇 달 동안 당신은 정신적으로 훨씬 더 성장하게 될 것입니다."

저는 마음을 가라앉히고 새로운 가치관을 기르기로 결심했습니다. 그리고 영감에 관한 책들도 읽었습니다. 어느 날 저는 라디오에서 한 시사평론가가 하는 말을 들었습니다. "인간은 자기가 의식하고 있는 것만 표현할 수 있다." 이런 말은 이전에도 가끔 들었지만 그때 그 말은 제 가슴에 강렬한 깨달음을 주었습니다. 저는 그때부터 제가 일생을 통해 간직하고 싶은 것들만을 생각하며 살기로 결심했습니다. 즐거움, 행복, 건강 같은 것들이죠. 매일 아침 저는 눈을 뜨는 동시에 감사해야 하는 일들을 생각하려고 힘썼습니다. 고통이 없는 일을 비롯해 귀여운 딸, 시력, 청력, 라디오에서 흘러나오는 아름다운 음악, 독서 시간, 맛있는 음식, 다정한 친구들을 생각했습니다. 저는 언제나 쾌활했고 방문객도 많아서 의사가 정해진 시간에 차례로 한 사람씩만 만날 수 있다고 지시할 정도였습니다.

그로부터 9년이 지났지만 저는 언제나 유쾌하고 적극적인 생활을 하고 있습니다. 지금 생각하면 그 1년간의 병상 생활은 제겐 소중한 시간이었고, 제가 애리조나에서 보낸 시간 가운데 가장 귀중하고 행복한 시간이었습니다. 그때 아침마다 제게 주어진 행복을 헤아려보는 습관을 갖게 되었고 지금도 여전히 그렇게 하고 있습니다. 그것은 저에게는 가장 소중한 재산입니다. 어쨌든 죽음에 직면하기까지 제대로 산다는 게 뭔지 몰랐던 자신을 생각하면 부끄러운 생각이 듭니다."

아마 루실은 잘 모르고 있었겠지만 그녀가 배운 교훈은 2백 년 전 새뮤얼 존슨 박사가 깨달은 것이기도 하다. 존슨 박사는 이런 말을 했다. "어떤 일이든 긍정적으로 보는 습관은 1년에 수만금을 버는 것보다 더 가치 있는 일이다."

이것은 누구나 인정하는 낙천주의자가 한 말이 아니다. 그는 20년 동안이나 불안과 가난, 굶주림에 시달리다가 당대 최고의 저술가로 우뚝 선 사람이었다는 사실을 명심해주기 바란다.

로건 피어살 스미스는 거대한 지혜 덩어리를 압축시켜 간단히 표현했다.

"인생을 살면서 목표로 삼을 것이 2가지 있다. 첫째는 갖고 싶은 것을 손에 넣는 것이고, 둘째는 그것을 즐기는 일이다. 가장 현명한 이들만이 즐기는 데 성공한다."

여러분은 부엌에서 접시를 닦는 사소한 일도 짜릿한 경험으로 만들 수 있는 방법을 알고 싶지 않은가? 궁금하다면 불굴의 용기와 감동이 담겨 있는 보르그힐드 달의 《나는 보고 싶었다》라는 책을 읽으면 도움이 될 것이다. 이 책은 50년 동안 거의 장님이나 다름없이 지낸 한 부인이 집필했는데, 그녀는 다음과 같이 쓰고 있다.

"나는 눈이 한쪽밖에 없다. 그 한쪽 눈마저도 심하게 다쳐 눈 왼쪽 가장자리의 작은 틈새를 통해 보는 것이다. 그러므로 책을 읽을 때는 책을 얼굴에 바싹 대고 눈동자를 최대한 왼쪽으로 돌려야만 했다."

하지만 그녀는 동정이나 '특별 취급'을 거부했다. 어렸을 때 그녀는 아이들과 함께 줄을 그어놓고 뛰어다니는 놀이를 좋아했다. 하지만 그녀에게는 바닥의 줄이 잘 보이지 않았다. 그래서 그녀는 다른 아이들이 돌아간 뒤 땅바닥에 엎드려 눈을 줄 가까이 대고 기어 다녔다. 그리하여 그녀는 자기들이 놀았던 놀이터 구석구석을 모조리 외웠다. 그러는 동안 그녀는 뜀박질을 해도 남에게 지지 않게 되었다. 책을 읽을 때면 큰 활자로 된 책을 보면서도 그 페이지가 속눈썹에 닿을 만큼 가까이 대야만 했다. 그러면서도 그녀는 두 곳의 대학에서 학위를 취득했다. 미네소타 대학교에서는 학사 학위를 받았고 컬럼비아 대학교에서는 문학 석사 학위를 받았다.

그녀는 미네소타주 트윈 밸리에 있는 작은 마을에서 교사가 되었다. 그리고 얼마 뒤에는 사우스다코타주 수폴스에 있는 아우구스타나 대학의 언론학 및 문학 교수가 되었다. 그녀는 그곳에서 13년 동안이나 강의를 했으며, 여성 클럽을 대상으로 강연을 다니기도 하고 라디오를 통해 책과 그 저자에 관해 대담을 진행하기도 했다. 그녀는 자신의 책에서 이렇게 말하고 있다.

"나의 마음속에는 언제나 시력을 완전히 잃을지도 모른다는 공포가 잠재해 있었다. 그래서 나는 그 공포를 극복하기 위해 과장스러워 보일 정도로 유쾌한 태도를 취했다."

1943년 그녀가 쉰두 살이 되던 해에 기적이 일어났다. 그 유명한 메이오 클리닉에서 수술을 받은 뒤 예전보다 40배나 더 잘 보게 된 것이다.

새롭고도 아름다운 세계가 그녀의 눈앞에 열렸다. 부엌에서 접시를 닦는 일마저도 그녀에게는 몸이 으쓱거릴 만큼 즐거운 일이었다. 그녀는 이렇게 적고 있다.

"나는 개수통에서 하얗게 이는 비누거품을 만지작거린다. 나는 그 속에 손가락을 넣어 작은 비누거품 하나를 떼어낸다. 햇빛에 비추어보면 그 거품 하나하나 속에 작은 무지개가 찬란한 색채로 떠 있는 것을 볼 수 있다."

그녀는 또 부엌 창문을 통해 "펄펄 내리는 눈 속을 날아다니는 참새들의 검은색과 잿빛을 띤 날개가 퍼덕거리는 것"을 볼 수 있었다. 비누거품이나 참새를 보고도 이렇듯 기쁨에 찼던 그녀는 책의 마지막 페이지를 다음과 같은 구절로 끝맺고 있다.

"주여, 하늘에 계신 우리 아버지여, 감사합니다. 감사합니다."

접시를 닦을 수 있어서, 거품 속의 무지개를 볼 수 있어서, 눈 속을 날아가는 참새를 볼 수 있어서 그녀는 신에게 감사하는 것이다. 우리는 자신을 돌이켜보고 부끄러워해야 한다. 지금까지 이처럼 아름다운 동화의 나라에 살면서도 눈뜬장님처럼 그것을 보지 못했고, 즐기지 못한 것이 너무 많았다.

걱정을 멈추고 새로운 생활을 시작하고 싶다면 다음의 법칙을 명심하라.

5

나를 알고
나답게 살기

노스캐롤라이나주
마운트 에어리에 살고 있는 에디스 올레드 부인으로부터 다음과 같은
편지를 받았다.

어렸을 때 나는 몹시 예민한 편이었고 부끄러움을 많이 타는 성
격이었습니다. 나는 또래 아이들에 비해 몸집이 큰 편이었는데 얼굴
이 통통해서 실제보다 더 뚱뚱해 보였습니다. 어머니는 구식이어서
옷 치장하는 일을 바보스러운 짓이라고 생각하셨습니다. 그래서 늘
'큰 것은 입을 수 있어도 작은 옷은 안 된다.'는 생각대로 나에게 옷을
입혔습니다. 어쨌든 나는 한 번도 파티에 가지 못했고 즐겁게 놀아
본 기억이 없습니다. 학교에서도 아이들과 함께 밖에서 뛰놀아본 적

이 없습니다. 나는 거의 병적일 만큼 내성적이었습니다. 나 자신을 남들과는 '다른' 존재이며 아무에게도 환영받지 못하는 사람이라고 생각했습니다.

어른이 되어 나보다 몇 살 위인 사람과 결혼도 했습니다. 하지만 나의 성격은 조금도 변하지 않았습니다. 남편의 가족들은 침착하고 자부심이 강한 사람들이었습니다. 나의 이상형이면서 내 모습과는 전혀 다른 사람들이었습니다. 나는 그들처럼 되어보려고 최선을 다했지만 소용없었습니다. 그들이 나를 가깝게 대하려고 하면 할수록 나는 더욱 내 자신 속에 움츠러들고 마는 것이었습니다. 나는 신경과민이 되어 걸핏하면 화를 내는 일이 많아지고 친구들과 만나는 것도 피했습니다. 증세가 심해지면서 현관에서 벨 소리만 울려도 깜짝 놀라곤 했습니다. 나는 분명 실패작이었습니다. 나 스스로 그 사실을 알고 있었고 더구나 남편이 이 사실을 알게 될까 봐 두려웠습니다. 그래서 사람들이 있는 곳에서는 억지로 쾌활한 척 행동했고 그러다 보니 행동이 과장되게 표현되었습니다. 내 행동이 과장이라는 걸 나도 알고 있었으므로 그러고 나면 며칠 동안 내 자신이 너무 비참하게 느껴졌습니다. 마침내 나는 너무 비참해져서 산다는 것이 싫어졌으며 자살까지도 생각하게 되었습니다.

그러다 우연히 들은 말 한마디가 내 인생을 바꾸어놓았습니다. 어느 날 시어머님이 그동안 어떻게 자식을 길렀는지 이야기하던 중 이런 말씀을 했습니다. "무슨 일이 있더라도, 나는 아이들에게 자기 모습대로 살라고 가르쳤단다." 바로 "자기 모습대로 산다."는 말이었습니다. 나는 순간 정신이 번쩍 들었습니다. '나는 지금까지 내가 순응할 수 없는 테두리 속에 자신을 어떻게든 집어넣으려고 애쓰면서 스스로를 불행하게 만들어왔구나.'라고 깨닫게 되었습니다.

그날 밤부터 나는 달라지기 시작했습니다. 그리고 내 모습대로 살기 시작했습니다. 무엇보다 내 자신의 성격을 더 잘 알기 위해 노력했고, 내가 누구인지 파악하기 위해 노력했습니다. 또 나의 장점에 대해서도 생각해보았습니다. 색채와 스타일에 대해서도 열심히 공부해 나에게 어울리는 스타일을 갖게 되었습니다. 친구들을 사귀는 데도 적극적으로 나섰습니다. 모임에도 참가하기 시작했습니다. 처음에는 작은 모임이었습니다. 발표자로서 프로그램에 내 이름이 올랐을 때는 정말 놀랐습니다. 하지만 발표 횟수가 늘면서 자신감이 생겼습니다. 어쨌든 내가 이렇게 되기까지는 오랜 시간이 걸렸지만, 지금은 이전에 상상도 못했던 만큼 행복합니다. 나는 그간의 쓰라린 경험을 통해 배운 교훈을 아이들에게도 가르칩니다. "무슨 일이 있더라도 너 자신의 모습대로 살아라." 하고 말입니다.

자기 모습대로 살아야 한다는 문제는 사실 "인류 역사만큼이나 오래되었고 인간의 생명처럼 보편적"이라고 제임스 고든 질키 박사는 말하고 있다. 자기 자신이 되기를 거역한다는 것은 수많은 신경증, 정신 이상, 강박관념을 유발하는 숨은 요인이다.

안젤로 패트리는 아동 교육에 관해 13권의 책을 쓰고 신문과 잡지에 수없이 많은 글을 썼다. 그는 이렇게 말했다.

"자기의 마음과 육체를 버리고 자기 이외의 다른 사람이 되기를 바라는 사람보다 더 불행한 사람은 없다."

자기 자신이 아닌 다른 사람이 되고 싶다는 욕망은 할리우드에서 흔히 볼 수 있다. 할리우드에서 가장 유명한 영화감독으로 인정받고 있는 샘 우드에게 가장 골치 아픈 일은 야심 찬 젊은 배우들에게 자기 자신이 되라고 설득하는 일이라고 했다. 그들은 모두 라나 터너의 이류, 클라크 게이블의 삼류가 되고 싶어 한다. 그래서 그는 그들에게 항상 이렇게 말하곤 한다.

"사람들은 그런 운치는 이미 맛보았기 때문에 이제는 다른 것을 바라고 있다."

우드는 〈굿바이 미스터 칩스〉, 〈누구를 위하여 종은 울리나〉 등의 영화를 감독하기 전에 오랫동안 부동산 매매업에 종사했기 때문에 세일즈맨이 성공할 수 있는 요령을 잘 알고 있었다. 그는 사업의 세계든 영화계든 사업 요령은 하나라고 말하고 있다. 원숭이처럼 흉내 내서는 어떤 것도 이루지 못한다는 것, 앵무새가 되어서도 안 된다는 것이다. 샘 우드는 이렇게 말했다.

"내 경험에 따르면 자신이 아닌 다른 어떤 모습으로 위장하고 있는 사람들은 되도록 빨리 해고하는 편이 안전합니다."

나는 최근 소코니 배큐엄 석유회사의 인사 담당 이사인 폴 보인튼에게 취업 희망자들이 저지르는 가장 큰 실수가 무엇이냐고 물어보았다. 그가 면접한 구직자만 해도 6만 명을 헤아리며 《취업에 성공하는 6가지 방법》이라는 저서까지 냈으니 이 질문에 대답할 수 있는 적임자일 것이다. 그는 이렇게 대답했다.

"구직자들이 저지르는 가장 큰 잘못은 자신이 아니라 다른 사람인 척 위장하는 것입니다. 꾸밈없이 솔직하게 말하는 것이 아니라 면접자가 원한다고 생각하는 대답을 하려고 하는 것입니다."

이런 방법은 도움이 되지 않는다. 가짜를 원하는 사람은 없기 때문이다. 위조지폐를 탐내는 사람은 없다.

어느 전차기관사의 딸은 아픈 경험을 통해 이 교훈을 배웠다. 그녀는 가수가 되고 싶었는데 불행하게도 외모가 따라주지 않아 고민이 많았다. 입은 너무 컸고 게다가 뻐드렁니였다. 뉴저지에 있는 나이트클럽에서 처음 노래를 부르게 되었을 때, 그녀는 윗입술을 내려 어떻게든 삐져 나온 뻐드렁니를 감추려 했고 최대한 매혹적으로 보이기 위해 애썼다. 결과는 어떻게 되었을까? 그녀는 우스꽝스럽게 되고 말았다. 가수의 꿈은 수포로 돌아갈 것이 뻔했다.

그런데 그 나이트클럽에서 그녀의 노래를 듣고 있던 한 신사가 그녀의 재능을 인정했다. 그가 퉁명스럽게 말을 걸었다.

"이봐, 아가씨. 아가씨가 노래하는 모습을 지켜봤는데, 무얼 숨기려고 하는지 단번에 보이더군. 뻐드렁니가 몹시 마음에 걸리는가 보군."

그녀는 당황했으나 그 남자는 계속해서 얘기했다.

"그런데 그게 어쨌다는 거지? 뻐드렁니가 무슨 죄가 있지? 일부러 감추지 말고 입을 크게 벌리고 불러요. 사람들은 아가씨가 부끄러워하거나 머뭇거리지 않는 것을 보고 틀림없이 좋아할 거야. 오히려 아가씨가 감추려고 하는 그 뻐드렁니 덕분에 운이 열릴지도 모르지."

캐스 달리는 이 사람의 충고에 따라 자신의 뻐드렁니에 대해 더 이상 신경을 쓰지 않게 되었다. 그런 뒤로 그녀는 오직 청중에게만 마음을 썼다. 그녀는 마음껏 입을 벌리고 열정적으로 노래를 불렀다. 그리하여 그녀는 영화계와 방송계에서 대스타가 되었고, 이제는 그녀를 흉내 내는 코미디언까지 있다.

우리에게 잘 알려진 윌리엄 제임스가 보통 사람은 자신에게 잠재된 정신 능력의 10퍼센트밖에 발휘하지 못한다고 말한 것은, 자신이 누구인지 발견하지 못한 사람을 두고 한 말이다. 그는 이렇게 쓰고 있다.

"자기 안에 있는 가능성에 비해 우리는 절반 정도만 깨어 있다. 우리는 자신이 가진 육체적·정신적 자원 가운데 일부만 사용하고 있기 때문이다. 구체적으로 말하자면, 인간은 자신의 한계에서 한참이나 떨어져 생활하고 있다. 인간은 여러 가지 능력을 소유하고 있음에도 습관상 그것을 이용하지 못하고 있다."

그렇다면 여러분과 나도 이러한 능력을 가지고 있다는 것이니 다른 사람들과 같지 못하다는 이유로 1초일망정 헛되이 하지 않도록 하자. 여러분은 이 세상에 없던 새로운 존재다. 세상이 시작된 이래 여러분과 똑같은 인간은 한 사람도 없었으며, 또 앞으로도 여러분과 정확히 일치하는 인간은 결코 나타나지 않을 것이다. 유전과학이라는 새로운 과학에 따르면, 우리가 지금의 모습을 갖게 된 것은 아버지로부터 물려받은 염색체 23개와 어머니로부터 받은 염색체 23개의 결과라고 한다. 이 46개의 염색체가 여러분이 이어받은 유전적 특징을 결정짓는다. 이에 대해 암란 샤인펠트는 "염색체 하나하나에는 수십 개에서 수백 개의 유전자가 들어 있는데, 그중 하나라도 개인의 인생을 완전히 바꿔놓을 수 있다."고 말한다. 인간이란 이렇듯 '놀라울 만큼 불가사의하게' 만들어진 존재다.

여러분의 아버지와 어머니가 만나서 결혼한 후에도, 나라는 특별한 인간이 태어날 확률은 3백 조에 겨우 하나 정도다. 바꾸어 말하면 만일 여러분에게 3백 조 명이나 되는 형제자매가 있다 해도 그들 한 사람 한 사람은 여러분과는 다른 사람이라는 것이다. 과학적 근거도 없는 한낱 추정일 뿐이라고 생각하는가? 그렇지 않다. 이것은 과학적 근거가 있는 사실이다. 이에 관해 좀 더 알고 싶다면 암란 샤인펠트의 《인간과 유전》이라는 책을 읽어보면 좋을 것이다.

누구든 자기답게 살아야 한다는 문제에 관해 나 자신이 절실하게 느끼고 있기 때문에 확신을 가지고 말할 수 있다. 나는 상당히 비싸고 아픈 경험을 통해 이것을 깨달았다. 이제부터 하려는 이야기가 그것이다.

미주리주의 옥수수 밭을 떠나 처음으로 뉴욕에 온 나는 '아메리칸 공연예술 아카데미'에 입학했다. 나는 배우가 되고 싶었다. 그리고 성공으로 가는 가장 쉽고 빠른 아이디어도 있었다. 너무 간단하고 누구나 할 수 있는 아이디어라서 야망 있는 수없이 많은 사람이 왜 이것을 진작부터 발견하지 못했는지 의문스러울 정도였다. 어쨌든 나의 계획은 이러했다.

당대의 유명 배우들, 그러니까 존 드류, 월터 햄던, 오티스 스키너 같은 배우들이 어떻게 해서 성공했는지 분석한 뒤 그들의 장점 가운데 최상의 것만을 모방해서 내 안에 그 장점들이 놀라울 만큼 눈부시게 버무려져 있으면 되는 것이다. 얼마나 어리석은 발상인가! 얼마나 무모한가! 미주리주 태생의 촌놈 멍청이가 나는 나일 뿐 절대 다른 사람이 될 수 없다는 것을 깨닫기까지 줄곧 다른 사람 흉내를 내느라 오랜 세월을 낭비한 것이다.

이런 쓰라린 경험을 했다면 평생 잊을 수 없는 교훈을 깨달아야 했지만 실은 그렇지 않았다. 나는 아직 교훈을 배우지는 못했다. 나는 너무도 우둔했다. 다시 한번 같은 것을 배워야 했다. 그로부터 몇 년 뒤 비즈니스맨을 위한 대중 연설법을 주제로 책을 쓰면서 이 분야에 관한 한 일찍이 나온 일이 없는 훌륭한 책을 저술하겠다고 마음먹었다. 그런데 이 책을 집필하면서 나는 연기를 배우며 범했던 것과 똑같은 어리석은 짓을 되풀이했다. 나는 수많은 다른 저서의 아이디어를 빌려다가 정리하면 저마다의 내용을 총망라한 책이 만들어질 것이라고 생각했다. 나는 대중 연설에 관한 수십 권의 서적을 사들였고, 그것을 정리하는 데 1년이 넘게 걸렸다. 하지만 그러는 동안 나 자신의 어리석음을 알아차리게 되었다. 다른 사람들의 생각들이 뒤범벅된 책은 짜깁기 흔적이 역력했고 깊이가 없어 비즈니스맨이라면 아무도 끝까지 읽어줄 것 같지가 않았다. 그래서 나는 1년 동안의 작업 결과물을 고스란히 휴지통에 쓸어 넣고 처음부터 다시 쓰기 시작했다. 그리고 나는 스스로에게 타일렀다. "너는 데일 카네기야. 물론 결점도 있고 한계도 있지만 너는 자신 외에 누구도 될 수 없어."

나는 다른 사람들의 총합체가 되기를 그만두고, 다시 분발해서 처음부터 진작 그랬어야 했던 일에 착수했다. 그간 대중들에게 연설을 하고 연설에 대해 가르치면서 얻은 경험, 관찰, 확신을 기초로 대중 연설에 관한 새로운 교재를 쓰기로 했다. 나는 월터 롤리 경(진창길에 자신의 상의를 벗어 던져 여왕으로 하여금 그 위를 걷게 했다는 그 풍류 시인이 아니다. 1904년에 옥스퍼드 대학에서 영문학을 가르치던 교수 월터 롤리 경이다)에게 배웠던 것과 똑같은 교훈을 마음속 깊이 새겨두고 있다. 그는 이렇게 말했다.

"나는 셰익스피어와 같은 책을 쓸 수는 없다. 그러나 내 책을 쓸 수는 있다."

자기 자신이 되어라. 유명한 작곡가이자 가수이기도 한 어빙 벌린이 조지 거슈윈에게 한 조언을 잊지 마라. 이 두 사람이 처음 만났을 때 벌린은 이미 유명한 사람이었지만, 거슈윈은 틴 팬 앨리에서 주급 35달러를 받으며 열심히 일하는 젊은 작곡가에 불과했다. 벌린은 거슈윈의 재능에 감동해 그때까지 받고 있던 급료보다 3배를 더 줄 테니 자기의 음악 조수가 되지 않겠느냐고 말했다. 그러면서 벌린은 이렇게 충고했다.

"하지만 내 제안을 받아들이지 않았으면 하네. 만일 자네가 내 제안을 받아들인다면 자네는 제2의 벌린이 될 염려가 있거든. 하지만 자네가 끝까지 자기 자신을 지킨다면 언젠가는 일류 거슈윈이 될 거야."

거슈윈은 그 충고를 잊지 않고 차근차근 자신을 당대 미국에서 가장 뛰어난 작곡가로 다져 나갔다.

찰리 채플린, 윌 로저스, 메리 마가레트 맥브라이드, 진 오트리, 그 밖에도 무수한 사람이 지금 내가 강조하고 있는 교훈을 배워야만 했다. 그들은 모두 나처럼 쓰라린 경험을 통해 이것을 배웠다.

찰리 채플린이 처음으로 영화에 나오기 시작했을 때, 영화감독들은 그에게 당시 인기 있던 독일의 코미디언을 흉내 내라고 강요했다. 하지만 채플린은 자기만의 독특한 연기를 하게 되기까지 거의 무명에 가까운 시절을 보냈다. 밥 호프 역시 비슷한 경험을 했다. 그도 처음에는 노래하면서 춤추는 연기를 했으나 전혀 두각을 나타내지 못하다가 만담을 한 뒤로 인기를 얻었다. 윌 로저스는 여러 해 동안 무대에서 말 한마디 없이 밧줄만 돌리면서 시간을 보냈다. 그런 그가 인기를 얻게 된 것은 자신에게 남다른 유머 감각이 있다는 것을 알고 밧줄을 돌리면서 멘트를 섞은 뒤부터였다.

메리 마가레트 맥브라이드는 처음 방송에 나왔을 때 아일랜드 출신 코미디언의 흉내를 내려고 했으나 실패했다. 하지만 그녀가 있는 그대로의 자기 모습, 그러니까 미주리주 출신의 평범한 시골 여자 모습으로 되돌아가자 뉴욕에서 가장 인기 있는 라디오 스타가 되었다.

진 오트리가 텍사스 사투리를 감추고 제법 도시인처럼 행세하면서 자신이 뉴욕 출신이라고 큰소리쳤을 때 세상 사람들은 그가 없는 자리에서 그를 비웃었다. 하지만 그가 밴조를 안고 카우보이의 노래를 부르기 시작하자, 그의 앞길이 저절로 열려 영화와 라디오 방송 분야에서 가장 유명한 카우보이 가수가 되었다.

나는 이 세상에 존재한 적 없는 새로운 존재다. 그것을 기쁘게 받아들여야 한다. 그러므로 신이 나에게 준 것을 최대한 활용해야 한다. 정신분석학적 입장에서 보면 모든 예술은 자서전이다. 나는 나 자신을 노래할 뿐이고 나 자신밖에 그릴 수 없다. 나의 경험, 나의 환경, 나의 유전자에 의해 만들어진 나일 뿐이다. 그것이 좋든 나쁘든 우리는 자신의 작은 정원을 가꾸어야 한다. 좋든 나쁘든 우리는 인생이라는 오케스트라에서 자기 자신의 작은 악기를 연주해야 한다.

에머슨은 〈자기 신뢰〉라는 수필에서 이렇게 말하고 있다.

"교육을 하다 보면 다음과 같은 확신에 도달하는 시기가 있다. 즉, 질투는 무지이며, 모방은 자살이다. 그러므로 좋든 나쁘든 자기 자신을 인정해야 하며, 광대한 이 우주에는 좋은 것이 많기는 하지만, 자신에게 주어진 경작지에서 자신이 애써 가꾼 것밖에는 수확할 수 없다는 것을 알게 된다. 하지만 자기 안에 잠재하는 능력은 이 자연에는 없던 전혀 새로운 것이다. 그러므로 자신이 무엇을 할 수 있는지 아는 사람은 자기 자신뿐이지만, 시도해보기 전까지는 그 자신도 모른다."

이미 세상을 떠난 시인 더글러스 말록은 이렇게 쓰고 있다.

그대 만일 저 언덕의 소나무가 되지 못한다면
산골짜기의 잡목이 되어라. 하지만
개울가에서 가장 보기 좋은 나무가 되어라.
나무가 되지 못하겠거든 덤불이 되어라.

덤불이 되지 못하겠거든 풀이 되어라,

풀이 되어 길거리를 보다 아름답게 하라.

커다란 강꼬치가 되지 못하겠거든 배스가 되어라.

하지만 호수에서는 가장 힘차게 펄떡이는 배스가 되어라.

모두가 선장이 될 수는 없다.

선원이 되는 이도 있으리라.

누구에게나 해야 할 일이 있다.

큰일도 있고 작은 일도 있겠지만

하지 않으면 안 된다는 사실은 모두 마찬가지다.

큰길이 되지 못하겠거든 오솔길이 되어라.

태양이 될 수 없으면 별이 되어라.

실패와 성공은 크기에 있는 것이 아니니,

무엇이 되든 최고가 되어라.

걱정에서 벗어나 마음의 평화와 자유를 가져다주는 정신 자세를 갖고 싶다면 다음의 법칙을 기억하라.

법칙 5

다른 사람을 흉내 내지 마라.

자신이 누구인지 파악하고 자기답게 살아라.

6

How to stop worrying and start living

인생이 신 레몬을 주면 레모네이드를 만들어라

책을 집필하던 어느 날 시카고 대학교를 방문할 일이 있어 찾아갔다가 로버트 메이나드 허친스 학장에게 어떻게 걱정을 처리하고 있느냐고 물어보았다. 그러자 그는 다음과 같이 말했다.

"나는 시어즈 로벅 컴퍼니의 사장이었던 율리우스 로젠발트가 나에게 한 말을 실천하기 위해 항상 노력합니다. 그는 내게 이렇게 충고했답니다. '신 레몬이 있으면 레모네이드를 만들어라.'"

이것이 바로 위대한 교육자가 지표로 삼고 있는 가르침이다. 그런데 어리석은 사람들은 이와 반대되는 짓을 한다. 가령 인생이 그에게 신 레몬을 주면 그는 실망스러워하면서 이렇게 말한다. "졌어. 이건 운명이야. 이제 기회는 없어." 그러면서 세상을 원망하고 자기 연민에 빠지고 마는 것이다. 그런가 하면 현명한 사람은 레몬을 받으면 스스로에게 이렇게 묻는다. "이 불운으로부터 어떤 교훈을 배워야 하지? 어떻게 하면 이 상황을 개선할 수 있을까? 어떻게 하면 이 레몬을 레모네이드로 바꿀 수 있을까?"

한평생을 인간과 인간의 잠재 능력에 대해 연구한 위대한 심리학자 알프레드 아들러는 인간의 특성 가운데 가장 놀랄 만한 것이 '마이너스를 플러스로 바꾸는 능력'이라고 했다. 내가 아는 한 여성은 이 말을 훌륭하게 실천했다. 그녀의 이름은 델마 톰슨인데 뉴욕 모닝사이드드라이브에 살고 있다. 다음은 그녀가 직접 들려준 재미있는 경험담이다.

제1차 세계 대전 중 제 남편은 캘리포니아 모제이브 사막 근처에 있는 육군 신병 훈련소에 배속되었습니다. 저는 남편 가까이에 있기 위해 그곳으로 이사했습니다. 정말 끔찍한 곳이었습니다. 저는 그 지역이 너무 싫었습니다. 살면서 그때만큼 불행한 적은 없었습니다. 남편이 기동훈련을 받기 위해 모제이브 사막으로 떠나면 저는 오두막집에 혼자 있었습니다. 선인장 그늘에서도 50도가 넘는 살인적인 무더위가 이어졌고, 이야기 상대는 멕시코인과 인디언뿐인데 그들은 영어를 한마디도 하지 못했으므로 대화를 나눌 수도 없었습니다. 그런가 하면 줄곧 바람이 그치지 않아 음식은 말할 것도 없고 공기에도 모래가 서걱거릴 정도였습니다. 모래, 모래, 모래!

저는 제 처지가 너무 비참하고 슬픈 생각이 들어 부모님께 편지를 보냈습니다. 더 이상은 도저히 참을 수 없으니 이제 그만 집으로 돌아가겠다, 단 1분도 더는 견딜 수 없노라고 썼습니다. 이런 곳에 있느니 차라리 교도소가 낫겠다고 호소했습니다. 그런데 아버지의 회답은 겨우 두 줄이었습니다. 저는 평생 그 말을 잊지 못할 겁니다. 그 말이 제 인생을 완전히 바꾸어놓았으니까요.

"두 사람이 교도소 창문으로 밖을 내다보았다. 한 사람은 진흙탕을 보고 다른 한 사람은 별을 보았다."

저는 이 문구를 몇 번이나 읽고 또 읽었습니다. 그리고 제 자신이 한없이 부끄러워졌습니다. 저는 그때부터 현재 상태에서 무엇이든 좋은 점을 찾겠다고 결심했습니다. 별을 찾아내겠다고 생각한 것입니다. 그러는 동안 저는 그 지역 토착민들과 친구가 되었습니다. 그들의 반응은 나를 놀라게 했습니다. 뜨개질과 도자기 같은 것에 제가 흥미를 보이자 그들은 여행자에게도 팔지 않는 소중한 것들을 제게 선물하는 것이었습니다. 저는 선인장, 유카, 조슈아 나무 등의 기묘한 모양에 대해 연구했습니다. 그리고 프레리 독에 대해서도 조사해보고, 사막의 일몰을 바라보기도 하고, 수백만 년 전 사막의 모래 구릉이 바다 밑바닥이었던 때에 남겨진 조개껍데기를 찾아보기도 했습니다.

대체 무엇이 저에게 이런 놀라운 변화를 주었을까요? 모제이브 사막이 달라진 건 없습니다. 인디언도 달라진 것이 없습니다. 다만 제가 달라진 것입니다. 마음가짐을 바꾼 것입니다. 그렇게 함으로써 저는 비참하기만 했던 경험을 제 생애 가장 즐거운 모험으로 바꾸었던 것입니다. 저는 제가 발견한 새로운 세계에 흥분을 감출 수 없었고 그것을 소재로 책을 쓰기 시작했습니다. 《빛나는 성벽》이라는 제목의 소설이었습니다. 저는 제 자신이 만든 감옥에서 창문을 통해 별을 찾아낸 것입니다.

델마 톰슨은 기원전 5세기에 그리스 사람들이 가르쳤던 오래된 진리를 발견한 것입니다. 그 진리는 다음과 같습니다. "가장 좋은 것이 가장 어려운 것이다."

해리 에머슨 포스딕은 20세기에 와서 이 진리를 다시 언급하고 있다. "행복은 대개의 경우 쾌락이 아니라 승리감이다." 확실히 그렇다. 성취감, 정복의 기쁨, 레몬을 레모네이드로 바꾸어냈다는 데서 오는 승리감이다.

언젠가 독이 든 레몬을 레모네이드로 바꿀 수 있었던 행복한 농부를 만나기 위해 플로리다를 방문한 적이 있다. 그가 처음 농장을 손에 넣었을 때 그는 좀처럼 일할 마음이 나지 않았다고 했다. 토질이 워낙 거칠어서 과수를 재배할 수도 없고 돼지 사육조차 불가능했다. 거기서 번성하는 것은 참나무과의 작은 관목들과 방울뱀뿐이었다. 이때 그는 한 가지 기발한 아이디어가 떠올랐다. 즉, 이 쓸모없는 것들을 자산으로 바꾸어보자, 이 방울뱀들을 최대한 잘 활용해보자는 것이었다. 놀랍게도 그는 방울뱀 통조림을 만들기 시작했다.

몇 년 전 내가 그곳을 방문했을 때, 그 방울뱀 농장을 구경하기 위해 해마다 20만 명이 넘는 관광객이 밀려들고 있었다. 그의 사업은 여전히 성공가도를 달리고 있다. 그가 기르는 방울뱀의 이빨에서 뽑은 독은 독사용 해독제를 만들기 위해 연구소로 보내졌다. 또한 방울뱀 가죽은 여성용 구두나 핸드백 재료로 비싼 값에 팔리고, 방울뱀 통조림은 전 세계 식도락가들에게 팔리고 있었다. 나는 그곳의 그림엽서를 사서 이제는 '플로리다주 방울뱀 마을'이라고 지명을 바꾼 마을 우체국에서 부쳤다. 그 지명은 독이 든 레몬을 레모네이드로 바꾼 한 사람을 기념하기 위해 붙인 이름이었다.

나는 미국 여기저기를 돌아다니는 덕분에 '마이너스를 플러스로 바꾸는 능력'을 발휘한 남성과 여성들을 직접 만날 수 있는 특권을 누렸다. 《신에 맞선 열두 사람》의 저자 윌리엄 볼리도는 이런 말을 했다.

"인생에서 가장 중요한 일은 이익을 자본으로 바꾸지 않는 것이다. 그런 짓은 바보라도 할 수 있다. 진실로 중요한 일은 손실에서 이익을 올리는 것이다. 이것이야말로 지혜를 필요로 한다. 현명한 사람과 어리석은 사람은 여기에서 차이가 난다."

볼리도가 이런 말을 한 것은 철도 사고로 한쪽 다리를 잃은 후다. 하지만 나는 두 다리를 잃었으면서도 마이너스를 플러스로 바꾼 사람을 알게 되었다. 벤 포트슨이라는 사람인데 나는 그를 조지아주 애틀랜타에 있는 한 호텔의 엘리베이터 안에서 만났다. 내가 엘리베이터에 탔을 때 두 다리가 없는 남자가 밝은 얼굴로 휠체어에 앉아 있었다. 엘리베이터가 어떤 층에 이르자 그는 밝은 목소리로 자신이 탄 휠체어가 지나갈 수 있도록 좀 비켜주지 않겠느냐고 말했다. 그러면서 "귀찮게 해서 정말 미안합니다."라고 말했다. 그는 인사를 하고 여전히 쾌활하게 미소 지으며 휠체어를 움직여 나갔다. 내 방으로 돌아온 뒤에도 그 쾌활한 장애인의 일이 머릿속에서 떠나지 않았다. 그래서 나는 그가 묵고 있는 방을 찾아내 그의 사연을 들었다. 그는 여전히 미소를 지으며 말했다.

"그러니까 1929년의 일이었습니다. 정원 콩밭에 말뚝을 박기 위해 나무를 베러 나갔습니다. 자른 나무들을 모아 타고 간 포드 자동차에 싣고 집으로 향했습니다. 그런데 급커브 길에서 막 핸들을 돌리는데 나무통 하나가 차에서 굴러 떨어져 급하게 핸들을 돌렸지만 핸들이 말을 듣지 않았습니다. 저는 차에서 튕겨져 나가 나무에 부딪쳤습니다. 등뼈 쪽이 몹시 고통스러웠고 다리에는 아무 감각도 느껴지지 않았습니다. 그때 제 나이가 스물네 살이었는데, 그 후로 저는 한 걸음도 걷지 못했습니다."

스물네 살에 평생을 휠체어에서 보내야 한다는 선고를 받다니! 그 말을 듣고 나는 어떻게 그렇듯 의연하게 받아들일 수 있었느냐고 물어보았다. "실은 그러지 못했습니다." 한때는 화가 치밀어 길길이 날뛰고 운명을 저주했다는 것이다. 하지만 시간이 흐름에 따라 그런 반항은 다만 자신을 괴롭힐 뿐 아무런 도움이 되지 않는다는 것을 알게 되었다고 한다.

"저는 사람들이 저를 배려해주고 친절하게 대하고 있다는 것을 깨달았습니다. 그래서 저 역시 사람들에게 친절을 베풀어야겠다고 생각했습니다."

오랜 세월이 지난 지금도 그 사고를 무서운 불행이었다고 생각하느냐는 질문에 그는 이렇게 대답했다.

"아닙니다. 지금은 제가 그런 사고를 당한 것을 오히려 기쁘게 생각할 정도입니다."

그는 당시의 충격과 분노에서 벗어나 이전과는 전혀 다른 삶을 살게 되었다고 한다. 그는 책을 읽기 시작했고, 훌륭한 문학 작품에 대한 애정이 싹터 지난 14년 동안 1천4백 권의 책을 섭렵했다고 했다. 그가 읽은 책들은 그의 시야를 넓혀주었고, 예전에는 생각하지 못했던 풍요를 안겨주었다. 그는 또한 음악 감상에도 취미를 갖게 되었다. 예전에는 지루하다고 생각했던 교향곡을 들으면서 감동을 느끼게 되었다. 하지만 무엇보다도 큰 변화는 생각할 시간이 생긴 것이다.

"난생처음으로 저는 세상을 관찰하면서 사물의 참된 가치를 판단할 수 있게 되었습니다. 그리고 옛날에 내가 얻고자 갈망했던 것들이 대부분 아무런 가치가 없다는 것도 알게 되었습니다."

그는 방대한 양의 책을 읽으면서 차츰 정치학에 관심을 갖게 되었고 공공 문제에 대해 연구하기 시작했다. 그리고 마침내 휠체어에 앉은 채 사람들 앞에서 연설도 하게 되었다. 그는 많은 사람을 알게 되었고, 사람들도 그를 알게 되었다. 그는 여전히 휠체어를 타고 다녔지만 조지아 주의 국무 담당관이 되었다.

지난 35년 동안 나는 뉴욕에서 성인 교육을 진행하면서 한 가지 놀라운 사실을 발견했다. 그것은 많은 사람이 대학 교육을 받지 못한 것을 후회한다는 것이었다. 그들은 자신이 대학 교육을 받지 못한 것을 대단한 콤플렉스로 여기는 듯했다. 하지만 나는 그게 옳다고 생각하지 않는다. 세상에는 고등학교만 졸업하고도 성공한 사람이 얼마든지 있기 때문이다. 그래서 나는 종종 수강생들에게 초등학교도 변변히 나오지 못한 한 사람의 이야기를 들려주곤 한다.

그는 지독하게 가난한 가정에서 자랐다. 아버지가 돌아가셨을 때는 장례식을 치를 관을 사기 위해 아버지 친구들이 돈을 모아야만 했다. 아버지가 세상을 떠난 뒤 어머니는 우산 공장에서 하루 10시간씩이나 일을 했다. 그리고 저녁이면 일감을 집으로 가지고 돌아와 11시까지 일했다.

이런 환경에서 성장한 소년은 어느 날 자신이 다니던 교회의 한 모임이 주최하는 아마추어 연극에 출연하게 되었다. 무대 경험을 통해 흥미를 느낀 그는 나중에 대중 연설을 해야겠다고 결심했다. 이것이 그로 하여금 정치에 흥미를 갖게 하는 인연이 되어 서른 살 때 뉴욕의 주의

원으로 선출되었다. 하지만 그는 이 직책을 수행하기에는 준비가 부족했다. 그는 솔직히 그게 어떤 자리인지도 몰랐다고 나에게 고백했다.

그는 입법 여부를 묻는 투표에 참석해야 했고, 길고도 복잡한 법률에 대해 나름대로 열심히 공부했다. 하지만 그 법률 용어들은 도무지 이해할 수 없는 말들이어서 그에게는 마치 인디언 언어나 다름없었다. 어느 날 어떤 위원회에 배정되었을 때 그는 걱정으로 속수무책이었다. 숲속에 발을 들여놓은 일도 없는데 삼림법 의원이 되었고, 은행과 거래해본 적도 없는데 주 금융위원회 위원으로 선출되었다. 그는 번민하지 않을 수 없었다. 그런데도 그가 입법부를 사직하지 않은 것은 어머니에게 쓰라린 패배를 고백하는 것이 부끄러웠기 때문이었다고 한다. 이렇듯 절망 속에서 허우적거리던 그는 하루 16시간씩 공부하면서 무지라는 레몬을 지식이라는 레모네이드로 바꾸겠다고 결심했다. 실천에 옮겼고, 마침내 그는 자신을 지방 정치가에서 전국적인 유명인사로 바꾸었다. 〈뉴욕 타임스〉는 그를 가리켜 "뉴욕에서 가장 인기 있는 시민"이라고 했다.

지금까지 알 스미스에 관한 이야기를 한 것이다. 독학으로 공부를 시작한 지 10년 후 알 스미스는 뉴욕주의 행정기관에서 정치에 관한 최대 권위자가 되어 네 번이나 뉴욕 주지사로 선출되었다. 이 기록은 아무도 이룩할 수 없었던 위업이다. 1928년에는 민주당의 대통령 후보에까지 올랐다. 컬럼비아 대학교, 하버드 대학교 등을 포함해 6개 대학이 초등학교밖에 다니지 못한 이 남자에게 명예 학위를 수여했다. 그는 자신이 마이너스를 플러스로 바꾸기 위해 하루에 16시간씩 공부하지 않았다면 이렇게 성공하지는 못했을 것이라고 이야기했다.

초인에 관한 공식을 말하면서 니체는 "고난을 참고 견딜 뿐만 아니라, 그것을 사랑하는 자가 초인이다."라고 했다. 성공한 사람들의 경력을 연구하면 할수록 나는 그들 중 상당수의 사람이 핸디캡을 짊어지고 있었기 때문에 성공했다고 확신하게 되었다. 말하자면 고난은 그들을 더 노력하게 만들었고, 성공으로 이끄는 자극제가 되었던 것이다. 윌리엄 제임스가 말한 것처럼 "우리의 약점이 뜻밖에도 우리를 돕는다."는 것이다.

분명 그렇다. 밀턴은 장님이었기 때문에 보다 뛰어난 시를 쓰게 되었을지도 모른다. 베토벤은 귀가 들리지 않았기 때문에 더욱 훌륭한 음악을 만들었는지도 모른다. 헬렌 켈러의 놀라운 생애 역시 보이지 않고 들리지 않았기 때문에 가능했는지도 모른다. 만일 차이코프스키가 비극적인 결혼 생활에 좌절해 자살 직전까지 쫓기는 상황을 경험하지 않았다면, 그 자신의 생활에 슬픔이 없었다면 아마도 불멸의 교향곡 '비창'을 작곡할 수 없었을지도 모른다. 또 도스토예프스키나 톨스토이가 고난의 삶을 살지 않았더라면, 그들은 아마 불멸의 소설을 쓸 수 없었을지도 모르는 일이다.

생명에 관한 과학적 인식에 새로운 지평을 연 어떤 사람은 이렇게 말했다.

"만일 내가 심각한 병자가 아니었더라면, 그렇게 많은 일을 성취할 수 없었을지도 모른다."

자신이 가진 약점이 뜻밖에 도움이 되었다는 이 고백은 찰스 다윈의 말이다. 다윈이 영국에서 태어나던 바로 그날, 캔터키주 어느 숲속 통나무집에서도 아이가 태어났다. 그도 또한 자신이 가진 약점의 도움을 받는데, 그의 이름은 에이브러햄 링컨이다. 만일 그가 상류 가정에서 태어나 하버드 대학교 법대를 졸업하고 행복한 결혼 생활을 했다면, 아마 게티즈버그에서 있었던 불후의 연설은 그의 가슴속에 떠오르지 않았을지도 모른다. 또 대통령에 재선된 후 취임사에서 연설한 저 고귀한 문구를 입에 담지 못했을지도 모른다. 그의 연설은 일찍이 그 어떤 통치자가 한 말보다 고귀하고도 아름다웠으며 신성한 시와 같았다.

"누구에게도 악의를 품지 말고, 모든 사람에게 선의를 가지고…."

해리 에머슨 포스딕은 《사물을 꿰뚫어보는 힘》이라는 저서에서 이런 말을 했다.

"스칸디나비아에는 '폭풍이 바이킹을 만들었다.'라는 속담이 있는데, 이 말은 우리 삶의 표어로 삼아도 좋을 것이다. 안전하고도 유쾌한 생활, 고난이 없는 생활, 만사가 문제없이 풀리는 형통한 삶이 인간을 선량하게 만들며 행복하게 한다는 관념은 어디서 나온 것일까? 오히려 자기 연민에 빠져 있는 인간이라면, 푹신한 쿠션 위에 누워서도 여전히 자기를 가련하게 여긴다. 하지만 역사를 통해서도 알겠지만 훌륭한 인품으로 행복에 이른 사람들은 상황이 좋든 나쁘든 자신에게 주어진 책임을 다했다. 그러므로 다시 한번 강조하건대 폭풍은 여전히 바이킹을 만들어내고 있다."

가령 우리가 절망감에 사로잡혀 레몬을 레모네이드로 바꿀 만한 희망조차도 잃었다고 하자. 하지만 그런 때일지라도 우리가 노력해야 하는 2가지 이유가 있다. 노력함으로써 얻는 것은 있지만 잃을 것은 없다는 사실이다.

첫 번째 이유 — 우리는 성공할지도 모른다.

두 번째 이유 — 비록 성공하지 못한다 해도 마이너스를 플러스로 바꾸려고 시도하는 것만으로도 뒤쪽이 아니라 앞을 보게 만든다. 그에 따라 부정적인 생각이 긍정적인 생각으로 대치된다. 그것이 창조적인 에너지를 만들어내면서 우리를 분주하게 움직이게 만들고 지나가 버린 일을 걱정할 시간이나 생각이 사라지게 한다.

세계적인 바이올리니스트 올레 불이 파리에서 연주하던 중 갑자기 바이올린 줄 하나가 뚝 끊기는 사고가 생겼다. 하지만 올레 불은 3개의 줄로 연주를 마쳤다. 해리 에머슨 포스딕은 이렇게 말했다.

"인생이란 그런 것이다. 줄 하나가 끊겨도 3개의 현으로 연주를 마쳐야 한다."

그것은 단순한 인생이 아니다. 인생 그 이상, 찬란히 빛나는 인생이다! 만일 나에게 그럴 수 있는 능력이 있다면 나는 다음과 같은 윌리엄 보리스의 말을 동판에 새겨 미국에 있는 모든 교실에 걸도록 하겠다.

"인생에서 가장 중요한 일은 이익을 자본으로 바꾸지 않는 것이다. 그런 짓은 바보라도 할 수 있다. 진실로 중요한 일은 손실에서 이익을 올리는 것이다. 이것이야말로 지혜를 필요로 한다. 현명한 사람과 어리석은 사람은 여기에서 차이가 난다."

그러므로 우리에게 평화와 행복을 가져다주는 정신 자세를 갖고 싶다면 다음의 법칙을 기억하라.

법칙 6
운명이 신 레몬을 주면 레모네이드를 만들려고 노력하라.

How to stop worrying and start living

보름 안에
걱정을 해소하는 법

이 책을 쓰기 시작했을 때

'나는 이렇게 걱정을 극복했다.'라는 주제로 유익하고 독려가 되는 수기를 보내준 사람에게 2백 달러의 상금을 주겠다고 발표했다. 대회 심사위원으로 이스턴 에어라인즈 사장인 에디 리켄베커, 링컨 메모리얼 대학교 총장 스튜어트 W. 맥클런드 박사, 라디오 뉴스 해설자 H. V. 캘턴본 등 세 사람을 초청했다. 응모 작품 중 두 편이 우열을 가릴 수 없을 만큼 대단히 우수했기 때문에 심사위원들은 결국 상금을 2등분하기로 결정했다.

여기서 그 수기 중 하나인 C. R. 버튼 씨의 이야기를 소개하기로 한다. 그는 미주리주의 스프링필드에 살고 있으며 미주리 휘처 자동차 판매 회사에 다니고 있다.

저는 아홉 살 때 어머니를 잃고 열두 살 때는 아버지를 잃었습니다. 아버지는 사고로 돌아가셨지만, 어머니는 19년 전에 집을 나간 뒤로 지금껏 못 만났고 어머니가 데리고 간 두 여동생도 만나보지 못했습니다. 어머니는 집을 나간 지 7년 만에 처음으로 편지를 보냈습니다. 아버지는 어머니가 집을 나간 지 3년 후 사고로 돌아가셨습니다. 그 무렵 아버지는 함께 일했던 동료와 미주리주에 있는 작은 마을에서 카페를 운영했는데, 아버지가 출장 때문에 가게를 비운 사이 그 동료가 카페를 팔아치우고 자취를 감추고 말았습니다. 친구 한 분이 아버지에게 급히 돌아오라고 전보를 쳤는데 아버지는 서둘러 돌아오시던 도중, 캔자스의 살리나스에서 자동차 사고를 당해 그만 돌아가시고 말았습니다.

제게는 고모 두 분이 계셨는데 가난하고 건강도 좋지 않은 데다 나이도 많았지만 우리 삼 형제를 맡아주셨습니다. 두 분 고모를 제외하고는 아무도 우리를 상대하지 않았습니다. 우리는 부모 없는 자식으로 불리거나 고아 취급을 당하는 것이 무엇보다도 두려웠습니다. 우리가 두려워하던 일은 얼마 지나지 않아 현실이 되었습니다. 고모의 형편이 나빠지면서 우리 삼 형제는 떨어져 지내야만 했고, 우리는 마을 사람들의 동정심에 맡겨졌습니다. 저는 잠시 동안 마을의 어떤 가난한 가족과 함께 지냈는데, 불경기로 주인이 일자리를 잃어 더 이상 저를 길러줄 형편이 되지 못했습니다. 그러자 마을에서 11마일 정도 떨어진 농장에 사는 로프틴 부부가 저를 맡아주었습니다. 로프틴 씨는 일흔 살 정도 되었는데 대상포진으로 거의 누워지냈습니다. 그는 저에게 "거짓말하지 않고 남의 물건을 훔치지 않으며 하라는 대로 말만 잘 들으면" 자기 집에 있어도 좋다고 했습니다. 어쨌든 이 3가지 규칙은 제게는 곧 바이블이 되었고 저는 그 규칙을 엄격하게 지켰습니다.

저는 그때부터 학교에 가게 되었는데, 첫 주에는 집에 돌아오면 어린아이처럼 엉엉 울었습니다. 다른 아이들이 저를 집적거리며 코가 크다고 놀려대는가 하면 벙어리, 아버지 없는 자식이라면서 놀리고 괴롭혔던 것입니다. 저는 너무 화가 나서 그들과 한바탕 싸우고 싶었습니다. 하지만 로프틴 씨는 이런 말을 했습니다.

"싸우지 않고 그 자리를 피하는 것이 싸우는 사람보다 더 용기 있는 사람이라는 것을 잊지 말아라."

그래서 저는 싸우지 않기로 결심했는데, 어느 날 한 아이가 학교 교정에서 닭똥을 제 얼굴에 집어 던졌습니다. 저는 더 이상 참을 수가 없어서 그 아이를 실컷 두들겨 팼습니다. 그러자 저를 편드는 친구가 두어 명 생기면서 그 녀석이 나쁘다고 말해주었습니다.

저는 로프틴 부인이 사준 모자를 애지중지하며 신바람이 나서 쓰고 다녔는데, 하루는 덩치 큰 여학생 하나가 모자를 와락 낚아채더니 그 안에 물을 부어 못 쓰게 만들고 말았습니다. 그러면서 그 여학생은 "너 같은 돌대가리는 물을 적셔줘야 해. 그래야 머리가 잘 돌아간단 말이지."라고 말하는 것이었습니다.

저는 학교에서는 결코 눈물을 흘리지 않았지만 집에 와서는 큰소리로 엉엉 울 때가 있었습니다. 그런데 어느 날, 로프틴 부인이 저를 달래며 몇 마디 충고를 해주었습니다. 놀랍게도 그 충고는 저의 걱정과 문제를 완전히 사라지게 했고, 저의 적을 친구로 만들어주었습니다. 그녀는 이렇게 말했습니다.

"랠프야, 네가 그 아이들한테 관심을 가지고 무엇이든 그 애들을 도울 수 있는 방법을 찾아 그렇게 해준다면 아이들은 너를 구박하지도, 고아라고 욕하지도 않을 거다."

저는 이 충고에 따라 열심히 공부했고 드디어 반에서 가장 공부를 잘하는 학생이 되었습니다. 하지만 아무도 저를 시기하지 않았습니다. 왜냐하면 친구들을 돕는 데 언제나 기꺼이 앞장섰기 때문입니다.

저는 친구들의 작문을 거들어주었고 어떤 경우에는 초고를 전부 써주기도 했습니다. 같은 반이었던 어떤 친구는 저한테 도움을 받고 있다는 사실을 자기 식구들이 알면 안 된다고 생각했습니다. 그래서 자기 어머니에게는 주머니쥐를 잡으러 간다고 하고는 로프틴 씨 농장으로 찾아와 개를 헛간에 매어놓고, 저의 도움을 받으며 예습과 복습을 하곤 했습니다. 어떤 친구에게는 독후감을 써준 적도 있었고, 한 여학생에게는 며칠 밤 수학을 가르쳐주기도 했습니다.

그러던 어느 날 우리 마을에 죽음이 찾아왔습니다. 나이 많은 농부 두 사람이 죽었고, 어떤 집은 남편이 부인을 버리고 도망가는 일도 생겼습니다. 그러자 이웃한 네 가구 중 남자라고는 저 하나만 남게 되었습니다. 저는 이 미망인들을 2년 동안 도와주었습니다. 학교를 오가는 길에 그들의 농장에 들러 장작을 패주기도 하고 우유도 짜주며, 가축들에게 먹이를 주기도 했습니다. 저는 이제 놀림감이 아니었습니다. 모두 저를 칭찬했고 어느 집에서나 친구처럼 대해주었습니다.

제가 해군 복무를 마치고 고향으로 돌아왔을 때 이웃들은 진심으로 성대하게 환영해주었습니다. 제가 집으로 돌아오던 날은 2백 명도 넘는 이웃 농부들이 찾아와주었으며, 그중에는 80마일이나 떨어진 곳에서 저를 만나러 온 사람도 있었습니다. 그들은 진심으로 저를 아껴주었습니다. 이제 저는 남을 돕기에 바쁘기도 하고 행복하기도 해서 걱정하는 일이 없습니다. 13년 전까지는 '아비 없는 자식'이라는 말을 들었지만 그 후로는 한 번도 들어본 일이 없습니다.

버튼 씨에게 박수를. 그는 친구 만드는 방법을 잘 알고 있다. 그는 또 걱정을 극복하고 인생을 즐기는 방법도 잘 알고 있다.

워싱턴주 시애틀에 사는 프랭크 루프 박사도 이와 마찬가지였다. 그는 23년 동안이나 관절염 때문에 누워 지내야만 했다. 어느 날 〈시애틀 스타〉지의 스튜어트 휘트하우스가 내게 이런 편지를 보내왔다.

"저는 가끔 루프 박사를 만나서 이야기를 나누곤 하는데 그분처럼 이타적이고 그분만큼 인생을 제대로 즐기는 사람은 없을 겁니다."

여러 해 동안 병상에 있으면서 어떤 식으로 인생을 즐기고 있다는 것일까? 2가지 가능성이 있는데 한번 짐작해보기 바란다. 불평과 남의 결점을 찾는 데서 즐거움을 얻고 있는 것이 아닐까? 아니면 자기 연민에 빠져 다른 사람들의 관심의 초점이 되어 남들이 자기를 받들도록 요구함으로써 얻은 것일까? 아니다. 그 어느 쪽도 아니다.

그는 영국 왕세자처럼 "나는 봉사한다."는 말을 좌우명으로 삼음으로써 그것을 성취할 수 있었다. 그는 병으로 고생하는 수많은 환자의 이름과 주소를 파악한 뒤 그들에게 위문과 격려 편지를 보냄으로써 자기와 다른 사람 모두 쾌활해지도록 만들었다. 그는 또한 환자들을 모아 서신 교환 모임을 조직해 서로에게 편지를 쓰게 했고, 마침내 그 모임을 '병상 환자 모임'이라는 전국적인 조직으로 발전시켰다. 그는 병상에 있으면서도 1년이면 평균 1백40통 가까이 편지를 썼으며, 외출할 수 없는 병자들에게 라디오나 책을 전달해 수천 명의 환자에게 기쁨을 주었다.

루프 박사와 다른 사람들의 결정적인 차이는 무엇일까? 그것은 다름 아니라 루프 박사는 자기 자신보다 훨씬 고귀하고, 훨씬 더 의미 있는 사명의 도구로 이용되는 자각에서 오는 기쁨을 알고 있다는 것이다. 그의 내면에는 사명 의식이 충만하다. 그는 버나드 쇼가 "세상이 자기의 행복을 위해 조금도 힘을 보태주지 않는다고 불평하면서 짜증과 불만으로 편안한 날이 없는 자기중심적인 소인배들"이라고 평한 사람들과는 전혀 다른 사람이다.

위대한 심리학자들이 한 말 가운데 나를 가장 놀라게 한 것은 알프레드 아들러가 한 말이다. 그는 우울증으로 고생하는 환자들에게 이렇게 말하곤 했다.

"이 처방대로만 하면 2주 안에 반드시 완쾌될 겁니다. 그건 날마다 어떻게 하면 다른 사람을 기쁘게 해줄 수 있을지 생각해보는 것입니다."

이런 정도 인용으로는 신뢰가 떨어질 수도 있으므로 아들러 박사가 쓴 명저 《인생이란 무엇인가》의 내용을 일부 인용해보기로 한다.

🖋 우울증이란 다른 사람에 대해 오랜 기간 지속되어 온 일종의 분노, 비난이다. 우울증 환자들은 대부분 관심과 동정, 지지를 간절히 바라지만 사실 그런 잘못으로 인해 더욱 절망감을 느끼는 경향이 있다. 우울증 환자의 최초 기억은 일반적으로 다음과 같다. "나는 소파에 눕고 싶었지만 이미 형이 그곳에 누워 있었습니다. 내가 큰 소리로 울기 시작하자 형은 그제야 자리를 양보해주었습니다."

또 우울증 환자들은 복수의 수단으로 자살을 선택하는 경향이 있다. 그러므로 의사들이 가장 주의해야 할 일은 환자에게 자살할 구실을 주지 않는 것이다. 나 자신도 그들의 긴장을 누그러뜨리기 위한 첫 번째 처방으로 "하고 싶지 않다면 아무것도 하지 마라."고 제언한다. 이것은 매우 소극적인 태도로 보일 수도 있겠지만, 실은 모든 문제의 근원이라고 믿는다.

만일 우울증 환자가 하고 싶은 일을 할 수 있다면 아무도 원망할 까닭이 없을 것이다. 그리고 복수할 일도 없지 않은가. 나는 환자에게 "공연을 보러 가고 싶으면 가고, 놀러 가고 싶으면 그렇게 하세요. 도중에 싫어지면 언제든 돌아오면 됩니다."라고 말한다. 이것은 누구에게나 가장 좋은 방법이다. 또한 이것은 우월감을 갖고 싶은 환자에게 만족스러운 결과를 준다. 그는 마치 신이라도 된 것처럼 자기가 하고 싶은 대로 할 수 있다.

하지만 한편으로 그것은 환자의 생활 방식에 쉽게 들어맞는 것은 아니다. 그는 다른 사람을 지배하고 비난하고 싶지만, 다른 사람이 그에게 동의한다면 환자가 다른 사람들의 생각을 묵살할 방법이 없어지는 것이다. 이 규칙은 그들의 불안을 제거하는 데 상당한 효과가 있어 아직까지 내 환자 중에는 자살한 사람이 한 명도 없다.

하지만 대개의 경우 환자들은 이렇게 대답한다. "하지만 저는 하고 싶은 일이 별로 없어요." 나는 이런 대답을 워낙 많이 들어왔기 때문에 환자가 이렇게 대답하는 경우 이렇게 말한다. "그러면 하기 싫은 일은 하지 마세요." 때로는 이렇게 대답하는 사람도 있다. "저는 하루 종일 자고만 싶어요." 그럴 때 내가 그렇게 하라고 권한다면 환자는 오히려 그러고 싶지 않아진다는 것을 나는 잘 알고 있다. 그렇다고 해서 내가 이것을 거부한다면 전쟁이 시작된다는 것도 잘 알고 있다. 그래서 나는 언제나 환자의 의견에 동의한다. 이것이 첫 번째 규칙이다.

다음은 보다 직접적으로 그들의 생활방식에 공격을 가하는 것이다. 즉, 이렇게 말하는 것이다. "이 처방대로만 하면 2주 안에 반드시 완쾌될 겁니다. 날마다 어떻게 하면 다른 사람을 기쁘게 해줄 수 있을지 생각해보는 것입니다." 이 말은 그들에게 중대한 의미가 있다. 그들은 '어떻게 하면 다른 사람을 걱정하게 만들까.'를 주로 생각하며 살기 때문이다. 어쨌든 그들의 대답은 매우 재미있다.

어떤 사람은 이렇게 말한다. "그런 일이야 정말 쉽죠. 전 평생을 그렇게 해왔으니까요." 사실 그들은 한 번도 그렇게 해본 적이 없다. 나는 그들에게 좀 더 생각해보라고 말한다. 하지만 그들은 생각해보지 않는다. 그래서 나는 그들에게 이렇게 말한다. "밤에 잠이 잘 오지 않을 때 어떻게 하면 다른 사람을 기쁘게 해줄 수 있을지 생각하면서 시간을 보내세요. 그것이 건강을 회복하는 첫걸음입니다."

다음 날 나는 다시 그들에게 물어본다. "어제는 제 말대로 하셨습니까?" 그러면 그들은 이렇게 대답한다. "지난밤에는 잠자리에 눕자마자 잠이 들어버렸습니다." 물론 이러한 일들은 평온하고 친근한 태도로 해야 하며 고압적이어서는 안 된다. 어떤 환자는 이렇게 대답한다. "아무래도 잘되지 않아요. 다른 일로 걱정이 너무 많거든요." 그러면 나는 이렇게 대답한다. "걱정을 멈추려 하지 마세요. 하지만 한편으로는 다른 사람에 관한 일도 생각할 수 있겠지요." 나는 언제나 그들에게 다른 사람에 대한 관심을 가지도록 권장한다. 많은 사람은 이렇게 말한다. "제가 왜 다른 사람을 기쁘게 해줘야 하는 거죠? 다른 사람들은 조금도 나를 기쁘게 해주지 않는데요." 그러면 나는 이렇게 대답한다. "그렇게 하면 당신의 건강에 도움이 되기 때문입니다. 그렇지 않은 사람들은 후회합니다." 하지만 "선생님의 조언을 잘 생각해보았습니다."라고 대답하는 환자는 드물다.

나는 환자가 주변 상황에 대해 조금이라도 더 관심을 갖도록 노력을 기울이고 있다. 나는 환자가 앓고 있는 병의 근본적인 원인이 타인과의 협동 정신 결핍이라는 것을 잘 알고 있으므로 그들도 이런 사실을 알아야 한다는 것이다. 환자들이 다른 사람들과 평등하고 협동적인 관계를 만드는 순간 그들은 완쾌된다. 종교가 사람들에게 부여하는 가장 중요한 일은 언제나 "네 이웃을 사랑하라."라는 것이었다. 살아가면서 자기 이웃에 관심을 갖지 않는 사람은 자신뿐만 아니라 다른 사람에게도 피해를 입힌다. 인간이 겪을 수 있는 온갖 종류의 실패는 대개 이런 사람들로부터 발생한다. 그러므로 인간에게 요구할 수 있는 최고의 찬사는 좋은 직장 동료, 모든 사람의 친구, 연애와 결혼에서 진정한 동반자가 되는 것이다.

아들러 박사는 하루에 한 가지씩 선행을 하라고 역설하고 있다. 선행이란 무엇인가? 예언자 마호메트는 이렇게 말했다.

"선행이란 다른 사람의 얼굴에 미소를 짓게 하는 것이다."

날마다 좋은 일을 하면 왜 그 행위자에게 놀랄 만한 영향을 주는 것일까? 왜냐하면 다른 사람을 기쁘게 하려고 노력하다 보면 자신에 대한 생각을 멈추게 되기 때문이다. 즉, 걱정과 두려움, 우울증을 일으키는 온갖 생각을 멈추게 되는 것이다.

뉴욕에서 비서 학교를 운영하는 윌리엄 T. 문 부인은 자기의 걱정을 몰아내기 위해 다른 사람을 기쁘게 해준다는 방법을 생각하느라 2주씩이나 소모할 필요가 없었다. 그녀는 아들러 박사보다 한 수, 아니 열세 수나 위였다. 그녀는 2주가 아니라 단 하루 만에 우울증에서 벗어나는 데 성공했는데, 그 비결은 고아 두세 명을 어떻게 하면 기쁘게 해줄 수 있을지 생각하는 것이었다. 이에 대한 문 부인의 이야기는 다음과 같다.

🖋 5년 전 12월 저는 슬픔과 자기 연민에 빠져 허우적거리고 있었습니다. 오랜 세월 남부럽지 않을 만큼 행복하게 살았는데 남편이 그만 죽고 만 것입니다. 크리스마스가 가까워지면서 제 슬픔은 더욱 깊어갔습니다. 저는 지금껏 혼자서 크리스마스를 지내본 적이 없었기 때문에 두려웠습니다. 친구들은 크리스마스를 함께 보내자며 초대했지만 저는 그러고 싶은 기분이 들지 않았습니다. 아무리 멋진 파티라도 손수건에 눈물이나 적시고 있을 게 뻔했습니다. 그래서 저는 친구들의 초대를 거절했습니다.

크리스마스이브가 다가오자 저는 점점 더 자기 연민에 빠져들었습니다. 누구에게나 감사할 일은 있는 것이지만, 저 역시 감사해야 할 일이 많았습니다. 크리스마스 전날 저는 오후 3시에 사무실에서 어떻게 하면 우울한 심사를 떨쳐버릴 수 있을까 생각하며 5번가를 정처 없이 걷고 있었습니다. 거리는 명랑하고 행복한 사람들로 가득차 있었습니다. 그러자 지난날의 즐거웠던 추억이 되살아나는 것이었습니다. 아무도 없는 쓸쓸하고 공허한 아파트로 돌아가야 한다고 생각하니 견딜 수 없이 우울했습니다. 저는 어찌해야 좋을지 몰랐습니다. 눈물이 쉴 새 없이 흘렀습니다. 1시간가량 그렇게 정처 없이 걷다 문득 정신을 차려보니 버스 정류장 앞이었습니다. 예전에 곧잘 남편과 함께 야릇한 모험심에서 아무 버스나 타곤 했던 기억이 떠올랐습니다. 저는 그 버스 정류장에서 가장 먼저 눈에 띄는 버스에 올라탔습니다.

버스는 허드슨강을 건너 한참이나 더 달렸고 마침내 차장의 "손님, 종점입니다."라는 소리가 들렸습니다. 저는 버스에서 내렸습니다. 마을 이름은 알 수 없었지만, 조용하고 아늑한 곳이었습니다. 어쨌든 돌아가는 버스를 기다리는 동안 저는 주택가들 사이로 난 길을 걸어보았습니다. 그러다 한 교회 앞을 지나는데 '고요한 밤'의 아름다운 선율이 들려오는 것이었습니다. 저는 무심코 교회 안으로 들어갔습니다. 교회 안에는 오르간을 치는 사람 혼자 있었습니다. 저는 조용히 예배당 한쪽 구석에 앉았습니다. 예쁘게 꾸민 크리스마스트리에 매달린 반짝이는 조명이 주위의 장식들을 비추면서 마치 달빛 아래서 춤추는 무수한 별처럼 보였습니다. 아침부터 아무것도 먹지 않아 허기진 데다가 은은하게 흐르는 음악 소리를 듣고 있자니 서서히 졸음이 밀려왔습니다. 수고하고 지친 자였던 저는 어느새 잠이 들고 말았습니다.

문득 눈을 떴을 때 저는 제가 어디에 있는지 알지 못했습니다. 저는 깜짝 놀랐습니다. 제 앞에는 크리스마스트리를 보러 온 듯한 꼬마 2명이 서 있었습니다. 그중 여자아이가 저를 가리키며 말했습니다. "산타클로스 할아버지가 데리고 왔는지도 몰라." 제가 눈을 뜨자 그 아이들도 깜짝 놀라는 표정이었습니다. 아이들에게 해치지 않을 테니 놀라지 말라고 안심시켰습니다. 아이들은 모두 허름한 옷을 걸치고 있었습니다. 아이들에게 엄마 아빠는 어디 계시냐고 물어보니 아이들은 "우린 엄마 아빠가 없어요."라고 대답했습니다. 저보다 훨씬 불쌍한 어린 고아들이었던 것입니다. 그들을 보자 저는 자기 연민과 슬픔에 빠져 있는 제 자신이 부끄러워졌습니다. 저는 아이들에게 크리스마스트리를 보여주고, 가게로 데리고 가서 함께 식사를 하고 캔디와 선물 몇 가지를 사주었습니다. 그러자 마법에라도 걸린 듯이 외로움이 사라졌습니다.

그 고아 2명은 제가 몇 달간이나 찾아 헤매던 진정한 행복과 제 자신을 위한 용서의 느낌을 가져다주었습니다. 그들과 이야기를 나누는 동안 저는 제 자신이 얼마나 행복한 사람이었는지 알게 되었습니다. 저는 제 어린 시절의 크리스마스가 부모님의 사랑과 보살핌으로 행복했던 것을 하나님께 감사드렸습니다. 그 2명의 고아는 제가 그들에게 해준 것보다 훨씬 많은 것을 저에게 주었습니다. 그 경험으로 저는 제가 행복해지기 위해 다른 사람들을 행복하게 해줄 필요가 있다는 것을 알게 되었습니다. 행복이란 전염된다는 사실도 깨달았습니다. 그러므로 베푸는 것이 곧 받는 것입니다. 다른 사람을 돕고 사랑을 줌으로써 저는 걱정과 슬픔과 자기 연민에서 해방되어 새롭게 태어난 느낌이었습니다. 실제로 저는 새로운 사람이 되었습니다. 그 순간뿐만 아니라 그 후로도 줄곧 새로운 사람입니다.

나는 자신을 잊어버림으로써 건강과 행복을 얻은 사람들의 이야기로 책 한 권을 쓸 수도 있다. 예를 들어, 미 해군에서 유명한 여성 중 한 사람인 마거릿 테일러 예이츠의 경우를 생각해보자. 예이츠 부인은 소설가다. 그녀가 쓴 미스터리 소설들은 흥미롭지만, 일본군이 진주만을 공격하던 무서운 날 아침 그녀의 신변에 일어났던 실화보다 흥미롭지는 않을 것이다. 예이츠 부인은 심장이 나빠서 1년 전부터 누워 지내는 시간이 많았다. 그녀는 하루 12시간을 침대에서 보내야만 했다. 일광

욕을 하기 위해 앞뜰까지 나오는 것이 그녀가 할 수 있는 가장 긴 여행이었다. 그때조차도 그녀는 도와주는 사람의 팔에 매달려서 걸어야만 했다. 당시 그녀는 죽을 때까지 그렇게 환자로 지내야 될지도 모른다고 생각했다고 한다.

"만약 일본군이 진주만을 공격해서 내 안일함을 동요시키지 않았다면, 나는 지금과 같은 제대로 된 삶을 살지 못했을 겁니다. 그 사건은 모든 일을 혼란과 혼동으로 몰아갔습니다. 우리 집 근처에 폭탄 하나가 떨어지는 바람에 그 충격으로 저는 침대 밑으로 떨어졌습니다. 군 트럭들이 부녀자와 어린이 등 육군과 해군 소속의 군인 가족들을 대피시키기 위해 히캄 육군 비행장, 스코필드 병영, 카네오헤 비행장으로 달려갔습니다.

적십자에서는 피난민을 수용할 수 있는 여분의 방을 가진 사람들에게 전화를 걸었습니다. 적십자 직원들은 제 침대 머리맡에 전화가 있다는 것을 알고 우리 집을 정보 기지 센터로 사용하게 해달라고 부탁했습니다. 그래서 저는 군인 가족들이 어디에 수용되어 있는지 상황을 조사하게 되었습니다. 한편 육군과 해군 병사들은 적십자로부터 가족에 관한 소식은 저에게 문의하라는 통지를 받았습니다. 저는 우선 제 남편인 로버트 롤리 예이츠 사령관이 무사하다는 것을 알았습니다. 저는 남편의 생사를 확인하지 못해 걱정하고 있는 부인들은 격려하는 한편, 전사자들의 미망인을 위로하기 위해 노력했습니다. 그 전투로 2천1백17명의 해군과 해병대 장병들이 전사했으며, 실종된 병사가 9백60명이나 되었습니다.

처음에는 침대에 누운 채 전화에 응답했지만 그러는 동안 점차 침대에 앉아서 전화를 받게 되었습니다. 나중에는 할 일이 너무 많아 제가 아프다는 사실도 잊고 침대에서 일어나 책상 앞에 앉아 있었습니다. 저보다 더 불쌍한 사람들을 돕는 동안 제 자신의 일을 잊어버렸습니다. 그 후로 매일 밤 정해진 8시간의 수면 시간 외에는 침대에 눕는 일이 없었습니다. 만일 일본군의 진주만 공격이 없었더라면 저는 아마 평생을 환자 신세로 살았을지도 모릅니다. 침대에 누워 있으면 물론 몸은 편했습니다. 정성껏 보살펴주는 사람도 있었으니까요. 생각해보면 그 때문에 저도 모르는 사이에 건강해지겠다는 의지가 사라진 것이 아닌가 하는 생각이 듭니다.

진주만 습격은 미국 역사상 가장 비극적인 사건 중 하나였지만 제 개인적으로 보자면 가장 좋은 일이었다고 생각합니다. 그 무서운 위기는 제가 가지고 있는 뜻밖의 힘을 발견할 수 있는 기회를 주었습니다. 그 일은 제 자신을 잊게 하고, 다른 사람에게 주의를 집중하게 해주었습니다. 또한 그 일은 인생을 살면서 없어서는 안 될 근본적이고 중대한 목적을 부여해주었습니다. 이제 저는 제 자신의 일에 대해 생각하거나 걱정하고 있을 시간적 여유가 전혀 없습니다.

정신과 의사를 찾는 사람의 3분의 1은 마거릿 테일러 예이츠처럼 다른 사람들을 돕는 일에 관심을 가진다면 완쾌될 것이다. 이것은 내 의견이 아니다. 칼 융이 한 말이다. 칼 융은 모두가 알 듯이 이 분야에서는 최고 권위자로 인정받고 있다. 그는 이렇게 말했다.

"나를 찾아오는 환자의 3분의 1은 임상적으로는 진정한 신경증이 아니다. 그들은 사실 인생의 무의미함, 허무함 때문에 고통받고 있다."

바꾸어 말하면 그들은 다른 사람의 차를 얻어 타고 인생이라는 길을 떠나고자 하는데, 지나가는 차들은 그들의 요구를 무시하고 그대로 지나쳐버리는 것이다. 그래서 그들은 사소하고 의미 없고 허무한 인생을 한탄하면서 정신과 의사를 찾는 것이다. 배를 놓치고 부두에 멍하니 서서 자기 이외의 모든 사람을 비난하면서 세상을 향해 그들의 자기중심적 욕망을 만족시켜줘야 한다고 계속 주장하는 것이다.

여러분은 지금 이런 혼잣말을 하고 있는지도 모른다. "이런 얘기는 그다지 흥미롭지 않아. 나도 크리스마스 이브에 고아를 만난다면 얼마든지 관심을 보일 것이다. 또 그때 진주만에 있었다면 나도 마거릿 테일러 예이츠처럼 행동했을 것이다. 하지만 지금 내 경우는 달라. 나는 아주 평범한 생활을 하고 있고, 하루 8시간을 재미없고 지루한 일에 매달려 있지. 도대체 극적인 일이라곤 없어. 그런데 이런 내가 어떻게 남을 돕는 일에 흥미를 가질 수 있겠어. 왜 내가 그렇게 해야 하지? 그렇게 하면 나에게 어떤 이익이 있지?"

그럴듯한 말이다. 이 질문에 나는 이렇게 대답할 수 있다. 여러분의 생활이 아무리 평범할지라도 날마다 누구든 만나고 있을 텐데 그들에게 어떤 태도를 보이는가? 그냥 가만히 바라볼 뿐인가 아니면 그들로부터 어떤 반응을 끌어내기 위해 무언가를 시도하는가? 우편배달부를 예로 들어보자.

그는 매년 수백 킬로미터를 걸으면서 집집마다 우편물을 배달해주고 있지만 여러분은 한 번이라도 그가 어디에 살고 있는지 물어본 적이 있는가? 아니면 그의 아내와 아이들의 사진을 보여 달라고 말해본 적이 있는가? 혹은 다리가 얼마나 피로한지, 일이 지겹지는 않은지 물어본 적이 있는가?

식료품 가게의 점원, 신문 배달부, 거리에서 여러분의 신발을 닦아주는 구두닦이에 대해서는 어떤가? 그들도 인간이다. 셀 수 없이 많은 걱정거리가 있고 꿈과 야심으로 가슴이 벅찬 인간이다. 그들은 누구에겐가 그것들을 털어놓고 공유할 기회가 있기를 바란다. 그런데 여러분은 그들에게 그런 기회를 주어본 적이 있는가? 그들이나 그들의 생활에 대해 진지하고 적극적으로 관심을 보인 적이 있는가? 나는 그런 의미의 말을 한 것이다. 세상을 더 아름답게 만들기 위해, 더 나은 개인적인 세상을 위해 여러분은 플로렌스 나이팅게일이나 사회 개혁가가 될 필요는 없다. 내일 아침에 만나는 사람부터 당장 시작하는 것이다!

그렇게 하면 여러분에게 어떤 이익이 있느냐고? 지금보다 훨씬 더 행복해진다! 더 큰 만족감과 자신에 대한 자부심을 가져다준다! 아리스토텔레스는 이러한 태도를 가리켜 '계발된 이기주의'라고 불렀다. 또 조로아스터는 "타인에게 선을 행하는 것은 의무가 아니라 즐거움이다. 그렇게 하면 베푸는 자의 건강과 행복이 커지기 때문이다."라고 했다. 그리고 벤저민 프랭클린은 이를 간단히 요약해서 "다른 사람에게 선을 행할 때 그는 자기 자신에게 최선을 다하고 있는 것이다."라고 말했다.

뉴욕에서 심리 상담 센터를 운영하고 있는 헨리 C. 링크 소장은 이렇게 말했다.

"현대 심리학의 발견 가운데, 자아실현이나 행복을 얻기 위해서는 자기희생과 훈련이 필요하다는 것을 과학적으로 입증한 것보다 더 중요한 발견은 없다."

다른 사람에 대한 배려는 자기 자신에 관한 걱정으로부터 인간을 구제할 뿐만 아니라 친구를 만들어주고 무한한 즐거움을 가져다준다. 어떻게 그런 일이 가능하냐고? 언젠가 예일 대학의 윌리엄 라이온 펠프스 교수에게 어떻게 이것을 성취했느냐고 물었다. 그의 대답은 이랬다.

저는 호텔이나 이발소, 가게 어디를 가든 만나는 사람에게 상냥하게 말을 겁니다. 그들을 기계 안에 있는 부속품이 아니라 독립적인 인간으로 존중하는 인사를 건네기 위해 신경 씁니다. 상점의 점원에게는 그녀의 눈이 아름답다든가 머리가 예쁘다고 칭찬을 건네곤 합니다. 이발사에게는 하루 종일 서 있으면 다리가 피곤하지 않느냐고 묻기도 합니다.

그리고 어떻게 해서 이발사가 되었는지, 일을 시작한 지 얼마나 되었는지, 지금까지 대략 몇 명 정도의 머리를 깎아주었는지 물어봅니다. 계산할 때 그를 도와주기도 합니다. 제가 그렇게 관심을 보이면 그 사람들의 표정이 밝아지는 것을 볼 수 있습니다. 저는 종종 수하물을 운반해준 짐꾼과 악수를 나눕니다. 그러면 그 사람은 하루 종일 유쾌한 기분으로 일을 하게 됩니다.

언젠가 몹시 무더운 날이었는데, 뉴 헤이븐 철도의 식당 칸으로 점심을 먹으러 갔습니다. 식당 칸은 사람들이 가득해서 가마솥처럼 뜨거웠고 음식은 더디게 나왔습니다. 한참 뒤에 웨이터가 와서 메뉴판을 건네기에 저는 이렇게 말했습니다. "오늘같이 더운 날 주방에서 음식을 만드는 분들 고생이 대단하겠군요." 그러자 웨이터가 짜증이 섞인 거친 말투로 뭐라 말했습니다. 처음에는 그가 화를 내는 줄 알았습니다.

"네, 정말 돌아버릴 것 같습니다. 손님들마다 불평을 합니다. 음식이 너무 늦게 나온다, 너무 덥다, 값이 너무 비싸다면서 불평만을 말씀하십니다. 19년 동안 그런 투정만 들어왔습니다. 가마솥 같은 주방에서 일하는 사람들을 걱정해주신 분은 선생님이 처음입니다. 선생님 같은 손님이 더 많아졌으면 좋겠습니다."

그는 제가 흑인 요리사들을 철도회사의 한 부속품이 아닌 한 인간으로 존중하자 놀랐던 것입니다. 사람은 누구나 인간적인 작은 관심을 기대합니다. 저는 길을 걷다가 귀여운 개를 데리고 있는 사람을 만나면 개가 예쁘다고 칭찬해줍니다. 조금 가다 뒤를 돌아보면 개주인이 즐거운 표정으로 개를 쓰다듬는 모습이 보입니다. 제가 그의 개를 칭찬해주니 그도 칭찬해주고 싶은 생각이 든 것입니다.

언젠가 영국에 있을 때 양을 치는 사람을 만난 적이 있습니다. 그는 아주 크고 영리해 보이는 양치기 개를 데리고 있었는데 저는 진심으로 감탄의 말을 건넸습니다. 그에게 개를 어떻게 훈련시키는지 물어보기도 했습니다. 그 사람과 헤어지고 뒤돌아보았더니 그가 개의 앞발을 들어 자신의 어깨 위에 올려놓고 개를 쓰다듬어주고 있었습니다. 제가 양치기와 그의 개에게 작은 관심을 보여줌으로써 그 양치기를 행복하게 한 것입니다. 그리고 그 개를 행복하게 만들었고, 누구보다 저 자신이 행복해졌습니다.

여기 짐꾼과 악수를 나눈다든지 뜨거운 주방에서 일하는 요리사에게 배려의 말을 건네고, 개를 데리고 가는 사람을 만나면 예쁜 개라고 칭찬해주는 사람이 있다. 그가 기분이 울적하다는 이유로 혹은 걱정거리가 너무 많아서 정신과 의사를 찾아갈 일이 있을까? 그런 일은 있을 수 없다. 그렇지 않은가? 이런 경우에 잘 어울리는 중국 속담이 있다.

"남에게 장미꽃을 바친 손에는 장미향이 남아 있다."

펠프스 교수에게는 이런 말을 할 필요가 없다. 그는 이 진리를 충분히 알고 있고 실행했기 때문이다. 만일 이 책을 읽고 있는 독자가 남성이라면 다음 이야기는 그다지 재미없을 것이므로 그냥 넘어가도 좋다.

걱정에 휩싸여 불행하게 살았던 한 소녀가 어떻게 해서 여러 명의 남자에게 청혼을 받게 되었는지에 대한 이야기다.

그 소녀는 이제 할머니가 되었다. 수년 전에 나는 강연을 갔다가 이 부부의 집에서 하룻밤 묵은 적이 있다.

다음 날 아침 그녀는 뉴욕 센트럴역으로 가는 기차를 탈 수 있도록 손수 자동차를 몰고 50마일이나 떨어진 역까지 나를 전송해주었다. 우리는 어떻게 하면 친구를 사귈 수 있는지 의견을 주고받았다. 이야기 도중 그녀는 이렇게 말했다.

"카네기 씨, 제가 아무에게도, 심지어는 남편에게도 고백한 적이 없는 이야기를 하나 들려드릴게요."(어쩌면 여러분이 기대하는 것만큼 재미있는 이야기가 아닐 수도 있다.)

그녀는 필라델피아 사교계에서 제법 알려진 집안에서 자랐다고 했다.

"어렸을 때도 그렇고 어른이 되고 나서도 나의 불행은 딱 하나, 우리 집이 가난하다는 것이었습니다. 우리 집은 비슷한 환경의 다른 친구들이 누리는 것을 누릴 수 있는 형편이 못 되었습니다. 내가 입고 있는 옷은 언제나 싸구려였고, 그나마도 작아서 몸에 맞지 않았으며 유행과는 거리가 멀었습니다. 저는 너무 창피하고 부끄러워서 밤이면 울면서 잠이 들곤 했습니다.

그렇게 절망해 잠겨 있던 내가 생각한 것은 디너파티에서 만나는 파트너에게 그들의 경험이나 생각, 장래의 꿈에 대해 얘기해달라고 하는 것이었습니다. 그들의 이야기에 특별한 흥미가 있었던 것은 아니었습니다. 단지 상대방으로 하여금 제 초라한 옷차림에 관심을 기울이지 않게 하려는 것이 목적이었습니다. 그런데 이상한 일이 일어났습니다. 그 사람들의 이야기를 듣고 상대에 대해 차츰 알게 되자 그들의 이야기에 진심으로 흥미를 갖게 되었습니다. 얘기를 듣는 데 집중하다 보니 제 옷차림에 대한 생각은 잊어버리게 되었습니다. 그리고 나를 정말 놀라게 하는 일이 일어났습니다. 즉, 내가 상대의 말을 열심히 들어주고 그로 하여금 자기 얘기를 하도록 분위기를 끌어가자 어느 순간 그들은 제 덕분에 유쾌해지고, 그 결과 나는 사교 모임에서 가장 인기 있는 여성이 되었습니다. 그리고 3명의 청년이 청혼을 했습니다.”(여성들이여, 바로 이것이다! 남자들에게 인기를 얻고 싶다면 이렇게 해야 한다.)

하지만 이 이야기를 읽은 독자 중에는 이렇게 말하는 사람도 있을 것이다.

“다른 사람에게 관심을 가지라니, 말도 안 되는 소리! 종교를 믿는 사람들에게나 할 소리지. 나와는 상관없어! 내 돈은 내 지갑에 넣어놓을 거야. 난 내가 가질 수 있는 것은 무엇이든 내가 가질 거야. 그 따위 허튼 소리는 집어 치워!”

여러분의 생각이 그렇다면 이의를 달 생각은 없다. 하지만 여러분의 주장이 옳다면 예수, 공자, 석가, 플라톤, 아리스토텔레스, 소크라테스, 성 프란체스코 등 유사 이래 가장 위대한 철학자와 현인들이 모두 잘못이었다는 이야기다. 여러분은 아마 종교적 지도자들의 가르침도 비웃을 것이니 무신론자의 조언을 들어보기로 하자. 케임브리지 대학교의 A. E. 하우스만 교수는 당대 최고의 석학 중 한 사람이었다. 1936년 케임브리지 대학에서 열린 ‘시의 제목과 성격’이라는 강연에서 그는 이렇게 말했다.

"동서고금을 통해 가장 위대한 진리이자 가장 심오한 도덕적 발견은 예수가 한 말이다. '자기 목숨을 얻으려는 사람은 잃을 것이며 나를 위하여 자기 목숨을 잃는 사람은 얻을 것이다.'"

평생 동안 성직자들이 이 말을 하는 것을 들어왔다. 하지만 하우스만은 무신론자였고 염세주의자여서 자살까지 생각한 사람이다. 하지만 이런 사람조차도 자기밖에 모르는 사람은 인생에서 많은 것을 얻을 수 없다고 생각했다. 그런 사람은 반드시 비참해진다. 하지만 다른 사람에게 봉사함으로써 자기 자신을 잊을 수 있는 사람은 인생의 기쁨을 발견한다.

여러분이 하우스만의 말에 감명을 받지 않는다면 20세기 미국에서 자장 저명한 무신론자인 시어도어 드라이저의 이야기는 어떤가. 그는 세상의 모든 종교는 동화에 불과하다고 냉소하고, 인생을 "어리석은 자의 이야기, 잡음과 분노밖에 없으며 전혀 무의미한 것"이라고 생각했다. 그러면서도 그는 예수가 말한 "다른 사람을 섬기라."라는 위대한 교훈에 대해서는 지지했다. 그는 이렇게 말했다.

"짧은 인생을 조금이라도 즐겁게 살고 싶다면, 자기 자신뿐만 아니라 타인을 위해 더 나은 상황을 만들 생각을 하고 계획해야 할 것이다. 왜냐하면 자기의 기쁨은 다른 사람들로부터 나오는 것이며, 그들의 기쁨은 자신에게서 나오기 때문이다."

만약 우리가 드라이저의 주장처럼 '타인을 위해 더 나은 상황을 만들 수 있는' 생각을 하고 다른 사람이 잘되도록 도와주기 위해 노력할 생각이라면 당장 실천해야 한다. 시간은 쉬지 않고 흘러간다.

"나는 이 길을 오직 한 번만 지나갈 수 있다. 그러므로 다른 사람에게 선행을 베풀거나 친절을 베풀 수 있는 작은 기회라도 생긴다면 당장 실천해야 한다. 망설여서도 안 되고 게으름을 피워서도 안 된다. 이 길을 다시는 지나갈 수 없기 때문이다.”

그러므로 걱정을 몰아내고 평화롭고 행복해지고 싶다면 다음의 법칙을 기억하라.

~~~~~~

법칙 7

다른 사람에게 관심을 가짐으로써 자기를 잊어라.

다른 사람에게 선행을 베푸는 삶이 스스로에게 최선을 다하는 삶이다.

~~~~~~

평화와 행복을 부르는 7가지 법칙

1 우리의 마음을 평화와 용기와 건강과 희망으로 가득 채우자. 인생은 자기가 생각하는 대로 만들어지는 것이다.

2 원수에게 복수하려고 하지 마라. 그렇게 하면 원수보다 자기 자신을 더 해친다. 마음에 들지 않는 사람을 생각하는 데 1분도 낭비하지 마라.

3 1. 고마움을 모른다고 화내지 말고 아예 기대하지 마라. 예수는 하루에 10명의 나병 환자를 고쳐주었지만 단 한 사람만 감사를 표했다. 우리가 예수보다 더 감사 받기를 기대해도 되는가?

　　2. 행복하고 싶다면 감사를 바라지 말고 베푸는 데서 얻는 즐거움을 누려라.

　　3. 감사하는 마음은 '배워서 알게 되는' 것이다. 그러므로 우리 자녀가 감사할 줄 아는 사람이 되기를 바란다면 감사하는 법을 가르쳐야 한다.

4 자신이 안고 있는 문제를 보지 말고 누리고 있는 축복을 보라.

5 다른 사람을 흉내 내지 마라. 자신이 누구인지 파악하고 자기답게 살아라. '부러움은 무지'이며 '모방은 자살 행위'다.

6 운명이 신 레몬을 주면 레모네이드를 만들려고 노력하라.

7 다른 사람에게 관심을 가짐으로써 자기를 잊어라. 다른 사람에게 선행을 베푸는 삶이 스스로에게 최선을 다하는 삶이다.

걱정을
이겨내는
방법

1

How to stop worrying and start living

부모님이 가르쳐준
걱정 탈출 비법

이미 말했듯이 나는
미주리주의 농장에서 어린 시절을 보냈다. 그 무렵 농민이라면 누구
나 그랬듯이 우리 부모님도 가난했다. 어머니는 시골 학교 교사였고
아버지는 한 달에 12달러를 받고 남의 집 농장에서 일했다. 어머니는
우리 옷을 손수 만들었을 뿐만 아니라 그 옷을 빨 비누도 직접 만들어
쓰셨다.

　1년에 한 번 돼지를 팔 때가 아니고는 집에 돈이 있는 경우는 거의 없
었다. 집에서 만든 버터나 달걀을 식료품점에서 밀가루며 설탕, 커피와
바꾸었다. 내가 열두 살 때 받은 한 해의 용돈은 50센트도 되지 않았다.
언젠가 독립기념일 축제를 구경하러 갔다가 아버지가 내 마음대로 쓰
라고 10센트를 주었던 기억이 아직도 생생하다. 그때 나는 세상에서 제

일 부자가 된 것 같은 기분이었다.

　나는 날마다 1마일씩이나 걸어서 교실이 하나밖에 없는 학교에 다녔다. 눈이 많이 내리거나 영하 28도 가까이 온도가 내려가는 날도 걸어 다녀야 했다. 열네 살이 될 때까지 고무신이나 장화를 신어보지 못했다. 길고 추운 겨울 동안 내 발은 늘 젖어 있었고 차가웠다. 어린 마음에 나는 겨울에 발이 따뜻한 사람은 아무도 없다고 생각했다.

　아버지와 어머니는 하루에 16시간씩 있는 힘을 다해 일했지만 늘 빚에 쫓기는 생활이었다. 아주 어렸을 때 큰 홍수가 나서 강이 범람하고 그로 인해 옥수수 농장과 건초밭이 물에 잠겨 엉망진창이 되었던 일도 기억하고 있다. 7년 가운데 6년 동안이나 홍수 때문에 농사를 짓지 못했던 일도 기억하고 있다. 또 해마다 콜레라로 돼지들이 죽어나갔고 그것을 태우는 냄새로 속이 메스꺼웠던 기억이 지금도 생생하다.

　어느 한 해는 수해로 인한 피해가 없었다. 농사는 풍작이었고 우리는 송아지와 새끼 돼지를 사다 옥수수로 그놈을 키웠다. 하지만 결과는 홍수가 닥쳤던 해와 마찬가지였다. 시카고의 가축 시장에서 가축 시세가 폭락했기 때문이다. 우리는 애써 키웠지만 가축을 살 때 들어간 돈에서 겨우 30달러를 남겼을 뿐이다. 꼬박 1년 동안 고생해서 겨우 30달러라니!

　어떤 일을 하든 우리는 손해를 보았다. 아버지는 새끼 노새를 사들여 3년 동안 사람까지 고용해서 잘 길들였다. 그런 다음 배에 실어 테네시주의 멤피스로 보냈다. 그런데 3년 전에 노새를 산 값보다 더 적은 돈을 받았다.

　10년 동안 힘들게 일했지만 우리 손에는 돈이 한 푼도 들어오지 않고 오히려 빚만 늘어갔다. 우리는 농장을 저당 잡히고 대출을 받았는데 아무리 열심히 일을 해도 갚아야 할 이자가 밀리기 일쑤였다. 우리에게 대출해준 은행은 아버지에게 모욕적인 말을 퍼부으며 농장을 빼앗겠다고 위협했다. 당시 아버지는 마흔일곱 살이었는데, 30년 넘게 열심히 일한 결과는 빚과 굴욕감뿐이었다. 아버지는 현실을 인정할 수 없었다. 늘 걱정이 떠나질 않았고 건강도 나빠졌다. 식욕마저 잃었다. 하루 종일 육체노동을 하는데도 식욕이 없어 식욕을 돋우기 위한 약을 먹어야만 했다. 아버지는 날로 여위어 갔다. 의사는 아버지가 앞으로 반년도 버티기 힘들다고 말했다. 아버지의 머릿속은 오직 걱정뿐이어서 더 이상 살고 싶은 생각도 없었다. 아버지가 말에게 먹이를 주거나 소젖을 짜기 위해 외양간에 갔다가 돌아오시는 시간이 늦어질 때면, 어머니는 혹시나 외양간에서 목을 매어 죽은 건 아닌가 싶어서 외양간으로 아버지를 찾으러 가곤 했다고 곧잘 말씀하셨다.

어느 날 메리빌에 있는 은행에 갔더니 돈을 갚지 않으면 목장을 빼앗아버리겠다고 위협했다. 집으로 돌아오는 길에 아버지는 다리 위에서 말을 세우고 마차에서 내려 흐르는 강물을 오랫동안 내려다보며 차라리 강물에 뛰어들어 모든 것을 끝내버릴까 하고 한참 고민에 빠졌다.

뒷날 아버지는 "그때 강물에 뛰어내리지 않았던 이유는 오직 하나, 어머니 때문이었다."고 나에게 말해주었다. 어머니는 사람들이 하나님을 사랑하고 계율을 잘 지키면서 산다면 모든 일이 잘될 것이라고 굳게 믿고 있었고, 그 믿음에 따라 사는 분이었다. 과연 어머니는 옳으셨다. 결국은 모든 일이 잘되어 나갔다. 아버지는 그 뒤 42년 동안 행복하게 살다 1941년, 여든아홉 살에 돌아가셨다.

힘들고 가슴 아픈 일이 많았지만 어머니는 결코 걱정하지 않았다. 어머니는 마음이 괴로울 때면 기도를 통해 하나님께 의지했다. 매일 밤 잠자리에 들기 전 어머니는 우리에게 성경의 한 구절을 낭독해주셨다. 어머니나 아버지가 읽어주었던 성경 구절 중에는 마음을 위로해주는 구절들이 있었다. "내 아버지의 집에는 거할 곳이 많도다…. 내가 너희를 위하여 거처를 예비하러 가노니… 나 있는 곳에 너희도 있게 하리라." 그런 다음 우리는 자신의 의자 앞에 무릎을 꿇고 우리에게 하나님의 사랑과 보호가 있기를 기도했다.

윌리엄 제임스가 하버드 대학교의 철학 교수로 있을 때 이런 말을 한 적이 있다. "당연한 얘기처럼 들리겠지만 걱정에 대한 최대의 처방은 종교적 신앙이다."

이런 사실을 발견하기 위해 하버드까지 갈 필요는 없다. 나의 어머니는 미주리주의 농장에서 그것을 발견했다. 홍수도 빚도 재난도 그녀의 행복하고도 찬란하게 빛나는 씩씩한 영혼을 굴복시킬 수는 없었다. 나는 어머니가 일하면서 종종 부르던 노래를 지금도 기억하고 있다.

평화, 평화, 놀라운 평화
하늘에 계신 아버지에게서 흘러나오네
내가 비오니 내 영혼을 길이 채우소서
끝없는 사랑의 물결로 나를 감싸소서

어머니는 내가 종교적인 사업에 일생을 바치기를 희망했다. 나는 해외 선교사가 되는 것을 진지하게 고민하기도 했다. 대학에 들어가고 세월이 흐름에 따라 내 생각은 달라지기 시작했다. 나는 생물학, 과학, 철학, 비교종교학 등을 공부했고, 성경이 씌어진 과정을 담은 책을 읽었다. 그리고 나는 성경에 기록된 얘기들에 많은 의문을 품게 되었고, 그 무렵의 시골 교회 목사들이 말하는 편협한 교리에 대해 의문을 품기 시작했다. 나는 어찌할 바를 몰랐다. 나는 월트 휘트먼이 얘기한 것처럼 나의 내면에서 기묘한 의문이 꿈틀거리는 것을 느꼈다.

나는 무엇을 믿어야 좋을지 몰랐다. 인생의 목적을 찾을 수 없었다. 나는 더 이상 기도를 하지 않았다. 나는 불가지론자가 되었다. 삶이란 계획할 수 없으며 목적도 없는 것이라고 믿었다. 인간은 2억 년 전에 이 땅 위를 어슬렁거리던 공룡들과 마찬가지로 신성한 목적이란 없는 존재라고 생각했다. 언젠가는 인류도 공룡과 마찬가지로 멸종될 것이라고 생각했다. 과학은 우리에게 태양이 조금씩 식어가고 있으며, 지금보다 온도가 10퍼센트만 내려가도 지구상에는 어떠한 생물도 살 수 없다는 것을 가르쳐주었다.

나는 또한 사랑의 하나님이 자신의 형상을 따라 인간을 창조했다는 관념에도 냉소했다. 검고 차가운, 생명 없는 우주 공간을 빙글빙글 돌고 있는 태양은 아무 목적이 없는 힘에 의해 만들어진 것이라고 믿었다. 아니, 창조된 것이 아니라 시간과 공간이 영원히 존재하듯이 태양들은 태초부터 존재하고 있는지도 모르는 것이다.

이 모든 의문에 대해 이제는 그 답을 알고 있다는 것일까? 아니다. 우주의 신비, 생명의 신비를 해명할 수 있었던 사람은 지금까지 한 사람도 없었다. 인간은 신비에 싸인 존재다. 우리 몸의 활동도 그렇고 전기도 그렇다. 금이 간 벽에 핀 꽃도 그렇고, 우리가 살고 있는 집 창밖에서 자라고 있는 풀들도 그렇다.

GM연구소의 지도자이면서 천재로 잘 알려진 찰스 F. 케터링은 풀이 왜 녹색을 갖게 되었는지 알아내기 위해 한 해에 3만 달러의 사비를 털어 안티오크 대학에 기부하고 있었다. 그는 풀이 어떻게 해서 햇빛과

물, 이산화탄소를 포도당으로 변하게 하는지 알아내기만 하면 인류 문명에 일대 혁신을 가져오리라고 단언했다. 자동차 엔진의 작동도 신비하다. GM연구소는 수년 동안 거액을 투입해 실린더 속의 조그마한 불꽃이 어떻게, 왜 폭발을 일으켜 차를 움직이게 하는지 밝혀내기 위해 연구했다.

우리가 인간의 육체나 전기 또는 가스의 신비를 이해하지 못한다고 그것을 사용하고 향유하는 데 방해가 되는 것은 아니다. 기도와 신앙의 신비를 이해하지 못한다는 사실 때문에 보다 풍요롭고 행복한 생활을 즐길 수 없는 것은 아니다. 많은 시간이 흐른 뒤 마침내 나는 "인간은 인생을 이해하기 위해서 만들어진 것이 아니라, 살기 위해서 만들어졌다."라고 한 산타나야의 말에 얼마나 큰 지혜가 담겨 있는지 깨달았다.

나는 다시 되돌아갔다. 종교로 되돌아갔다는 표현은 정확하지 않은 것 같다. 나는 종교에 대한 새로운 개념을 얻었다. 나는 기독교 내부에서 종파를 나누는 교리들이 서로 어떻게 다른지 따위에는 관심을 갖지 않는다. 오로지 종교가 나에게 어떤 역할을 하고 있는가만 생각했다. 그것은 전기나 좋은 음식 또는 물이 내게 베풀어주는 혜택에 대해 관심을 갖는 것과 마찬가지다. 그것들은 내 삶을 더 풍요롭고, 더 충만하고, 더 행복하게 만들어준다. 하지만 종교는 그 이상의 것, 정신적 가치를 부여해준다. 윌리엄 제임스의 표현을 빌리자면 그것은 나에게 "인생, 더 큰 인생, 더 크고 더 풍요롭고 더 만족스런 인생을 향한 새로운 열정"을 부여해준다. 신념과 희망, 용기를 주고, 긴장과 불안, 두려움, 걱정을 사라지게 한다. 나의 인생에 목적을 부여해주고 방향을 제시해준다. 내가 더욱 행복하고 더욱 건강해지도록 도와준다. 내가 나 자신을 위해 "인생이라는 소용돌이치는 사막 속에 평화의 오아시스"를 만들 수 있게 도와준다.

프랜시스 베이컨은 3백50년 전에 "철학은 조금 알면 무신론으로 기울고, 깊이 알면 다시 종교로 돌아온다."라고 말했다.

그의 말은 옳다. 과학과 종교 사이에 논쟁이 벌어진 일도 있었으나, 그런 논쟁은 이제 없다. 오늘날의 새로운 과학인 심리학에서도 예수가 가르쳤던 것을 가르치고 있다. 왜냐하면 기도와 신실한 종교적 신앙이 세상의 많은 질병 가운데 절반 이상을 일으키는 원인인 걱정이나 불안, 긴장, 두려움을 몰아낸다는 것을 심리학자들도 잘 알고 있기 때문이다. 심리학자들의 수장 격인 A. A. 브릴 박사가 말했듯이 "진심으로 신앙심이 깊은 사람은 신경증에 걸리지 않는다."라는 사실을 그들 역시 알고 있다. 만일 종교가 진실하지 않다면 인생은 무의미하다. 인생은 비극적인, 속이 빤히 들여다보이는 연극이다.

헨리 포드가 죽기 몇 해 전에 그를 만난 적이 있다. 나는 그가 오랜 시간 동안 세계 최대의 사업체를 창립하고 경영하는 사람이니 그에 합당한 긴장이 그의 얼굴에 새겨져 있을 것이라고 생각했다. 하지만 막상 그를 만나고는 놀라지 않을 수 없었다. 일흔여덟 살 노인이라고는 믿어지지 않을 정도로 침착하고 온화한 모습이었던 것이다. 그에게 근심으로 시달린 적이 없느냐고 물었더니 그는 다음과 같이 대답했다.

"없습니다. 무슨 일이든 하나님께서 주관하고 있으니까요. 하나님은 나의 의견을 필요로 하지 않습니다. 하나님께서 책임져주시는 한 모든 일은 결국 가장 좋게 된다고 믿고 있어요. 그러니 걱정할 이유가 무엇이겠습니까?"

오늘날에는 정신과 의사들조차도 복음의 전도사 역할을 하고 있다. 그들이 우리에게 종교를 갖도록 권하는 이유는 죽은 뒤 지옥에 가지 말라는 의미가 아니다. 현세의 지옥인 위궤양이나 협심증, 신경 쇠약 또는 정신 이상으로 고통스러운 삶을 살지 않도록 종교를 권하는 것이다. 심리학자나 정신과 의사들의 생각을 알고 싶다면 실제 사례들이 실린 헨리 C. 링크 박사의 《종교에의 복귀》를 읽으면 도움이 될 것이다.

기독교는 확실히 인간에게 영감과 건강을 가져다주는 종교다. 예수는 "내가 온 것은 너희로 하여금 생명을 더욱 풍성하게 얻게 하고자 함이니라."라고 말했다. 예수는 그의 시대에 종교라고 지목되어 있었던 형식적인 의식이나 무의미한 형식을 비난하고 공격했다. 그는 반역자였다. 그는 새로운 종교, 세상을 뒤집을지도 모르는 위험한 종교를 설파했고 그 때문에 십자가에 못 박혔다. 그는 종교는 인간을 위해 있는 것이지 인간이 종교를 위해 있는 것이 아니라고 설파했다. 안식일은 인간을 위해 만들어진 것이지 안식일을 위해 인간이 만들어진 것은 아니라고 했다. 그는 죄보다는 공포에 관해 더 많은 이야기를 했다. 그릇된 종류의 두려움은 건강을 해치는 죄이며, 예수가 역설했던 더 풍족하고 더 행복하고 더 용기 있는 인생을 가로막는 죄악이다. 에머슨은 자신을 "즐거움의 과학"을 가르치는 교사라고 불렀다. 예수 역시 '즐거움의 과학'을 가르친 교사였다. 그는 제자들에게 "기뻐하고 즐거워하라."라고 명령했다.

예수는 종교에서 중요한 것은 단 2가지라고 주장했는데, 진심으로 주를 사랑하고 이웃을 내 몸과 같이 사랑하는 것이었다. 자기 자신이 알든 모르든 그것을 실행하는 사람은 종교적인 사람이다. 예를 들어, 오클라호마에 사는 나의 장인 헨리 프라이스 같은 분이 그렇다. 그는 자신이 정한 황금률에 따라 살고자 노력했으며, 그에 따라 비열한 행동이나 이기적이고 정직하지 못한 행동은 하지 않는다. 그러면서도 교회에는 나가지 않았으며 불가지론자로 자처하고 있었다. 하지만 그렇지 않다! 도대체 기독교인이란 어떤 사람인가! 존 베일리에게 대답을 부탁해보자. 그는 아마 에든버러 대학교에서 신학을 강의했던 교수 가운데 가장 뛰어난 사람일 것이다. 그는 이렇게 말하고 있다.

"기독교인이 된다는 것은 관념을 지적으로 받아들이는 것도 아니고, 어떤 특정한 규칙을 신봉하는 것도 아니다. 어떤 '정신'을 가지고 어떤 특정한 삶을 사는 것이다."

그의 말대로라면 헨리 프라이스는 훌륭한 기독교인이다. 현대 심리학의 아버지 윌리엄 제임스는 그의 친구 토머스 데이비슨에게 보낸 편지에서 나이가 들수록 "하나님을 외면하고 살아간다는 것이 점점 더 불가능하다."라는 것을 깨달았다고 적고 있다.

이 책 앞부분에서 내 수강생들이 보낸 사례 가운데 가장 우수한 글을 결정해야 하는데 우열을 가릴 수 없을 정도로 뛰어난 두 편의 글 때문에 결국 상금을 둘로 나누었다는 이야기를 했다. 그 가운데 한 편은 이미 이야기했으므로 남은 한 편을 이제 소개하기로 한다. 이것은 하나님 없이는 살아갈 수 없다는 것을 고통스러운 경험을 통해 알게 된 어느 부인의 이야기다.

나는 그 부인의 이름을 메리 쿠시먼이라고 부르기로 한다. 그녀의 아들이나 손자들이 책에 실린 그녀의 이야기를 보고 당황할 수도 있으므로 가명으로 해달라는 그녀의 요청 때문이다. 하지만 그 부인은 분명히 실제 인물이다. 몇 달 전 그녀는 내 책상 옆에 놓인 팔걸이의자에 앉아서 자신의 이야기를 들려주었다. 그 이야기는 다음과 같다.

 대공황기에 남편의 평균 주급은 18달러였는데, 그나마도 받지 못하는 때가 많았습니다. 남편은 지병이 있어 자주 결근했는데 그럴 때는 수입이 없었습니다. 남편은 병치레가 잦았습니다. 볼거리를 앓는가 하면 어느 날은 성홍열에 걸리기도 하고 늘 감기를 달고 살았습니다. 사정이 이렇다 보니 우리가 손수 지은 작은 집도 남의 손에 넘기게 되었습니다. 식료품 가게에 갚아야 할 돈이 50달러나 밀려 있었고 아이들은 다섯이나 되었습니다. 저는 이웃들의 빨래나 다림질을 해주고 품삯을 받았고, 구세군 상점에서 헌 옷을 사다가 고쳐서 아이들에게 입혔습니다. 저는 근심으로 하루도 마음이 편한 날이 없었고 그러다 보니 몸도 성치 않았습니다.

그러던 어느 날 50달러가 밀려 있는 식료품 가게 주인이 열한 살된 우리 아이를 데리고 왔습니다. 우리 아이가 자기 가게에서 연필 몇 자루를 훔쳤다는 것이었습니다. 아이는 울고만 있었습니다. 그 아이는 정직하고 감수성이 예민한 편이었습니다. 그런데 많은 사람 앞에서 모욕과 창피를 당했다는 것을 알 수 있었습니다. 그건 사소한 일이었지만 저에게는 더 이상 살아갈 의욕을 잃게 하는 결정타였습니다. 아무런 희망도 보이지 않았습니다. 상심 때문에 잠시 정신이 이상해졌던 모양인지, 저는 세탁기를 멈추고 이제 다섯 살 된 어린 딸을 데리고 침실로 가서 창문을 닫고 헝겊 조각이며 종이로 창문과 벽에 난 틈을 틀어막았습니다. 딸아이가 "엄마, 뭐해요?" 하고 물었습니다. 저는 "문틈으로 바람이 들어오는구나."라고 대답했습니다. 그리고 나서 저는 침실에 있는 가스난로의 가스를 틀었습니다. 불을 붙이지는 않았습니다. 딸아이를 옆에 누이고 제가 침대에 눕자 딸이 말했습니다.

"엄마, 이상해요. 우리 조금 아까 일어났잖아요."

"괜찮단다. 낮잠을 조금 자는 거야."

저는 이렇게 대답하고 눈을 감았습니다. 가스난로에서 새어나오는 가스 소리가 들렸습니다. 그때의 가스 냄새를 저는 평생 잊지 못할 겁니다!

그런데 그때였습니다. 갑자기 음악 소리가 들리는 것 같았습니다. 귀를 기울여 들어보았습니다. 부엌에 있는 라디오를 깜빡 잊고 끄지 않았던 모양입니다. 하지만 그런 것은 상관없었습니다. 음악은 여전히 계속되고 있었습니다. 누군가가 찬송가를 부르고 있었습니다.

죄짐 맡은 우리 구주 어찌 좋은 친군지
걱정 근심 무거운 짐 우리 주께 맡기세
주께 고하지 않는 고로 복을 얻지 못하네
사람들이 어찌하여 아뢸 줄을 모를까

찬송가에 귀를 기울이고 있는 동안 제가 끔찍한 잘못을 저지르고 있다는 것을 깨달았습니다. 저는 혼자서 온갖 어려운 문제들을 해결해보겠다고 안간힘을 쓴 것입니다. 기도로 모든 것을 주의 뜻에 맡기려고 하지 않았던 것입니다. 저는 벌떡 일어나 가스를 끄고 문과 창문을 열었습니다.

그날 하루 종일 저는 눈물로 기도를 드렸습니다. 하지만 하나님께 도와달라고 기도한 것은 아니었습니다. 제게 주신 축복에 대해 진심으로 감사를 드렸습니다. 건강하고 착하고 몸도 마음도 굳세고 튼튼한 다섯 아이를 주신 축복에 대해 진심으로 감사를 드렸습니다. 두 번 다시 감사를 모르는 짓은 하지 않겠노라고 하나님께 맹세했습니다. 그리고 지금까지 그 맹세를 지키고 있습니다.

　우리는 집을 잃고 나서 한 달에 5달러만 내면 살 수 있는 조그만 시골 학교 관사로 이사를 가야 했지만 나는 그때도 하나님께 감사드렸습니다. 비바람과 추위를 막을 수 있는 지붕이 있다는 것만으로도 감사드렸습니다. 일이 그 이상으로 나빠지지 않은 것을 감사드렸고, 마침내 하나님께서 제 기도를 들어주셨다고 생각합니다. 당장은 아니었지만 상황이 조금씩 좋아졌기 때문입니다. 경기가 회복되면서 돈도 조금씩 벌 수 있게 되었습니다.

　저는 골프장의 휴대품 보관실에서 일하게 되었고 부업으로 양말을 팔았습니다. 아들 하나는 대학 졸업에 필요한 돈을 벌기 위해 농장에 일자리를 얻어 아침저녁으로 13마리나 되는 젖소의 젖을 짜는 일을 했습니다. 우리 아이들은 모두 잘 자라 결혼도 했습니다. 귀여운 손자 손녀도 셋이나 두었습니다. 그 끔찍스러운 날, 가스를 틀었던 그날을 생각할 때마다 저는 그 위기의 순간에 저를 일어나게 해주신 하나님께 감사를 드립니다. 그때 만약 그런 끔찍한 짓을 저지르고 말았다면 얼마나 큰 기쁨을 놓쳤을까! 지금 누리고 있는 이 멋진 시간을 영원히 잃어버렸을지도 모른다! 그러기에 더 이상 살고 싶지 않다고 말하는 사람들이 있다면 저는 이렇게 외치고 싶습니다. "안 돼요! 절대로 그러지 마세요!" 우리가 견뎌내야 하는 어둠의 시간은 찰나에 불과합니다. 견디고 나면 비로소 멋진 미래가 시작됩니다.

　미국에서는 평균 35분마다 한 사람이 자살하고 2분마다 한 사람 꼴로 정신 이상에 걸리고 있다. 그들이 종교와 기도를 통해 평화와 위안을 가질 수만 있었다면 대부분의 자살과 정신 이상은 충분히 예방할 수 있었을 것이다.

현대의 가장 뛰어난 심리학자로 알려진 칼 융 박사는 그의 저서《영혼을 탐구하는 현대인》에서 다음과 같이 말하고 있다.

"지난 30년 동안 나는 세계의 거의 모든 문명국가 사람들을 상담했고 수백 명의 환자를 치료했다. 내가 진찰한 환자 가운데 인생의 후반기, 즉 서른다섯 살이 넘은 환자들 가운데 대부분이 종교적 인생관을 갖는 것 외에 달리 해결 방안을 찾을 수 없는 상황에 놓여 있다고 단언할 수 있다. 그들은 모두 어느 시대건 살아 있는 종교가 신자들에게 준 것을 잃어버렸기 때문에 질병에 걸렸다고 해도 과언이 아니다. 또한 종교적 인생관을 회복하지 못한 사람은 진정한 의미에서 치유되었다고 볼 수 없다."

이것은 상당히 의미심장한 말이므로 눈에 잘 띄는 활자로 다시 한번 적어보겠다. 칼 융 박사는 이렇게 말했다.

지난 30년 동안 나는 세계의 거의 모든 문명국가 사람들을 상담했고 수백 명의 환자를 치료했다. 내가 진찰한 환자 가운데 인생의 후반기, 즉 서른다섯 살이 넘은 환자들 가운데 대부분이 종교적 인생관을 갖는 것 외에 달리 해결 방안을 찾을 수 없는 상황에 놓여 있다고 단언할 수 있다. 그들은 모두 어느 시대건 살아 있는 종교가 신자들에게 준 것을 잃어버렸기 때문에 질병에 걸렸다고 해도 과언이 아니다. 또한 종교적 인생관을 회복하지 못한 사람은 진정한 의미에서 치유되었다고 볼 수 없다.

윌리엄 제임스도 이와 비슷한 말을 하고 있다.

"신앙은 인간이 의지하고 살아가는 데 꼭 필요한 힘이다. 신앙이 없다는 것은 붕괴를 의미한다."

석가 이후 인도 역사상 최고의 지도자인 마하트마 간디도 기도라는 지지력을 통해 격려받지 않았다면 쓰러지고 말았을 것이다. 그것을 어떻게 아느냐고? 간디 스스로 그렇게 말했기 때문이다. 그는 이렇게 적었다.

"기도가 없었다면 나는 아마 아득한 옛날에 미쳐버렸을 것이다."

이와 같은 사실은 수없이 많은 사람에게서 확인할 수 있다. 나의 아버지도 어머니의 기도와 신앙이 없었더라면 물에 빠져 죽고 말았을 것이다. 지금 정신병원에서 고래고래 고함을 지르며 고통받고 있는 수많은 영혼도 혼자만의 힘으로 인생의 거친 파도를 타고 넘으려 하지 않고 더 큰 힘에 도움을 구했더라면 구원을 받았을 것이다.

우리 능력이 한계에 부딪쳐 절망하고 고통을 겪게 되면 사람들은 신에게 매달린다. "전투 참호 안에는 무신론자가 없다."라는 말도 있다. 그런데 왜 우리는 마지막 순간이 올 때까지 기다리는 것인가? 왜 날마다 힘을 새롭게 하지 않는가? 왜 일요일까지 미루는가?

오래전부터 나는 평일 오후의 아무도 없는 교회에 들어가 보곤 한다. 마음이 다급하고 일이 바빠서 영적인 문제를 생각할 여유가 없다고 생각될 때면 나는 자신에게 이렇게 타이르곤 한다. "잠깐만 기다려, 데일 카네기. 잠깐 기다리라고. 이봐, 어째서 그렇게 언제나 조급하고 초조해하는 거지? 잠깐 걸음을 멈추고 생각을 정리할 필요가 있어."

나는 이럴 때, 열려 있기만 하면 가장 먼저 눈에 띄는 교회로 들어간다. 나는 개신교도이긴 하지만 평일 오후 5번가에 있는 성 패트릭 성당에 들르기도 한다. 그러고는 생각에 잠긴다. 앞으로 30년 후 내가 죽더라도 교회에서 가르치는 위대한 영적인 진리는 영구불멸할 것이다. 나는 눈을 감고 기도를 드린다. 그렇게 하고 있노라면 마음이 차분해지고 몸도 편안해진다. 판단력도 명확해져서 가치를 재검토하는 데 도움이 되는 것을 느낀다. 여러분도 이렇게 해보면 어떨까?

지난 6년 동안 이 책을 쓰면서 나는 어떻게 해서 기도를 통해 두려움이나 걱정을 극복했는지에 관한 구체적인 경우와 실화를 수없이 많이 수집했다. 내 서류함에는 그러한 사례들을 정리해둔 파일들이 넘치도록 많이 보관되어 있다. 그 전형적인 예로 실의와 낙망에 빠져 있던 서적 판매원 존 R. 앤서니의 이야기를 하겠다. 앤서니는 지금 텍사스의 휴스턴에서 변호사로 일하고 있다. 그가 나에게 들려준 이야기는 이러하다.

22년 전 저는 법률 사무소를 정리하고 법률 서적 전문 출판사의 세일즈맨이 되었습니다. 저의 주요 업무는 법조인들에게는 필독서라고 할 수 있는 법률 서적을 판매하는 것이었습니다. 저는 그 일에 대한 훈련을 충분히 받았고 능력도 있었습니다. 판매에 필요한 화술을 비롯해 어떤 부정적인 반응이 있더라도 설득력 있는 답변이 준비되어 있었습니다.

저는 고객을 방문하기 전에 변호사로서의 그의 지위나 그가 다루고 있는 소송 실무의 종류, 그의 정치적 성향이나 취미까지 미리 파악해두었습니다. 상담을 하면서 그런 지식을 활용했습니다. 하지만 어떤 잘못 때문인지 저는 주문을 받지 못했습니다. 저는 점점 용기를 잃어갔습니다. 그렇게 몇 주가 지나자 저는 지금까지보다 두 배 세 배를 더 노력했지만, 그동안 쓴 비용을 보충할 만큼의 주문도 받지 못했습니다.

두려움과 불안한 마음이 싹트기 시작했습니다. 사람들을 방문하는 것이 점점 무섭게 느껴졌습니다. 고객의 사무실에 들어가려면 두려운 감정이 생기면서 문 밖의 복도를 왔다 갔다 하거나 건물 밖으로 나가서 부근을 어슬렁거리며 돌아다니곤 했습니다. 그렇게 귀중한 시간을 한참이나 허비한 끝에 용기를 내어 사무실 문도 박살낼 수 있다고 억지로 믿은 다음 떨리는 손으로 살그머니 문의 손잡이를 돌렸습니다. 하지만 마음속으로는 아무도 없었으면 좋겠다고 바라면서 말입니다!

저를 관리하는 지배인은 더 많은 주문을 받아오지 못하면 보수를 줄 수 없다고 경고했습니다. 집에서 세 아이를 키우는 아내는 식료품 가게에 밀린 돈을 갚아야 한다고 한탄하고 있었습니다. 저는 걱정에 사로잡혔습니다. 날이 갈수록 저는 점점 더 절망에 빠졌습니다. 어떻게 해야 할지를 몰랐습니다.

앞서 말했듯이 저는 법률 사무소 일을 그만두었고 고객들도 이미 떠났습니다. 마침내 저는 파산했고 제가 묵고 있는 호텔의 숙박비조차 지불할 수 없는 지경이었습니다. 집으로 돌아갈 기차표를 살 돈도 없고, 비록 기차표를 산다고 해도 패배자의 모습으로 돌아갈 용기도 없었습니다. 마침내 악운의 마지막 하루를 마치고 저는 터덜터덜 호텔 방으로 돌아왔습니다. '오늘이 마지막'이라는 체념이 들었습니다. 완벽하게 실패한 것입니다.

마음은 상처투성이인 데다 의기소침해진 저는 어디로 가야 할지 막막했습니다. 살든 죽든 아무래도 좋았습니다. 이 세상에 태어난 것도 후회스러웠습니다. 그날 밤 식사로는 따뜻한 우유 한 잔 말고는 살 수도 없었지만 그것마저도 마음 편하게 살 수 있는 형편이 아니었습니다. 그날 밤 저는 절망적인 사람들이 호텔 창문에서 뛰어내리는 심정을 이해할 수 있었습니다. 용기가 있었다면 저도 그렇게 했을지도 모릅니다. 저는 인생의 목적이 무엇인지 생각해보았지만 알 수 없었습니다. 저로서는 그 문제를 해결할 수 없었습니다.

의지할 데가 전혀 없었던 저는 하나님께 의지했습니다. 기도하기 시작했습니다. 저를 가두고 있는 깊고 어두운 절망의 황야를 건널 수 있도록 빛을 주시고, 지혜를 주시고, 인도해달라고 하나님께 매달렸습니다. 부디 아내와 아이들을 먹여 살릴 수 있도록 책 주문을 많이 받을 수 있게 해달라고 간절히 호소했습니다. 기도를 마치고 눈을 뜨자 쓸쓸한 호텔 방 경대 위에 덩그러니 놓여 있는 성경이 눈에 띄었습니다. 성경을 펼치자 몇 세기에 걸쳐 외로움과 걱정에 사로잡힌 수많은 사람에게 용기를 주었을 예수의 아름다운 약속이 있었습니다. 그 약속은 예수님이 제자들에게 어떻게 걱정으로부터 자유로울 수 있는가를 가르치신 말씀이었습니다.

"생명을 위해 무엇을 먹을까, 또는 무엇을 마실까 걱정하지 말고, 몸을 감싸려고 무엇을 입을까 걱정하지 마라. 목숨이 음식보다 소중하지 아니하냐? 몸이 옷보다 소중하지 아니하냐? 공중의 새를 보아라. 씨를 뿌리지 않고 거두지도 않고 곳간에 모으지도 않으나 너희의 하늘 아버지께서는 그것들을 먹이신다. 너희는 새보다 귀하지 아니하냐? … 너희는 먼저 하나님의 나라와 하나님의 의를 구하여라. 그리하면 이 모든 것을 너희에게 더하여 주실 것이다."

기도를 드리고 이 말씀을 읽는 사이 기적 같은 일이 일어났습니다. 신경질적인 긴장이 사라지고 근심과 두려움, 걱정이 마음을 따뜻하게 해주는 용기와 희망과 승리의 믿음으로 바뀌었습니다.

호텔 숙박비를 치를 돈도 없었지만 저는 행복했습니다. 저는 침대에 들어가 실로 몇 해 만에 처음으로 근심 걱정 없이 푹 잤습니다. 다음 날 아침 저는 고객이 사무실 문을 열 때까지 기다려야 한다는 것을 도저히 참을 수 없었습니다. 비가 내리고 춥기는 했지만 그 아름다운 날 아침에 자신감 넘치는 씩씩한 걸음걸이로 첫 번째 고객의 사무실 문에 도착했습니다. 저는 침착하고 단호한 태도로 손잡이를 돌렸습니다. 그리고 안으로 들어가서 고개를 들고 명랑하게, 적당한 위엄을 유지하면서 고객에게 곧바로 걸어가 인사를 했습니다.

"안녕하세요, 스미스 씨! 올아메리칸 법률 서적 회사의 존 R. 앤서니라고 합니다."

"아, 네, 그렇습니까?"

그는 의자에서 일어서더니 빙긋 웃으며 손을 내밀었습니다.

"반갑습니다. 자, 앉으시죠!"

저는 그날 하루에 지난 몇 주 동안 판매한 것보다 더 많은 주문을 받았습니다. 저녁 때 저는 개선장군이라도 된 것처럼 의기양양하게 호텔로 돌아왔습니다. 다시 태어난 것 같은 기분이었습니다. 실제로 새로운 사람이 되었습니다. 새롭고 용감한 정신 자세를 갖게 되었으니까요. 그날 밤의 식사는 뜨거운 우유가 아니었습니다. 그럴 리가요? 제대로 된 스테이크 요리였습니다. 그리고 그날부터 나의 판매 실적은 나날이 향상되었습니다.

21년 전 그 절망의 밤에, 텍사스주 애머릴로에 있는 작은 호텔 방에서 저는 새로 태어난 것입니다. 그다음 날 저의 겉모습은 실패만 하던 그전 몇 주와 같았지만 내부에는 놀라운 변화가 일어나고 있었습니다. 저는 하나님과의 관계에 대해 갑작스러운 순간에 깨닫게 되었습니다. 자기에게만 의지하는 사람은 쉽게 패배하지만, 마음에 하나님의 힘을 가진 사람은 패배하지 않습니다. 저는 분명히 알고 있습니다. 제 삶에서 직접 겪었으니까요.

"구하라 그러면 너희에게 주실 것이요, 찾으라 그러면 찾을 것이요, 문을 두드리라 그러면 열릴 것이니라."

일리노리주 하이랜드 8번가에 사는 L. G. 비드 부인은 무서운 비극에 부닥쳤을 때 무릎을 꿇고 "오, 주여, 내 뜻대로 하지 마시고 당신 뜻대로 하옵소서."라고 기도함으로써 평화로워지고 침착해질 수 있다는 것을 깨달았다. 그녀에게서 온 편지에는 이렇게 씌어 있었다.

어느 날 밤 전화벨이 울렸습니다. 전화벨이 열네 번이나 울렸을 때 저는 겨우 용기를 내어 수화기를 들었습니다. 저는 틀림없이 병원에서 걸려온 전화일 것이라는 생각에 두려웠던 것입니다. 제 어린 아들이 죽어가고 있는 건 아닐까 두려웠습니다. 제 아들은 뇌막염으로 페니실린 주사를 맞았는데 그 때문에 체온에 변화가 일어났고, 의사가 병독이 뇌에까지 미치고 있는지도 모른다, 만약 그렇다면 뇌종양으로 발전해서 사망할 수도 있다고 말했던 것입니다. 전화는 제가 두려워한 대로 병원에서 걸려온 것이었고 즉시 와달라고 했습니다.

대기실에서 기다리는 우리 부부의 심정이 어떠했을지는 상상할 수 있을 것입니다. 다른 사람들은 모두 자신들의 아기를 안고 있는데 우리만 빈손으로 앉아 있었습니다. 우리는 다시 우리 아이를 안게 될 수 있을지 두려운 마음으로 기다렸습니다. 한참 만에 진료실로 들어간 우리는 의사의 표정을 보고 가슴이 덜컥 내려앉았습니다. 의사의 말은 더욱 무서웠습니다. 우리 아이가 살아날 확률은 4분의 1에 불과하다며, 그러니 혹시 아는 의사가 있으면 불러서 상담을 받아보는 게 좋겠다고 했습니다. 집으로 돌아오는 도중 남편은 흥분해서 주먹을 불끈 쥐고 핸들을 내리치며 소리를 질렀습니다.

"베츠, 나는 절대 우리 아이를 포기할 수 없어."

남자가 우는 것을 본 적이 있으신가요? 결코 유쾌한 경험은 아닙니다. 우리는 길가에 차를 세워놓고 의논한 끝에 교회에 가서 기도를 드리기로 결심했습니다. 만약 우리 아이를 데려가는 것이 하나님 뜻이라면 그 뜻에 따르겠다고 말입니다. 저는 신도석에 무너지듯 주저앉아 눈물을 흘리며 기도했습니다.

"내 뜻대로 하지 마시고 당신 뜻대로 하소서."

그렇게 기도를 끝내자 마음이 좀 밝아졌습니다. 오랫동안 느껴보지 못한 평화가 솟아나는 것 같은 느낌이었습니다. 저는 집으로 돌아오는 길에도 줄곧 "내 뜻대로 하지 마시고 당신 뜻대로 하소서."라고 되풀이했습니다. 그날 밤에는 오래간만에 곤하게 잤습니다. 그리고 며칠 뒤 의사로부터 바비가 위험한 고비를 넘겼다는 전화가 걸려왔습니다. 저는 지금 네 살 된 건강한 아이와 함께 있다는 것에 하나님께 감사하고 있습니다.

종교를 부녀자나 아이들 또는 성직자를 위한 것이라고 보는 남자들이 있다. 그들은 제 힘으로 싸워나갈 수 있는 사나이라는 것을 자랑하는 것이다. 만약 그들이 세계에서 가장 유명한 '사나이'가 날마다 기도하고 있다는 사실을 안다면 몹시 놀랄 것이다. 이를테면 진정한 사나이

잭 뎀시 같은 사람이 그렇다. 그는 밤마다 잠자리에 들기 전에 기도를 드린다고 말했다. 또 하나님께 감사 기도를 드린 뒤에야 식사를 하고, 시합을 앞두고 연습하는 중에도 날마다 기도하고, 시합 중에도 라운드마다 벨이 울리기 전에 기도한다고 말했다. 그는 이렇게 말했다.

"기도는 나에게 용기를 주고 자신 있게 싸울 수 있도록 힘을 준다."

사나이 코니 맥은 매일 밤 기도를 하지 않으면 잠을 잘 수 없다고 내게 이야기했다. 사나이 에디 리켄베커는 자신의 인생이 기도를 통해 구원받았음을 믿는다고 내게 말한 적이 있다. 그는 날마다 기도를 드리고 있다. 사나이 에드워드 R. 스테티니어스는 제너럴 모터스와 US 스틸에서 최고임원이었으며 국무장관을 역임한 바 있다. 그는 매일 아침저녁으로 지혜와 지도력을 베풀어주십사고 기도한다고 내게 말했다. 사나이 J. P. 모건은 당대 최고의 금융인이었는데, 그는 토요일 오후에는 월가 모퉁이에 있는 트리니티 성당에 가서 무릎을 꿇고 기도했다. 사나이 아이젠하워는 영미 연합국 최고사령관으로 부임하기 위해 비행기를 타고 영국으로 갈 때 단 한 권의 책을 휴대했다. 그것은 성경이었다. 사나이 마크 클라크 장군도 전시 중에 날마다 성경을 읽고 기도했다고 나에게 말한 적이 있다. 장제스 총통도 그랬고 '엘 알라마인의 몬티'로 유명한 몽고메리 장군도 그랬다. 트라팔가르 해전으로 유명한 넬슨 제독도 기도했다. 워싱턴 장군과 로버트 E. 리 장군, 스톤월 잭슨 같은 장군을 비롯해 수많은 전쟁 영웅들이 그러했다. 이 사나이들은 "인간과 하나님은 서로 관련되어 있다. 따라서 우리 자신을 하나님 영향에 맡기면 가장 깊은 운명이 성취된다."라고 한 윌리엄 제임스의 말에 담긴 진리를 알고 있었던 것이다.

수많은 사나이가 이 진리를 받아들이고 있다. 현재 교회에 다니는 미국인은 7천2백만 명에 이른다. 이제까지 없던 기록이다. 앞에서도 말한 바와 같이 과학자들도 종교에 의지하고 있다. 예를 들면,《인간, 그 신비한 존재》의 저자로 과학자에게 주어지는 최고의 영광인 노벨상을 수상한 알렉시 카렐 박사가 있다. 그는 〈리더스 다이제스트〉에 기고한 글에서 다음과 같이 말하고 있다.

"기도는 인간이 발휘할 수 있는 가장 강력한 형식의 에너지다. 그것은 지구의 중력과 같은 실제적인 힘이다. 의사로서 나는 수많은 사람이 온갖 요법이 실패로 돌아간 뒤 조용히 기도에 힘쓰는 것만으로 질병이나 우울증에서 구제받은 예를 목격하고 있다. 기도는 마치 라듐처럼 빛을 내며 스스로 힘을 내는 에너지의 원천이다…. 기도는 인간을 모든 에너지의 근원이 되는 힘으로 불러들임으로써 한계에 부딪힌 에너지를 증가시킨다. 기도할 때 우리는 우주를 움직이는 무한한 원동력에 우리를 결부시킨다. 우리는 이 힘의 일부가 우리의 필요에 배분되도록 기도한다. 이렇게 구하는 것만으로도 인간적 결함은 충족되고, 우리는 힘을 얻고 치유되어 일어서게 되는 것이다…. 우리가 간절히 기도하면서 하나님께 호소할 때, 우리의 몸과 마음은 보다 좋은 상태로 변한다. 남자건 여자건 순간의 기도로도 반드시 좋은 결과를 얻게 된다."

버드 제독은 "우주를 움직이는 무한한 원동력에 우리를 결부시킨다."는 것이 무엇을 의미하는지 잘 이해하고 있다. 그것을 해낸 그의 능력 덕에 그는 생애 최대의 시련을 헤쳐 나갔던 것이다. 그 사실을 그의 저서《혼자서》에서 술회하고 있다.

1943년 그는 남극의 오지인 로스 배리어 만년빙 아래 파묻힌 오두막에서 다섯 달 동안이나 지냈다. 그는 남위 78도선 아래에서 유일하게 살아 있는 생물이었다. 사나운 눈보라가 오두막집 위로 무섭게 휘몰아치고 있었다. 수은주는 영하 63도까지 내려갔다. 그는 끝이 보이지 않는 어둠의 장막에 완전히 포위되었다. 어느 순간 그는 난로에서 새어나오는 일산화탄소 때문에 자신이 차츰 중독되고 있다는 사실을 깨달았다. 어떻게 할 것인가?

자신을 도와줄 수 있는 곳은 가장 가까운 곳도 1백23마일이나 떨어져 있었다. 서너 달은 걸려야 그가 있는 곳에 도착할 수 있는 거리였다. 그는 난로와 환기 장치를 수리했지만, 가스는 여전히 새어나왔다. 가끔 가스 때문에 의식을 잃고 마루 위에 쓰러져 있곤 했다. 먹을 수도 없고 잘 수도 없었다. 그는 거의 침대에서 일어나지도 못할 만큼 쇠약해져 있었다. 다음 날 아침까지 살아 있을 것 같지 않아 두려웠다. 그는 분명 자신이 오두막집에서 죽을 것이고 시체는 내리 퍼붓는 눈에 파묻히고 말 것이라고 확신했다.

그런데 무엇이 그의 목숨을 구했을까? 어느 날 그는 절망한 나머지 일기장을 꺼내 자기의 인생관을 써보기로 했다. 그는 이렇게 썼다. "인류는 우주에서 혼자가 아니다." 그는 하늘에 떠 있는 별자리와 행성의 규칙적인 운행에 대해 생각했다. 그러자 영원히 존재하는 태양이 언젠가는 황량한 남극 지방의 구석까지도 비쳐주기 위해 돌아올 것이라는 생각이 들었다. 그는 일기에 "나는 혼자가 아니다."라고 썼다.

이 깨달음, 지구 끝의 얼음 구덩이 속에 혼자 있으면서도 나는 혼자가 아니라는 깨달음이 리처드 버드를 구한 것이다. 그는 말했다. "그것이 나를 지탱해주었다." 그리고 이렇게 덧붙였다. "살아가면서 자기 안에 존재하는 능력의 한계점까지 다 쓰는 사람은 거의 없다. 우리의 내면 깊은 곳에는 결코 사용해본 적이 없는 능력의 샘이 숨어 있다."

리처드 버드는 하나님께 호소함으로써 그 능력의 샘을 발견했고 그 능력을 이용하는 방법을 배운 것이다.

글렌 A. 아놀드는 일리노이주의 옥수수 밭 한가운데서 버드 제독이 남극의 빙설 속에서 배운 것과 똑같은 것을 배웠다. 일리노이주 칠리코시에서 보험 중개업을 하는 아놀드 씨는 걱정을 극복한 방법에 관해 이렇게 이야기했다.

8년 전입니다. 나는 이것이 내 인생에서 마지막이라고 생각하면서 사무실 문을 닫았습니다. 그러고는 차를 몰고 강 하구 쪽으로 갔습니다. 저는 패배자였습니다. 한 달 전에 저의 작은 세계가 제 머리 위로 무너져 내렸습니다. 제가 경영하던 전기설비 사업이 암초에 부딪힌 것입니다. 집에는 어머니가 죽음을 기다리며 누워 있었고, 아내는 두 번째 아이를 낳으려 하고 있었습니다. 치료비 청구서는 점점 늘어만 갔습니다. 사업을 시작하면서 자동차며 가구 등을 비롯해 살림살이는 모조리 저당이 잡힌 상황이었습니다. 보험회사에서 받은 약관 대출도 있었습니다. 모든 것이 사라져버리고 말았습니다. 저는 제게 닥친 현실을 도저히 받아들일 수 없었습니다. 그래서 저는 차를 몰고 강을 향해 달렸습니다. 이 혼란을 결말짓고 말겠다고 생각했습니다.

저는 시내에서 벗어나 몇 마일 더 달리다가 길가에 차를 세우고 땅바닥에 주저앉아 어린아이처럼 흐느껴 울었습니다. 이윽고 저는 진지하게 생각하기 시작했습니다. 걱정이라는 고통의 테두리에서 빙빙 돌 것이 아니라 건설적으로 생각하려고 노력했습니다. '사태가 얼마나 나빠진 거지? 더 이상 나빠질 수 있나? 희망이 전혀 없는 것

인가? 사태를 조금이라도 개선하려면 어떻게 하면 좋지?'

저는 그 자리에서 모든 문제를 하나님의 뜻에 맡기기로 결심했습니다. 저는 기도했습니다. 간절한 마음으로 기도했습니다. 제 목숨이 오직 그 기도에 달려 있는 것처럼 기도했습니다. 실제로 제 목숨은 기도에 달려 있었습니다. 그러자 그때 이상한 일이 일어났습니다. 모든 문제를 저보다 위대한 힘에 맡기자마자 최근 몇 달 동안 가져보지 못한 마음의 평화가 찾아왔습니다. 30분쯤 그곳에 앉아 울면서 기도를 드린 저는 집으로 돌아와 어린아이처럼 푹 잠들었습니다.

다음 날 아침 눈을 떴을 때 저는 자신감이 생겼습니다. 더 이상 두려운 것이 없었습니다. 하나님의 인도에 저를 맡겼기 때문입니다. 저는 침착하게 시내의 백화점에 가서 자신감 넘치는 태도로 전기설비 파트의 일을 맡겨달라고 요청했습니다. 그리고 제가 믿었던 대로 일자리를 얻는 데 성공했습니다. 전쟁 때문에 전기설비 사업 전체가 붕괴되기 전까지 일은 꽤 잘되었습니다. 그 뒤로 저는 생명보험 판매 일을 시작했습니다. 여전히 모든 일을 위대한 인도자에게 맡겼습니다. 바로 5년 전의 일입니다. 지금은 모든 빚을 청산했습니다. 귀여운 세 아이가 있고 집도 장만했습니다. 차도 새로 장만했고 2만 5천 달러의 생명보험에도 가입되어 있습니다.

곰곰이 그때의 일을 회상해보면, 모든 것을 잃고 절망한 나머지 강으로 차를 몰고 간 것이 잘한 일이었다는 생각이 듭니다. 그때의 비극이 하나님께 의지하는 법을 가르쳐주었기 때문입니다. 지금 저는 과거에는 꿈도 꾸지 못했던 평화와 안정을 누리고 있습니다.

종교적 신념은 어떻게 평화와 안정, 불굴의 정신을 가져다주는 것일까? 윌리엄 제임스에게 그 답을 들어보자. 그는 이렇게 말한다.

"미친 듯 거친 파도가 일어도 대양의 밑바닥은 흔들리지 않는다. 마찬가지로 더 광대하고 더 영구적인 현실에 발을 딛고 있는 사람에게 끊임없이 달라지는 운명의 부침은 무의미하다. 따라서 진실로 종교적인 신념을 가진 사람은 동요하는 일 없이 언제나 평정심을 유지한다. 그리고 언젠가 닥쳐올지도 모르는 온갖 의무에 대해서도 마음의 준비가 되어 있다."

사는 일이 걱정스럽고 불안하다면 하나님께 의지해보는 것이 어떤가? 임마누엘 칸트는 말했다.

"왜 하나님을 받아들이지 않는가? 우리에게는 믿음이 필요하다."

우리 자신을 '우주를 움직이는 무한한 원동력'에 연결시켜보는 게 어떤가? 만일 여러분이 성격상 또는 가정교육으로 인해 종교적인 사람이 아니라 해도, 또는 철저한 무신론자라고 할지라도, 기도는 여러분이 믿고 있는 이상으로 여러분을 도와준다. 기도는 실제적인 것이기 때문이다. 실제적이란 무슨 의미인가? 그것은 신자든 신자가 아니든 기도는 모든 사람이 공유하는 3가지 근본적인 욕구를 충족시켜준다는 의미다.

첫째, 기도는 우리를 괴롭히는 것이 무엇인지 정확하게 언어로 표현하도록 도와준다. 앞에서도 말한 바와 같이 실체가 뚜렷하지 않은 문제를 해결하는 것은 불가능하다. 기도는 어느 의미에서 우리의 문제를 종이에 적어보는 것과 비슷하다. 문제를 해결하기 위해 도움이 필요하다면, 상대가 비록 하나님이라 해도 문제를 말로 표현해야 한다.

둘째, 기도는 우리에게 나 혼자가 아니라 누군가와 무거운 짐을 나누어 지고 있다는 느낌을 준다. 인간은 너무 무거운 짐, 견디기 어려운 걱정을 오직 자기 힘으로 감당할 만큼 강하지 못하다. 때로는 우리의 괴로움이 너무 사적이어서 친척이나 친구에게도 털어놓기 어려울 때가 있다. 그럴 때는 기도가 해답이다. 정신과 의사라면 누구나 우리가 압박감이나 긴장 또는 정신적 걱정으로 괴로워할 때 누군가에게 고민을 털어놓는 것이 치료에 도움이 된다고 말할 것이다. 누구에게도 말할 수 없을 때, 언제든 하나님께는 호소할 수 있다.

셋째, 기도는 행동이라는 적극적인 법칙을 현실로 만들어준다. 기도는 실천을 위한 첫걸음인 것이다. 무언가를 이루어달라고 날마다 기도하는 사람은 반드시 은혜를 입게 된다고 나는 믿는다. 그러므로 원하는 일을 현실화시키고 싶다면 실천을 향해 노력하지 않을 수 없다는 뜻이다. 세계적인 과학자 알렉시 카렐 박사는 말한다.

"기도는 인간이 발휘할 수 있는 가장 강력한 에너지다."

그렇다면 왜 그것을 이용하지 않는가? 자연의 신비로운 힘이 우리를 돌보아주는데 그 정체를 하나님이라고 부르든 알라라고 부르든 성령이라 부르든 정의를 가지고 다툴 필요는 없다.

지금 당장 이 책을 덮고 침실로 들어가 무릎을 꿇고 마음의 짐을 내려놓는 것이 어떤가? 신앙을 잃었다면 전능하신 하나님께 기도하라. 7백 년 전 성 프란체스코가 쓴 아름다운 기도문을 되풀이하라.

주여, 나를 평화의 도구로 써주소서
미움이 있는 곳에 사랑을
상처가 있는 곳에 용서를
의혹이 있는 곳에 믿음을
절망이 있는 곳에 희망을
어둠이 있는 곳에 빛을

슬픔이 있는 곳에 기쁨을 심게 하소서

거룩하신 주님

위로받기보다는 위로하고

이해받기보다는 이해하며

사랑받기보다는 사랑할 수 있게 하소서

우리는 줌으로써 받고

용서함으로써 용서받으며

죽음으로써 영생을 얻기 때문입니다

How To Keep From
Worrying About Criticism

타인의
비평에서
자유로워지기

1

How to stop worrying and start living

죽은 개를
걷어차는 사람은 없다

1929년, 미국 교육계에서

실로 놀라운 사건이 일어났다. 전국의 학자들이 그 사건을 직접 보기 위해 시카고로 몰려들었다. 이보다 몇 해 전에 로버트 메이나드 허친스라는 젊은이가 식당 종업원, 벌목 노동자, 가정교사, 빨랫줄 판매원으로 일하면서 예일 대학을 졸업했다. 그리고 겨우 8년 뒤에 그는 미국에서 네 번째로 재력이 있는 대학인 시카고 대학의 총장으로 취임했다. 서른이라니! 믿을 수 없는 일이지 않은가! 나이 많은 교육자들은 고개를 저었다. 요란한 비평이 이 '천재 젊은이'에게 집중되었다. 너무 어리다, 경험이 없다, 교육관이 한쪽으로 치우쳐 있다 등등 이러쿵저러쿵 말이 많았다. 언론들도 거기에 동조했다.

그의 취임식이 거행되던 날, 친구 한 사람이 로버트 허친스의 아버지에게 이렇게 말했다.

"오늘 아침 신문에 아드님을 공격하는 사설이 실려 있는 것을 읽고 놀랐습니다."

"꽤 가혹하더군. 하지만 기억해두게. 죽은 개는 아무도 걷어차지 않는 법이야."

허친스의 아버지가 대답했다.

그렇다. 중요한 사람일수록 사람들은 그를 걷어차는 데 보다 큰 만족을 느끼는 것이다. 지금은 윈저 공이 된 에드워드 8세는 황태자 시절에 이것을 체험했다. 그 무렵 그는 데번셔에 있는 다트머스 대학에 다니고 있었다. 이 대학은 미국의 아나폴리스 해군사관학교에 해당한다. 그는 당시 겨우 열네 살이었다. 어느 날 한 해군 장교가 그가 울고 있는 것을 보고 어찌 된 일이냐고 물었다. 그는 처음에는 좀처럼 대답하지 않았으나 장교가 꼬치꼬치 캐묻자 해군사관학교 생도들에게 발길질을 당했다고 대답했다. 교장은 생도들을 모아놓고 황태자가 불평하는 것이 아니라 왜 자기가 이런 봉변을 당했는지 그 까닭을 알고 싶어 한다고 설명했다.

한참 동안이나 우물쭈물하면서 발가락을 꼼지락거리기만 하고 좀처럼 말을 꺼내지 않던 생도들은 마침내 털어놓았다. 그들이 왕실 해군의 사령관이나 함장이 되었을 때 예전에 우리 국왕을 걷어찬 일이 있노라고 자랑하고 싶었기 때문이라고 했다.

그러므로 여러분이 다른 사람에게 걷어차이거나 비판을 받았을 때는, 여러분을 걷어찬 사람은 그것으로 자신이 잘난 것 같은 느낌을 받기 위해서 그렇게 한다는 사실을 잊지 마라. 그것은 때로 여러분이 남의 주목을 끌 만한 일을 하고 있거나 좋은 실적을 올리고 있다는 것을 뜻한다. 세상에는 자기들보다 식견이 풍부하거나 더 성공한 사람들을 나쁘게 말하는 데서 천박한 만족을 느끼는 사람이 많다.

예를 들면, 나는 이 장을 집필하는 중에 한 부인으로부터 구세군의 설립자인 윌리엄 부스 장군을 비난하는 편지를 받았다. 나는 언젠가 방송에서 부스 장군을 높이 사는 언급을 한 적이 있는데, 그 부인은 부스 장군이 가난한 사람들을 구제하기 위해 모은 돈 가운데 8백만 달러를 가로챘다고 했다. 물론 이 비난은 터무니없는 것이다. 하지만 그 부인은 진실을 알고 싶었던 것이 아니다. 그녀는 자기보다 훨씬 나은 누군가를 비난함으로써 얻게 되는 천박한 정신적 만족감을 구하고 있었던 것이다. 나는 악의에 찬 그 편지를 휴지통에 던져버리고 내가 그녀의 남편이 되지 않은 것을 하나님께 감사드렸다. 그녀의 편지는 부스 장군에 관해서는 가르쳐주는 것이 아무것도 없었지만, 그녀 자신에 관해서는 많은 것을 알려주었다. 쇼펜하우어는 이렇게 말했다.

"비천한 사람들은 위인들의 결점이나 어리석은 행동에서 커다란 즐거움을 느낀다."

예일 대학의 총장이 저속한 사람일 거라고 생각하는 사람은 없을 것이다. 하지만 예일 대 총장이었던 티모시 드와이트는 미합중국 대통령에 입후보한 사람을 비난하면서 커다란 즐거움을 느꼈던 것 같다. 그는 다음과 같이 경고했다.

"만일 그 사람이 대통령에 당선되면 우리 아내나 딸들이 합법적인 매춘 제도의 희생자가 되어 모욕을 받고, 겉으로 보면 멀쩡하지만 실은 교양과 도덕을 상실하고 하나님과 인간 모두에게 미움받는 존재가 되는 것을 보게 될지도 모른다."

히틀러에 대한 탄핵처럼 들리지 않는가? 아니, 그렇지 않다. 이것은 토머스 제퍼슨을 향한 비난이었다. 어떤 토머스 제퍼슨이냐고? 설마 독립선언문을 기초했던 민주주의 수호자, 그 위대한 토머스 제퍼슨은 아닐 거라고? 맞다, 바로 그 제퍼슨이다.

미국인 가운데 '위선자', '사기꾼', '살인자나 다름없는 사람'이라고 비난받을 만한 사람이 누구라고 생각하는가? 어떤 신문에는 그를 단두대에 세워놓고 커다란 칼이 그의 목을 자르려고 하는 장면을 그린 풍자만화가 실리기도 했다. 그가 단두대로 가는 동안 군중은 그에게 욕설을 퍼부어대고 조롱했다. 누구이겠는가? 조지 워싱턴이다.

하지만 이런 것들은 아주 오래전의 일이고 오늘날의 인간 본성은 향상되어 있을 것이라고 말할는지도 모른다. 그럼 피어리 제독의 경우를 보자. 그는 1909년 4월 6일, 개썰매를 타고 북극점을 정복해 세계를 깜짝 놀라게 한 탐험가다. 이 일을 이루기 위해 수많은 용감한 사람이 갖은 고초와 굶주림에 시달리면서 생명을 잃었다. 피어리 자신도 추위와 굶주림 때문에 거의 죽을 뻔했다. 그의 발가락 8개는 심한 동상으로 잘라내야만 했다. 그는 겹치는 고난 속에서 정신 이상이 되는 건 아닌지 미칠 것 같았다. 그럼에도 불구하고 워싱턴에 있는 그의 해군 상관들은 피어리의 인기가 갈수록 높아지고 명성을 얻는 것에 분개했다. 그래서 그들은 그가 과학적 탐험이라는 명분으로 돈을 모아 "북극에서 빈둥거리며 놀았다."고 그를 비난했다. 그들은 정말 그렇게 믿었는지도 모른다. 믿고 싶은 것을 믿지 않는 것은 불가능하기 때문이다. 피어리에게 모욕을 주고 그의 계획을 저지하려는 그들의 결의는 대단했다. 매킨리 대통령이 직접 명령을 내린 뒤에야 피어리는 북극 탐험을 계속할 수 있었다. 피어리가 워싱턴에 있는 해군성에서 사무를 보고 있었어도 그렇게 비난을 받았을까? 아니다. 그런 것은 그들의 질투를 살 만큼 중요한 일이 아니었을 것이다.

그랜트 장군은 피어리 제독보다 더 가혹한 경험을 했다. 1862년 그는 북부를 기쁨에 들끓게 한 최초의 승리를 얻었다. 오후 한나절 동안의 전투로 얻은 이 승리는 그랜트 장군을 하룻밤 사이에 우상으로 승격시켰고, 멀리 유럽에까지 큰 반향을 일으켰으며, 메인주에서부터 미시시피강에 이르는 모든 교회의 종을 울리게 하고 축포를 터뜨리게 했다. 그런데 북군의 영웅 그랜트는 대승리를 거둔 지 6주가 지나기도 전에 체포되어 군의 지휘권을 박탈당했다. 그는 굴욕감과 절망으로 오열했다. U. S. 그랜트 장군은 왜 환희에 찬 승리의 순간에 체포되었을까? 중요한 이유는 그가 오만한 상관들의 질투와 부러움을 불러일으켰기 때문이다.

부당한 비난 때문에 마음이 괴로울 때는 다음의 법칙을 기억하라.

법칙 1

부당한 비판은 흔히 칭찬의 다른 모습이다. 그것은 여러분이 다른 사람에게 질투나 선망을 일으켰다는 것을 의미한다.
죽은 개를 걷어차는 사람은 없다.

2

How to stop worrying and start living

비판에
상처받지 않는 법

언젠가 스메들리 버틀러 소장을 인터뷰한 적이 있다. 기억하는가? '송곳눈', '지옥의 사신'이라고도 불렸던 유명한 사나이다. 그는 미국 해병대 지휘관 중에서 가장 이채롭고 허세가 심한 장군이었다. 그는 어렸을 때 인기를 얻는 데 무척 관심이 많았고, 무엇보다 사람들에게서 좋은 평판을 얻고 싶었다고 했다. 그래서 극히 사소한 비평에도 신경이 날카로워져서 흥분하곤 했다. 하지만 30년 동안의 해병대 생활은 그의 낯가죽을 두껍게 만들었다. 그는 이렇게 말했다.

"나는 자주 훈계를 들었고 모욕을 당해야 했습니다. 겁쟁이, 독사, 스컹크라고 놀림을 당하기도 했습니다. 상급자들에게서 욕을 얻어먹기도 했습니다. 영어로 표현할 수 있는 욕이란 욕은 모두 들어보았습니다. 화가 났느냐고요? 아니, 요즘은 내게 욕을 퍼붓는 소리가 들려도 그게 누군지 궁금하지 않습니다."

아무래도 왕년의 '송곳눈' 버틀러는 비판에 무뎌져버린 것이 아닌가 싶다. 하지만 한 가지 분명한 사실은 대부분의 사람들이 사소한 놀림이나 공격에 지나치게 민감하게 반응한다는 것이다. 언젠가 내가 진행하는 성인 교육 강좌의 공개 수업에 참가했던 〈뉴욕 선〉의 기자가 나와 내 강좌에 대해 비꼬아 말했던 것이 기억난다. 화가 나지 않았느냐고? 물론 나는 개인적인 모욕이라고 생각했다. 나는 〈뉴욕 선〉지의 운영위원회 의장인 질 호지스에게 전화를 걸어 조롱하는 기사가 아닌 사실을 게재해 달라고 요청했다. 나는 잘못을 저지른 당사자가 치러야 할 책임을 지게 할 생각이었다.

지금은 그때 내가 취한 행동을 부끄럽게 생각한다. 이제 와 생각해보면 구독자의 절반은 그 기사를 보지도 못했을 것이고, 그 글을 읽은 사람 가운데 절반은 단순한 웃음거리로밖에 받아들이지 않았을 것이다. 그리고 몇 주일 후에는 깨끗이 잊어버리고 말았을 것이다.

나는 요즘 들어 사람들은 남의 일에 대해 생각하지 않으며 우리에 대한 비평에도 무관심하다는 것을 알게 되었다. 그들은 아침을 먹기 전에도, 아침을 먹은 후에도, 밤 12시가 지나서도 끊임없이 자기 일만 생각한다. 그들은 다른 사람이 죽었다는 뉴스보다 자신의 가벼운 두통에 대해 천 배는 더 신경을 쓴다.

우리가 속임을 당하거나 비웃음을 당하거나 배반을 당하거나 또는 등에 칼을 맞더라도, 그것도 가장 친한 친구 6명 가운데 한 명꼴로 나에게 그렇게 한다고 해도, 그 때문에 자기 연민에 빠지는 것은 어리석다. 예수가 겪은 일 그대로일 뿐이다. 예수가 가장 신뢰하던 12명의 친구

가운데 한 사람은 오늘날의 가치로 보면 겨우 19달러 남짓한 뇌물 때문에 예수를 배반했다. 또 한 사람은 예수가 어려운 처지를 당하자 공개적으로 자기는 예수를 모른다고 세 번씩이나 부인했다. 더욱이 맹세로 단언했다. 6명 중 하나! 예수도 이럴진대 우리가 그 이상을 기대한다는 것은 무리가 아니겠는가?

사람들이 나를 향해 부당한 비판을 하지 못하게 할 수는 없지만, 그보다 더 중요한 일, 그러니까 그런 부당한 비판에 움직일 것인지 아닌지는 내 결정에 달려 있다는 것을 깨달았다. 좀 더 구체적으로 말하자면 나는 온갖 비판을 무조건 무시하라고 주장하는 것이 아니다. 결코 그런 뜻이 아니다. 부당한 비판을 무시하라고 말할 뿐이다.

나는 언젠가 프랭클린 루스벨트의 부인 엘리너 루스벨트 여사에게 부당한 비판에 어떻게 대응하는지 물어보았다. 백악관에 살았던 여성 가운데서 그녀만큼 열렬한 벗과 맹렬한 적을 가진 사람은 없을 것이다. 여사는 소녀 시절 거의 병적이라고 할 만큼 내성적이어서 다른 사람들이 자신에 대해 뭐라고 할지 항상 두려워했다고 했다. 지나치게 다른 사람의 시선을 의식하던 그녀는 어느 날 시어도어 루스벨트의 누나에게 조언을 구했다.

그녀는 이렇게 말했다.

"바이 고모, 전 제 생각대로 하고 싶은데 남들이 뭐라고 할까 봐 겁이 나요."

그러자 루스벨트의 누나가 그녀의 얼굴을 똑바로 쳐다보면서 이렇게 말했다.

"마음속으로 자신이 옳다는 것을 믿는다면 남이 하는 말 따위에는 신경 쓰지 않는 게 좋아."

엘리너 루스벨트는 이 충언이 뒷날 백악관의 여주인이 되었을 때 '지 브롤터의 바위'처럼 정신적 지주가 되었다고 했다. 또한 온갖 비판을 피할 수 있는 유일한 방법은 선반 위에 놓인 드레스덴의 도자기 인형처 럼 가만히 있는 것뿐이라고 이야기했다.

"어떤 식으로 행동하더라도 비판이 없을 수는 없습니다. 그러니 자 기 마음속에서 올바르다고 믿는 일을 하면 됩니다. 해도 욕을 먹고 하 지 않아도 비난은 있기 마련이거든요."

이것이 그녀의 충언이다.

매슈 C. 브러시가 월가에 있는 아메리칸 인터내셔널 코퍼레이션의 사장이었을 때, 나는 그에게 다른 사람들의 평가에 예민했던 적이 있느 냐고 물어보았다. 그러자 그는 이렇게 대답했다.

"그렇지요. 젊었을 때는 그것이 몹시 마음에 걸렸습니다. 내 회사의 모든 종업원에게 완벽한 인물로 인정받고 싶었습니다. 그래서 그들이 그런 태도를 보여주지 않으면 몹시 신경이 쓰였습니다. 처음에는 저에 게 가장 심하게 반감을 가진 사람의 비위를 맞추려고 시도했는데, 그것 은 도리어 다른 사람들을 화나게 하는 결과가 되었습니다. 그래서 다 시 이 사람과 타협하려 하자, 이번에는 또 다른 사람들의 기분을 상하 게 하더군요. 마침내 저는 개인적인 비판을 모면하기 위해 반감을 무마 하고 달래려고 할수록 적이 더 많아진다는 것을 깨달았습니다. 그래서 저는 자신에게 타일렀습니다. '다른 사람보다 뛰어난 사람은 사람들의 평가에서 자유로울 수 없다. 그러니 마음을 쓰지 않는 것이 현명하다.' 이런 생각은 놀라울 만큼 효과가 있었습니다. 그때부터 저는 스스로 최 선이라고 생각하는 일을 하고 난 뒤, 비판이라는 이름의 빗줄기에 대책 없이 당할 것이 아니라 낡은 우산이라도 받쳐 비판이 잠잠해지기를 기다렸습니다."

딤스 테일러는 한 걸음 더 나아가 비판이라는 빗줄기에 흠뻑 젖고도 툭툭 털어버리면서 유쾌하게 웃어 보였다. 그가 라디오 방송에서 뉴욕 필하모니 오케스트라의 공연을 들려주면서 해설을 하고 있을 때, 그에게 '거짓말쟁이, 배신자, 독사, 멍청이'라고 쓴 여성의 편지를 받았다. 테일러 씨는 자신의 저서 《인간과 음악》에서 이렇게 말하고 있다.

"그 여성은 아마 내 이야기가 마음에 들지 않았던가 보다."

테일러는 그다음 방송 시간에 수백만의 청취자에게 그 편지를 읽어주었다. 그러자 며칠 뒤 그 여성에게서 또다시 편지가 왔다. 그녀의 의견은 조금도 변하지 않고 여전히 "거짓말쟁이, 배신자, 독사, 멍청이라고 생각한다."라고 쓰여 있었다. 비판에 대해 이와 같은 태도를 취할 수 있는 사람에게 탄복하지 않을 수 없다. 그의 침착하고도 평정심을 잃지 않는 자세, 유머 감각에 존경을 표한다.

찰스 슈왑은 프린스턴 대학교 학생들에게 강연을 하면서 자신이 지금까지 배운 중요한 교훈 중 하나는 자기가 운영하는 제강공장에서 일하는 나이 든 독일인 노동자에게서 배운 것이라고 고백했다. 나이 많은 그 독일인 노동자는 전쟁 중에 다른 노동자들과 전쟁에 관해 맹렬하게 말씨름을 했고 흥분한 다른 노동자들이 그를 강물에 던졌다. 슈왑은 그 사실에 대해 이렇게 말했다.

"그가 진흙투성이로 내 사무실에 나타났을 때, 나는 그에게 당신을 강물에 처넣은 사람들에게 뭐라고 말해주었느냐고 물었더니 그는 '그저 웃어주었지요.'라고 대답했습니다."

슈왑은 그 뒤로 그 독일인이 한 말, '그냥 웃는다.'를 좌우명으로 삼았다고 한다. 이 좌우명은 우리가 부당한 비판의 희생자가 되었을 때

특히 도움이 된다. 덤벼드는 상대에게는 대꾸할 수 있지만 '그저 웃는' 상대에게 무슨 비난을 할 수 있겠는가?

링컨이 만약 자신을 향한 신랄한 비난에 일일이 대꾸하는 것이 어리석다는 것을 깨닫지 못했다면, 남북전쟁 동안 과로로 쓰러지고 말았을 것이다. 그가 어떤 방식으로 자신을 비난하는 사람들을 처리했는가에 관한 그의 기술은 문학사에서 주옥같은 고전이 되었다.

맥아더 장군은 전쟁 기간 동안 회의실 탁자 위쪽에 걸어두었고, 윈스턴 처칠은 액자에 넣어 자신의 서재 벽에 걸어놓은 구절이 있다.

"나에게 가해지는 공격에 대해 대답은 하지 않더라도 읽어보기라도 하려고 생각한다면, 차라리 사무실을 폐쇄해버리고 무엇이든 다른 사업을 시작하는 것이 좋다. 나는 내가 아는 한 가장 좋은 것을 최선을 다해 실행하고 있다. 끝까지 그렇게 할 생각이다. 결과가 좋으면 나에게 가해진 비평은 문제되지 않는다. 하지만 결과가 좋지 않으면, 10명의 천사가 나서서 내가 옳았다고 증언해주더라도 쓸모없는 짓이다."

당신이 부당한 비평을 받았을 때 다음의 법칙을 기억해두기 바란다.

법칙 2

최선을 다하라. 그런 뒤에는 낡은 우산이라도 쓰고 비판의 빗줄기가 당신의 목덜미로 흘러내리면서 괴롭히지 못하게 하라.

3

내가 저지른
어리석은 행동

내 서류함에는 'FTD'라는
색인이 붙은 폴더가 있다. 'Fool Things I Have Done'의 약자로 내가 저지른 어리석은 행동을 기록한 서류를 보관하고 있다. 보통은 비서를 시켜 기록하게 하지만 너무 개인적이고 지나치게 바보스러운 행동에 대해서는 차마 비서에게 시키는 것이 창피해서 내가 직접 기록하기도 한다.

나는 지금도 15년 전 FTD 폴더에 보관해둔 나에 대한 비평을 기억하고 있다. 만일 내가 내 자신에게 정직했다면 내 서류함은 이런 메모들로 넘쳤을 것이다. 나는 지금으로부터 3천 년 전에 사울 왕이 했던 말에 공감한다.

"나는 어리석었느니라, 너무 많은 잘못을 저질렀도다."

FTD 폴더에 정리된 나에 대한 비판을 읽을 때면 그 기록들은 내가 평생 안고 가야 할 중대한 문제, 즉 데일 카네기를 관리하는 문제에 도움이 된다. 나는 한때 나 자신의 걱정을 다른 사람 탓으로 돌리곤 했다. 하지만 세월이 흐르고 나이를 먹어감에 따라, 그리고 여전히 부족하긴 하지만 좀 더 현명해짐에 따라 내가 치른 거의 모든 불행은 결국 내 책임이라는 것을 깨달았다. 많은 사람이 나이를 먹어감에 따라 이런 사실을 깨닫는다. 나폴레옹도 세인트헬레나에서 이렇게 말했다.

"나의 몰락은 누구의 탓도 아니다. 나 자신 때문이다. 나는 나 자신의 최대의 적이었으며 내 비참한 운명의 원인이었다."

내가 아는 사람 중 자기 평가와 자기 관리의 문제에 관해 거의 예술가의 경지에까지 이르렀던 사람이 있다. 그의 이름은 H. P. 하웰이다. 1944년 7월 31일에 뉴욕의 엠버서더 호텔 상점에서 그가 갑작스럽게 사망했다는 뉴스가 보도되었을 때 월가는 깜짝 놀랐다. 그는 미국 금융계의 핵심 인물이었고 전 미 상업신탁은행 이사회 회장을 비롯해 몇몇 대형 회사의 이사직을 맡고 있었다. 그는 정규교육은 거의 받지 못했다. 시골의 작은 상점에서 점원으로 일했던 그는 후에 US 스틸사의 채권담당 임원이 되었고, 그 후로도 차츰 지위와 세력을 키워갔다.

내가 언젠가 그에게 성공 비결을 물었을 때 그는 이렇게 대답했다.

"나는 여러 해 동안 수첩에 그날그날의 약속을 볼 수 있도록 기록하고 있습니다. 우리 가족은 토요일 밤에는 어떤 일정도 잡지 않습니다. 왜냐하면 토요일 저녁마다 그 주일에 한 일에 대한 자기 평가와 함께 반성해보고 칭찬하는 가족 모임이 있다는 것을 알고 있기 때문입니다. 저녁 식사를 한 뒤, 저는 혼자 방으로 들어가 약속 기록부를 펼쳐놓고 월요일부터 있었던 모든 면접과 토의와 회의에 대해 재검토합니다. 저는 제 자신에게 이렇게 물어봅니다. '그때 어떤 실수를 했지?', '어떤 일을 잘했는가, 어떻게 했다면 더 잘할 수 있었을까?', '그 경험으로 어떤 교훈을 배웠지?' 이렇게 매주 재검토를 하다 보면 때로 우울해지기도 합니다. 또한 제가 저지른 실수에 놀라기도 합니다. 하지만 세월이 흐르면서 이러한 실수들은 점점 줄어들긴 했습니다. 이런 자기 분석법은 한 해도 거르지 않고 계속되었는데, 제가 지금까지 시도해본 방법 가운데 이것 이상으로 도움이 된 것은 없습니다."

H. P. 하웰은 벤자민 프랭클린에게서 아이디어를 빌린 것 같다. 다만 프랭클린은 토요일 밤까지 기다리지 않았다는 것이 다르다. 그는 매일 밤 자기 자신에 대한 철저한 반성의 시간을 가졌다. 그리하여 그는 13가지의 중대한 과실을 발견했다. 그 가운데 3가지는 이것이었다.

"시간을 낭비했다. 사소한 일에 괴로워했다. 다른 사람과 논쟁하면서 그의 주장을 반박했다."

현명한 프랭클린은 자신이 이런 결점을 극복하지 못하면 결코 좋은 결과를 바랄 수 없다는 것을 알고 있었다. 그래서 그는 결점 하나를 선택해 일주일 동안 매일 그 결점과 싸우며 누가 이겼는지 그날그날 기록했다. 그다음 주에는 다른 결점을 골라서 싸워 나갔다. 공이 울리면 링 가운데로 나가 나쁜 습관과 싸우는 그 싸움을 그는 2년 동안이나 지속했다. 그가 미국 역사상 가장 많은 사랑을 받고 가장 영향력 있는 인물이 된 것은 결코 놀라운 일이 아니다. 엘버트 허버드는 말했다.

"누구나 하루에 적어도 5분 동안은 바보가 된다. 지혜란 그 한계를 넘지 않는 데 있다."

소인배는 사소한 비평에 대해서도 흥분하고 화를 내지만, 현명한 사람은 자기를 비난하고 공격하고 논쟁한 사람에게서도 배우려고 노력한다. 월트 휘트먼은 그것을 다음과 같이 해설하고 있다.

"당신을 칭찬하고 친절하게 대하고 당신 편을 들어준 사람에게서만 교훈을 배웠는가? 당신을 무시하고 당신에게 반대하고 대립한 사람에게서 더 귀중한 교훈을 배우지 못했는가?"

우리의 적이 우리가 한 행동을 비판하기 전에 그들을 앞질러보는 것이 어떤가. 우리 스스로 자신에게 냉혹한 비평가가 되자. 우리의 적이 한마디라도 발언할 기회를 잡기 전에, 우리 자신이 우리의 약점을 발견해 고치도록 하자.

찰스 다윈이 그렇게 했다. 사실 그는 15년을 비판의 시간으로 보냈다. 이 얘기의 경위는 이렇다. 불후의 저작《종의 기원》을 탈고했을 때, 다윈은 생명체의 기원에 관한 혁명적 개념이 지식층과 종교계를 뒤흔들 것임을 알고 있었다. 그래서 그는 자기 스스로 자신의 비판자가 되어 15년 동안 자료를 검토하고 다시 추론을 검증하고 결론을 비판하면서 보냈다.

만약 누가 여러분에게 '바보 멍청이'라고 욕설을 퍼부었다면 여러분은 어떻게 하겠는가? 화를 내겠는가? 분개하겠는가? 링컨은 이렇게 했다.

그가 대통령이었을 때, 국방장관인 에드워드 M. 스탠턴은 링컨이 자기 업무에 간섭하는 것에 분개했다. 어느 이기적인 정치인의 부탁을 거절하지 못해 링컨은 일부 연대를 이동해야 한다는 명령에 서명했다. 그런데 스탠턴은 링컨의 명령을 거부했을 뿐만 아니라 그런 명령을 내린 링컨은 바보라고 비난한 것이다. 그 뒤에 어떻게 되었을까? 스탠턴의 말이 링컨에게 전해졌을 때 링컨은 평온한 태도로 이렇게 대답했다.

"스탠턴이 나더러 바보라고 했다면 나는 바보겠지. 그가 말한 것은 대부분 정확하거든. 내가 그에게 직접 확인하고 와야겠군."

링컨은 스탠턴을 찾아갔다. 스탠턴이 그것이 왜 잘못됐는지 설득하자 링컨은 재가를 취소했다. 링컨은 순수한 마음으로 정확한 지식에 바탕을 둔 성실한 비평이라면 기꺼이 받아들였다.

우리도 이러한 종류의 비평은 환영해야 한다. 왜냐하면 네 번 가운데 세 번 이상 우리가 옳기를 기대하는 것은 무리이기 때문이다. 시어도어 루스벨트도 그렇게 말하고 있다. 그는 대통령으로 재임하던 시절 아무리 잘해도 그 정도밖에는 되지 않았다고 한다. 20세기의 가장 진지한 사상가인 아인슈타인도 그가 내린 결론의 99퍼센트는 잘못된 것이라고 고백했다. 또 라로슈푸코는 이렇게 말했다.

"우리 적들의 의견은 그것이 우리에 관한 것인 한 우리 자신의 의견보다 더 진실에 가깝다."

이 말은 대부분 사실이다. 더구나 누군가가 나를 비평하기 시작하면, 스스로를 관리하지 않으면 상대가 무엇을 말하려 하는지 파악하기도 전에 자동적으로 방어 태세를 취하고 만다. 이런 경우 나는 스스로에게 실망스러워진다. 우리는 비난이나 칭찬이 합당하든 부당하든 관계없이 비난에는 분개하고 칭찬에는 기뻐하는 경향이 있다. 인간은 논리적인 동물이 아니라 감정적인 동물이기 때문이다. 우리의 논리란 감정의 깊고도 어두운 폭풍의 바다에 내던져진 자작나무 카누와 같다.

만일 누군가가 당신을 험담하는 말을 하더라도 자기를 변호하지 않기로 하자. 그것은 어리석은 짓이다. 보다 독창적으로 겸허하고 재치있게 행동하자. 비판자를 어리둥절하게 만들고 다른 사람들이 감탄할수 있는 방법을 쓰자. 이렇게 말해보자.

"만약 나를 비판한 그 사람이 내가 저지른 모든 잘못을 알고 있었다면 더 혹독하게 비판했을 겁니다."

나는 이 책 앞부분에서 부당한 비판을 받았을 때 어떻게 행동해야 하는지에 대해 말했는데, 좋은 생각이 하나 더 있다. 당신이 부당하게 비판을 받고 있다는 생각에 참을 수 없이 화가 난다면 잠시 자제하고 이렇게 생각해보기로 하자. '잠깐만, 나는 완전무결한 사람은 아니니까. 아인슈타인도 자신이 99퍼센트나 틀렸다고 고백했다면, 나는 적어도 80퍼센트는 틀렸을지도 모른다. 어쩌면 이 비판은 옳은 지적일지도 모르겠다. 그렇다면 오히려 이 비판을 감사하게 생각해야 한다. 그리고 거기서 뭔가 얻을 수 있도록 노력해야지.'

펩소던트 컴퍼니의 사장 찰스 럭맨은 유명한 코미디언인 밥 호프를 방송에 출연시키기 위해 한 해에 1백만 달러나 쓰고 있었다. 그런데 그는 호프의 방송 출연에 대해 칭찬하는 편지는 보려 하지 않고 비판적인 편지만 보고 있다고 했다. 그것이 참고가 된다는 것을 알고 있었기 때문이다. 그리고 포드사는 모든 종업원에게 회사를 비판하는 투서를 하게 했다. 관리와 운영에 어떤 결함이 있는지 파악하기 위한 적극적인 방법이라고 생각한 것이다.

언젠가 내게 의견을 말해달라고 부탁하는 비누 판매원이 있었다. 그가 처음으로 콜게이트사의 비누를 팔기 시작했을 때, 그는 실적이 좋지 못해 혹시 일자리를 잃지나 않을까 걱정이 되었다. 그는 비누의 품질이나 가격에는 아무 이상이 없다는 것을 알고 있었으므로, 문제는 자기에게 있다고 생각했다. 판매에 실패하면 도대체 무엇이 잘못이었는지를 곰곰이 생각하면서 그 주변을 서성거리곤 했다. 요령을 모르는 것일까? 열성이 부족했던 것일까? 때로 그는 조금 전 만났던 상인들에게 되돌아가서 말했다.

"저는 비누를 팔려고 다시 온 것이 아닙니다. 선생님의 평가와 의견을 듣고 싶어서 돌아왔습니다. 제가 아까 비누를 팔려고 했을 때, 어떤 실수를 했는지 가르쳐주시면 고맙겠습니다. 선생님은 저보다 훨씬 경험이 많고 성공하신 분이니 제게 평가를 내려주십시오. 솔직하게, 있는 그대로 말씀해주십시오."

그는 이런 태도로 많은 친구를 만들었고 귀중한 충고를 얻을 수 있었다. 그 뒤에 어떻게 되었을까? 그는 지금 세계 최대의 비누 제조회사인 콜게이트 팜올리브피트의 사장이다. 그의 이름은 E. H. 리틀이다.

H. P. 하웰이나 벤 프랭클린, E. H. 리틀이 했던 것처럼 실천할 수 있다면 평범한 사람은 아니다. 아무도 없을 때 거울을 보면서 스스로에게 이렇게 물어보라.

"나는 어떤 종류의 사람인가?"

다른 사람의 비판에 마음을 다치고 싶지 않다면 다음의 법칙을 기억하라.

법칙 3

자신이 저지른 어리석은 행동을 기록해두고 스스로를 비판하라.

우리는 완벽하지 않다. E. H. 리틀이 했던 것처럼 편견이 없고 이익이 되는 건설적인 비판을 구하도록 하자.

부당한 비평에 신경 쓰지 않는 방법

1 부당한 비판은 흔히 칭찬의 다른 모습이다. 그것은 여러분이 다른 사람에게 질투나 선망을 일으켰다는 것을 의미한다. 죽은 개를 걷어차는 사람은 없다.

2 최선을 다하라. 그런 뒤에는 낡은 우산이라도 쓰고 비판이라는 빗줄기가 당신의 목덜미로 흘러내리면서 괴롭히지 못하게 하라.

3 자신이 저지른 어리석은 행동을 기록해두고 스스로를 비판하라. 우리는 완벽하지 않다. E. H. 리틀이 했던 것처럼 편견이 없고 이익이 되는 건설적인 비판을 구하도록 하자.

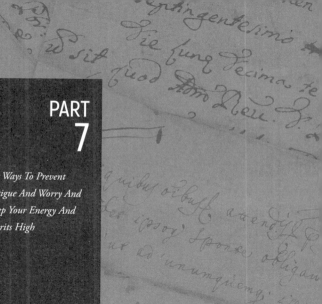

PART
7

*Six Ways To Prevent
Fatigue And Worry And
Keep Your Energy And
Spirits High*

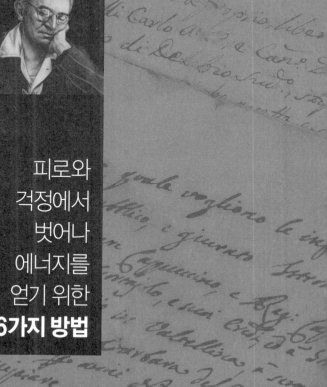

피로와
걱정에서
벗어나
에너지를
얻기 위한
6가지 방법

How to stop worrying and start living

한 시간만 더
움직여라

걱정을 예방하는

방법에 대해 얘기하면서 나는 왜 갑자기 피로를 예방하는 방법에 대해 말하고 있을까? 이유는 간단하다. 피로는 흔히 번뇌를 불러일으키고, 혹은 그 정도는 아니더라도 적어도 우리로 하여금 쉽게 걱정에 휘말리게 만들기 때문이다. 의사들이라면 누구나 피로가 감기를 비롯한 다른 온갖 질병에 대한 육체적 저항력을 약하게 한다고 말한다. 그리고 정신과 의사들이라면 누구나 피로가 두려움이나 걱정 같은 감정에 대한 마음의 저항력을 저하시킨다고 말한다. 그러니까 피로를 예방하면 걱정을 예방하는 데 도움이 된다.

나는 걱정을 예방하는 데 도움이 된다고 말했는데 이것은 매우 소극적인 표현이다. 에드먼드 제이콥슨 박사는 이보다 훨씬 심도 있게 말한다. 그는 긴장 완화에 관해 《점진적 긴장 완화》,《긴장을 풀어야 한다》라는 제목의 책을 펴낸 바 있다. 그는 시카고 대학 임상생리학연구소 소장으로 다년간 치료의 한 방법으로 긴장 완화에 대한 연구를 지도해 왔다. 그는 어떠한 신경질적인 상태도 "완벽하게 긴장이 해소된 상태에서는 존재할 수 없다."고 단언한다. 이 말은 우리가 휴식 상태에 있다면 고민을 계속할 수 없다는 의미이기도 하다. 그러므로 피로와 걱정을 예방하기 위한 첫 번째 규칙은 "자주 쉬어라. 지치기 전에 충분히 쉬어라."라는 것이다.

왜 그것이 그토록 중요한가? 왜냐하면 피로는 놀라운 속도로 축적되기 때문이다. 미 육군은 수차례의 실험을 통해 오랫동안 훈련으로 단련된 병사들도 1시간에 10분씩 배낭을 내려놓고 휴식을 취하면, 행군이 효율적으로 진행되고 지구력에도 효과가 있다는 사실을 발견했다. 그래서 미 육군에서는 이 방식을 시행하고 있다.

인간의 심장도 미 육군 못지않게 현명하다. 심장은 매일 기차에 싣는 유조차 하나를 채우기에 족할 정도의 혈액을 온몸에 순환시키기 위해 활동하고 있다. 심장은 하루 동안 20톤의 석탄을 1미터 높이로 들어 올릴 때 필요한 에너지를 소비하고 있다. 이렇게 엄청난 중노동을 심장은 50년, 70년, 때로는 90년 동안이나 하는 것이다. 심장은 어떻게 견딜 수 있을까? 하버드 의대의 월터 B. 캐넌 박사의 설명을 들어보자.

"사람들은 심장이 쉬지 않고 활동하고 있다고 생각하지만, 실제 심장은 한 번 수축할 때마다 일정한 휴지기를 갖는다. 평균적으로 1분에 70번 박동한다고 보면, 심장은 실제로는 24시간 중에서 9시간 동안 활동한다. 모두 더해보면 심장은 하루에 15시간 동안 휴식을 취하고 있다."

제2차 세계 대전 때 윈스턴 처칠은 60대 후반을 거쳐 70대 초반의 나이였는데도 전쟁 중 하루에 16시간을 일하며 영국의 전쟁을 지휘할 수 있었다. 놀라운 기록이다. 비결은 무엇일까? 그는 매일 아침 11시까지는 침대에 누운 채 보고서를 읽고 지시를 하달하고 전화를 걸고 중요한 회의에 참석했다. 점심 식사 후 그는 다시 침대로 돌아가 1시간 동안 낮잠을 잤다. 저녁때가 되면 다시 침대에 누워 저녁 식사를 하는 8시까지 2시간 동안 잠을 잤다. 그는 피로를 회복하려고 한 것이 아니다. 회복할 필요가 없었다. 그는 피로를 예방했다. 여러 차례에 걸쳐 휴식을 취함으로써 자정을 넘긴 깊은 밤까지 기운차게 일할 수 있었던 것이다.

존 D. 록펠러 1세는 2가지 특별한 기록을 가지고 있다. 그는 당대에 유례를 찾아볼 수 없을 정도의 거부가 되었고, 게다가 아흔여덟 살까지 살았다. 어떻게 그럴 수 있었을까? 가장 중요한 이유는 유전적으로 장수 체질이었다는 것이지만, 또 하나의 이유는 매일 오후 사무실에서 30분씩 낮잠을 자는 습관이었다. 그는 매일 사무실 소파에 누워 잠을 자곤 했는데, 그가 자는 동안은 미국 대통령이라 할지라도 그를 전화통 앞으로 불러낼 수 없었다.

다니엘 W. 조슬린은 유명한 저서 《피로의 원인》에서 이렇게 말했다.

"휴식이란 아무것도 하지 않는다는 것이 아니다. 휴식은 치유다."

짧은 시간 동안의 휴식일지라도 피로 회복에 미치는 힘은 매우 강력해서 5분간의 낮잠도 피로를 예방하는 효과가 있다. 왕년의 야구 스타 코니 맥은 시합 전에 낮잠을 자지 않으면 다섯 번째 이닝부터는 녹초가 되어버린다고 나에게 이야기한 적이 있다. 하지만 단 5분이라도 낮잠을 자면 더블헤더를 뛰더라도 거뜬히 해치울 수 있었다.

언젠가 엘리너 루스벨트 여사에게 백악관에서 지낸 12년 동안 그토록 힘든 일을 어떻게 해낼 수 있었느냐고 묻자, 그녀는 군중들 앞에 나서기 전이나 연설을 하기 전에는 의자나 소파에 앉아 눈을 감고 20분 동안 휴식을 취하곤 했다고 대답했다.

최근 메디슨 스퀘어 가든에 있는 개인 탈의실에서 진 오트리를 인터뷰한 적이 있다. 그는 거기서 열리는 세계 로데오 경기에서 가장 인기 있는 선수였다. 그의 탈의실 한쪽에는 간단한 군용 침대가 놓여 있었다. 진 오트리는 이렇게 말했다.

"저는 매일 오후 경기가 있는 중간 시간에 저기에 누워 1시간가량 잠을 잡니다. 할리우드에서 영화 촬영을 할 때는 곧잘 크고 편안한 의자에서 휴식을 취하거나 10분씩 나누어 쪽잠을 자곤 합니다. 그렇게 하면 완전히 기운이 되살아납니다."

에디슨은 자신의 놀라운 에너지와 지구력은 자고 싶을 때는 언제든 자는 습관 덕분이라고 말했다. 또한 헨리 포드가 여든 번째 생일을 맞이하기 직전에 그를 인터뷰했는데, 그 나이에도 불구하고 그가 굉장히 젊고 정정한 데 놀랐다. 그에게 비결을 물었더니 이렇게 대답했다.

"저는 앉을 수 있을 때는 절대로 서 있지 않으며, 누울 수 있으면 결코 앉아 있지 않습니다."

'현대 교육의 아버지'인 호러스 맨도 나이가 들어감에 따라 이와 같은 방법을 썼다. 그는 안티오크 대학의 총장 시절 안락의자에 누운 채 학생들을 면접하곤 했다.

나는 할리우드의 영화감독 한 사람에게도 같은 방법을 써보라고 권했다. 그는 그렇게 해봤더니 기적 같은 효과가 있었다고 고백했는데, 바로 할리우드에서 최고의 감독으로 꼽히는 잭 처톡이다. 수년 전 나를 만나러 왔을 때 그는 MGM 영화사의 단편영화 파트 부장이었는데 몹시 지쳐 있었다. 그는 강장제며 비타민제를 비롯해 갖가지 약을 복용했으나 효과가 없었다. 나는 그에게 매일 휴가를 떠나라고 제안했다. 어떻게? 사무실에서 작가들과 회의를 할 때도 되도록 몸을 편하게 하라고 권고했던 것이다. 2년 뒤 다시 그를 만났을 때 그는 이렇게 말했다.

"기적이 일어났습니다. 제 주치의가 그렇게 말하더군요. 전에는 단편영화를 구상하기 위해 의논할 때면 저는 긴장돼서 몸을 굳히고 앉아 있었는데, 지금은 사무실에 있는 소파에 기대 몸을 쭉 펴고 최대한 편한 자세를 취합니다. 지난 20년 동안 이렇게 컨디션이 좋기는 처음입니다. 요즈음은 전보다 2시간이나 더 일하지만 그다지 피곤하다는 느낌이 없습니다."

어떻게 하면 이 방법을 여러분에게 적용시킬 수 있겠는가? 만약 여러분이 속기사라면 에디슨이나 샘 골드윈이 했듯이 사무실에서 낮잠을 잔다는 것은 불가능할 것이고, 회계사라면 소파에 기댄 자세로 상사에게 보고를 할 수도 없을 것이다. 하지만 여러분이 작은 도시에서 살며 점심 식사를 하러 집으로 갈 수 있다면, 점심을 마친 후 10분쯤 낮잠을 잘 수 있을 것이다.

조지 C. 마셜 장군은 그렇게 했다. 그는 전시 중에 군을 지휘하느라 너무 바빴기 때문에 점심시간에 휴식을 취하기로 결정했다. 만약 여러분이 쉰 살이 넘었고 그럴 여유도 없이 몹시 바쁘게 지낸다면 가능한 한 많은 생명보험에 들어두는 것이 좋다. 요즘은 갑작스럽게 죽는 일도 많다. 그리고 당신의 아내는 당신이 남긴 보험금으로 더 젊은 사람과 살고 싶어 할지도 모른다!

만약 낮잠을 잘 수 없다면 저녁 식사 전에 1시간 정도 누울 수 있을 것이다. 그것은 칵테일 한 잔보다 더 싸며 장기적인 관점에서 보면 5천 4백67배나 더 효과가 있다. 만약 5시에서 6시 또는 7시 전후에 1시간 정도 잘 수 있다면, 활동 시간을 1시간 더 늘릴 수 있다. 어떻게 그렇게 될까? 그건 저녁 식사 전에 1시간을 자고 밤에 6시간을 자 모두 7시간 자는 것이 계속해서 8시간 자는 것보다 훨씬 도움이 되기 때문이다.

육체노동자는 충분히 쉴수록 보다 많은 일을 할 수 있다. 프레더릭 테일러는 기술관리 엔지니어로서 베들레헴스틸 컴퍼니에서 일할 때 이 사실을 입증해 보였다. 그는 관찰을 통해 노동자들이 하루에 한 사람당 대략 12.5톤의 선철을 화차에 싣는 작업을 하는데, 정오 무렵이면 녹초가 되어버리는 것을 알았다. 그는 피로의 모든 요소를 과학적으로 연구한 결과, 노동자들에게는 하루에 12.5톤이 아니라 47톤의 선철을 선적해야 한다고 단언했다. 그의 계산에 따르면 지금까지보다 4배가량 더 작업하더라도 지치지 않아야 한다는 것이다. 하지만 어떻게 그것을 증명한단 말인가?

테일러는 슈미트라는 노동자를 선택해 스톱워치에 따라 일하게 했다. 슈미트는 스톱워치를 들고 있는 사람의 지시대로 일했다. "자, 선철을 들고 걸어가세요. … 이젠 앉아서 쉬세요. … 걸어가세요. … 이젠 쉬세요."라는 식이었다.

어떤 일이 일어났을까? 다른 사람들이 하루에 12.5톤의 선철을 운반하는 동안 슈미트는 47톤의 선철을 운반했다. 그리고 프레더릭 테일러가 베들레헴스틸에 있는 3년 동안 이 속도로 일하지 못하는 날은 하루도 없었다. 슈미트가 이렇게 할 수 있었던 이유는 지치기 전에 쉬었기 때문이다. 그는 1시간에 약 26분을 일하고 34분을 쉬었다. 일하는 시간보다 쉬는 시간이 많았다. 하지만 다른 사람들보다 4배나 더 일을 했던 것이다.

근거 없는 단순한 낭설처럼 들리는가? 아니다. 의심스러운 사람은 프레더릭 윈즐로 테일러가 쓴《과학적 관리법》을 한번 읽어보라.

다시 한번 되풀이한다. 군대에서 하듯이 일상에서 자주 휴식을 취하라. 여러분의 심장과 똑같이 지치기 전에 쉬어라. 이렇게 하면 여러분은 하루 1시간 더 움직일 수 있다.

2
How to stop worrying and start living

우리를 지치게 하는
사소한 것들

여러분에게 놀랍고도
중요한 사실 한 가지를 알려주겠다. 사람은 정신적인 작업만으로는 쉽
게 지치지 않는다는 것이다. 바보스러운 소리처럼 들릴지도 모른다. 하
지만 수년 전 과학자들은 인간의 두뇌가 피로의 과학적 정의인 '작업 능
력 저하'에 이르지 않으면서도 얼마나 오랫동안 일할 수 있는지 알아내
기 위해 시험을 해보았다. 놀랍게도 그들은 뇌를 통과하는 혈액이 활동
중에는 전혀 피로한 기색을 보이지 않는다는 것을 발견했다. 노동 중인
막노동자의 혈관에서 채취한 혈액에는 피로 독소며 피로 물질이 가득
차 있지만, 알베르트 아인슈타인의 뇌에서 피 한 방울을 채취해서 본다
면, 하루 일과가 끝난 시간에도 피로 독소는 발견할 수 없다는 것이다.

뇌에 관해서만 말하자면 인간의 뇌는 '8시간 혹은 12시간을 활동한

후에도 처음과 마찬가지로 활발하게' 활동할 수 있다. 뇌는 전혀 피로해지지 않는다. 그렇다면 무엇이 사람을 지치게 하는 것일까?

정신과를 다루는 학자들의 말에 따르면 피로의 대부분은 정신적·감정적 태도에 원인이 있다. 영국의 유명한 정신병리학자 J. A. 해드필드는 그의 저서 《힘의 심리학》에서 이렇게 주장한다.

"우리를 괴롭히는 피로의 대부분은 정신적 원인에서 발생한다. 순수하게 육체적 원인에서 오는 피로는 극히 드물다."

미국의 저명한 정신병리학자 가운데 한 사람인 A. A. 브릴 박사는 한 걸음 더 나아가 "사무실에서 일하는 건강한 노동자가 피로를 느끼는 이유는 100퍼센트 심리적 요소, 즉 감정적 요소가 원인이다."라고 단언한다.

어떤 종류의 감정적 요소가 사무실 노동자 혹은 책상에 앉아 일하는 노동자를 피로하게 하는 것일까? 즐거움? 만족감? 아니다. 결코 그렇지 않다. 지루함, 원한, 정당하게 평가받지 못하고 있다는 기분, 허무함, 시간이 없다는 생각, 불안, 걱정…, 이러한 감정적 요소들이 사무실 노동자를 피로하게 만들고, 감기에 쉽게 노출되게 하고, 업무 능력을 떨어뜨리고, 신경성을 띤 두통을 느끼게 하여 집으로 돌아가게 하는 것이다. 그렇다. 우리의 감정이 신체 내에 신경적 긴장을 부르기 때문에 피로해지는 것이다.

메트로폴리탄 생명보험사는 피로에 관해 쓴 작은 책자에서 이 사실을 지적하고 있다.

"힘든 노동 그 자체로 인해 생기는 피로는 대개의 경우 충분한 수면이나 휴식으로 회복된다. 걱정, 긴장, 감정의 혼란이 피로를 일으키는 3대 원인이다. 가끔 육체적·정신적으로 기인되는 것처럼 생각되는 것도 실은 이 요소들이 원인인 경우가 많다. 긴장한 근육은 일하고 있는 근육이라는 것을 잊어서는 안 된다. 편히 쉬어라! 중요한 책무를 위해 에너지를 아껴라."

잠시 하던 일을 멈추고 자기 자신을 검토해보라. 이 부분을 읽으면서 혹시 잔뜩 찌푸리고 있지는 않은가? 두 눈 사이에 어떤 긴장감을 담고 있지는 않은가? 느긋하고 편안한 자세로 의자에 앉아 있는가? 어깨를 구부리고 앉아 있는 것은 아닌가? 얼굴이 딱딱하게 굳어 있지는 않은가? 만약 여러분의 온몸이 낡은 헝겊으로 만든 인형처럼 축 늘어져 있지 않다면, 여러분의 신경과 근육은 이 순간 긴장하고 있다는 것이다. 신경성 긴장과 신경성 피로를 만들고 있는 것이다.

우리는 왜 정신노동을 하면서 이런 불필요한 긴장을 하는가? 조슬린은 이렇게 말한다.

"대부분의 사람들이 노력하고 있다는 느낌이 들어야 열심히 일하는 것이라고 생각하고, 그렇지 않으면 제대로 하고 있는 것이 아니라고 믿는다는 것이 큰 장애가 되고 있다."

그래서 우리는 정신을 집중할 때면 얼굴을 찡그리고 어깨가 잔뜩 굽는다. 우리가 노력하고 있음을 알리기 위해 근육에 잔뜩 힘을 넣지만, 그것은 뇌의 활동에는 전혀 도움이 되지 않는다.

여기 놀랍고도 가슴 아픈 진실이 하나 있다. 그것은 돈은 단 한 푼도 낭비하지 않으려는 사람들이 자신들의 에너지는 싱가포르 항구에서 술에 취해 비틀거리는 7명의 선원처럼 함부로 낭비한다는 것이다.

이런 신경성 피로에 대한 대책은 무엇인가? 휴식, 휴식, 휴식! 일하면서 휴식하는 방법을 배우는 것이다! 쉬운 일은 아니다. 아마 여러분은 오랜 시간을 통해 굳어진 습관을 바꿔야 할지도 모른다. 하지만 그것은 노력할 가치가 있다. 그로 인해 여러분의 생애에 일대 혁명을 가져오게 될지도 모르니까. 윌리엄 제임스는 '복음 같은 휴식'이라는 제목의 에세이에서 다음과 같이 말하고 있다.

"미국인의 과도한 긴장, 고르지 못한 기분, 숨 가쁜 일상, 격렬함, 격동의 표정…, 이것들은 단지 나쁜 습관일 뿐 그 이상도 그 이하도 아니다."

긴장은 습관이다. 휴식도 습관이다. 나쁜 습관을 버리고 좋은 습관을 만드는 것은 불가능한 일이 아니다. 여러분은 어떤 방법으로 휴식을 취하는가? 정신부터 시작하는가, 아니면 신경부터 휴식을 취하는가? 그렇게 시작하는 휴식은 없다. 언제나 근육을 편안하게 하는 것부터 시작하지 않는가!

어떤 식으로 하는지 한번 해보자. 먼저 눈부터 시작하자. 이 단락을 끝까지 다 읽고 나면 눈을 감는다. 그런 다음 1분 동안 조용히 눈을 향해 "풀어라, 풀어라, 긴장을 풀어라. 찡그린 얼굴도 풀어라, 풀어라, 풀어라."라고 말하는 것이다.

몇 초가 지나 눈의 근육이 이에 따르기 시작한 것을 느끼지 못했는가? 누군가의 손길이 다가와 긴장을 씻어버린 것처럼 느껴지지 않았는가? 믿어지지 않을지 모르지만 여러분은 이 1분 동안 휴식의 기술에 대한 모든 비밀과 비결을 터득한 것이다. 턱과 얼굴의 근육, 목, 어깨, 온몸에 대해서도 똑같은 방법으로 할 수 있다. 하지만 가장 중요한 기관은 눈이다. 시카고 대학의 에드먼드 제이콥슨 박사는 "만약 인간이 눈의 근육을 완전히 편안하게 할 수 있다면 모든 번민을 잊어버릴 수 있다."고 말했다. 긴장된 신경을 이완시키기 위해 눈이 이렇게 중요한 일을 하는 이유는, 눈은 신체가 소비하고 있는 신경 에너지의 4분의 1을 소비하고 있기 때문이다. 시력이 완전한 수많은 사람이 '눈의 피로'에 시달리는 이유도 여기에 있다. 그들은 눈을 긴장시키고 있는 것이다.

유명한 소설가 비키 바움은 어렸을 때 한 노인으로부터 평생 배운 교훈 가운데 가장 귀중한 교훈을 배웠다고 했다. 그녀는 넘어져 무릎과 손목을 다쳤다. 그 노인은 전에 서커스단 광대였는데 그녀를 일으켜 흙을 털어주고 나서 이렇게 말했다.

"네가 다친 것은 몸에서 힘을 빼는 법을 알지 못하기 때문이란다. 낡아서 헐렁거리는 양말처럼 부드럽게 하고 있어야 해. 이리 오너라, 할아버지가 방법을 보여줄 테니."

그 노인은 그녀와 다른 아이들에게 넘어지는 방법, 앞으로 재주넘기, 뒤로 재주넘기 방법들을 보여주었다. 그러면서 이렇게 말했다.

"나는 지금 흐늘흐늘한 낡은 양말이라고 생각하는 거야. 그러면 몸에서 힘을 뺄 수 있단다."

여러분은 언제 어디서든 몸을 편안히 할 수 있다. 하지만 편안히 하려고 억지로 노력해서는 안 된다. 편안히 한다는 것은 어떤 긴장도 노력도 없는 것이다. 무아무심의 상태로 들어가는 것이다. 우선 눈과 얼굴의 근육을 쉬게 하는 것부터 시작해 이 말을 반복하는 것이다. "풀어라, 풀어라, 몸을 편안하게 하라." 그렇게 하면 에너지가 안면 근육에서 신체의 중심부로 흘러가는 것을 느낄 수 있을 것이다. 갓난아이처럼 아무런 근심 걱정도 없다고 생각하자.

유명한 소프라노 가수인 갈리쿠르치도 이렇게 했다. 헬렌 젭슨은 막이 오르기 전에 곧잘 갈리쿠르치를 만났는데, 그녀가 의자에 힘없이 앉아 입이 벌어지도록 턱의 힘을 빼고 쉬는 모습을 자주 보았다고 한다.

몸을 편안하게 하는 데 도움이 되는 5가지 방법이 있다.

1. 이 문제에 관해 가장 친절하게 설명해주는 데이비드 헤럴드 핑크 박사의 《신경적 긴장으로부터의 해방》을 읽어보라.

2. 언제든지 몸을 편안하게 하라. 여러분의 몸을 헌 양말처럼 흐늘흐늘하게 만들어라. 나는 일할 때 낡은 양말 한 짝을 책상 위에 놓아둔다. 부드러워져야 한다는 것을 잊지 않기 위해. 양말이 없다면 고양이라도 좋다. 양지바른 곳에서 자고 있는 고양이를 안아본 적이 있는가? 그러면 고양이의 앞뒤 다리는 물에 젖은 신문처럼 축 늘어진다. 인도의 요가 수행자들은 이완하는 법을 배우고 싶다면 고양이를 보고 배우라고 한다. 이제까지 나는 지친 고양이, 신경 쇠약에 걸린 고양이, 불면증이나 근심, 위궤양으로 고생하는 고양이를 본 적이 없다. 여러분이 고양이처럼 몸을 편안하게 할 줄 안다면 그런 불행을 면할 수 있을 것이다.

3. 될 수 있는 대로 편한 자세로 일하라. 신체의 긴장은 어깨의 뻐근함과 신경 피로를 불러일으킨다.

4. 하루에 네댓 번 정도는 자신을 돌아보며 이렇게 물어보라. "나는 일을 필요 이상으로 곤란하게 만들고 있지 않은가? 이 일과 관계없는 근육을 쓰고 있지는 않은가?" 이런 질문은 틀림없이 몸을 편안하게 하는 습관에 도움이 될 것이다. "심리학을 좀 아는 사람들은 반드시 이런 습관을 갖고 있다." 고 데이비드 헤럴드 핑크 박사는 말했다.

5. 하루가 끝났을 때 다시 한번 자신에게 물어본다. "나는 지금 정확히 얼마나 피로한가? 만약 피곤하다면 그것은 정신적 노동의 양 때문이 아니라 그 방법 때문이다." 다니엘 W. 조슬린은 이렇게 말했다.

"나는 하루 일과가 끝났을 때 그날의 성과를 측정하면서 얼마나 피곤한지로 계산하는 것이 아니라 얼마나 피곤하지 않은지로 계산한다. 하루가 끝날 무렵 몹시 피곤하고 짜증이 나고 신경이 날카로워져 있다고 느껴지면, 그 하루는 질적으로든 양적으로든 비효율적인 하루였다고 인정해야 한다."

만일 미국의 모든 비즈니스맨이 이런 교훈을 실천한다면 '고혈압'으로 인한 사망률은 빠른 속도로 줄어들 것이다. 그리고 피로나 번민으로 나가떨어진 사람들로 요양소나 정신병원이 가득 차는 일도 줄어들 것이다.

3 *How to stop worrying and start living*

걱정을 극복해야
젊어진다

지난해 가을 어느 날,
나와 함께 일하는 동료 한 사람이 세계에서 가장 보기 드문 의학 강좌
에 참가하기 위해 보스턴으로 갔다. 그렇다. 의학 강좌다. 그것은 보스
턴 의료원에서 일주일에 한 번씩 열리는 강좌인데, 거기에 출석이 허
용되는 환자들은 미리 정기적으로 철저한 검진을 받아야만 한다. 하지
만 이 강좌는 실제로는 심리치료 강좌다. 공식 명칭은 응용심리학 강좌
라고 부르지만, 실제 목적은 근심으로 병이 든 사람들을 치료하는 것이
다. 그리고 참석하는 환자 대부분은 감정적으로 문제를 겪고 있는 가정
주부들이다.

이 강좌는 어떻게 시작된 것일까? 윌리엄 오슬러 경의 가르침을 받
은 조셉 H. 프래트 박사는 1930년, 보스턴 의료원을 방문하는 환자의

다수가 육체적으로는 아무런 이상이 없는데 실제로는 온갖 질병의 증상을 앓고 있다는 점에 주목했다. 어떤 여성은 심각한 관절염으로 손이 몹시 구부러져 전혀 움직이지 못했고, 어떤 여성은 위암의 징후가 있어 걱정하고 있었다. 또한 많은 여성이 등이 아프거나 두통 혹은 만성 피로를 느끼거나 정확한 병명은 없지만 고통에 시달리고 있었다. 그들은 실제로 이런 증상의 육체적 고통을 느끼고 있었다. 그런데 철저하게 건강 진단을 한 결과 아무 이상도 발견할 수 없었다. 구식 의사들이었다면 틀림없이 상상 때문이라거나 '마음에서 생긴 병'이라고 처리해버렸을 것이다. 하지만 프래트 박사는 환자들에게 "집으로 가세요. 그리고 다 잊어버리세요."라고 말하는 것은 쓸데없다는 일임을 알고 있었다. 이런 여성들 대부분은 아프지 않기를 간절히 원했다. 고통을 잊는 것이 그렇게 간단하다면 그녀들은 벌써 그렇게 했을 것이다. 그렇다면 어떻게 하면 좋을까?

그는 의학적인 효과를 의심하는 사람들의 반대를 물리치고 이 강좌를 열었고, 강좌는 훌륭한 업적을 올렸다. 강좌가 개설된 이래 18년 동안 수천 명의 환자가 치유된 것이다. 환자 중에는 교회에 가는 것처럼 종교적인 태도로 해마다 참석한 사람도 있었다. 나의 조수는 9년 동안이나 쉬지 않고 출석한 한 여성과 이야기를 나눈 적이 있다. 그녀는 이 모임에 처음 왔을 때 자신이 유주신遊走腎이라는 신장병과 심장병을 앓고 있다고 확신하고 있었다. 그녀는 너무나 근심하고 긴장한 나머지 때때로 눈앞이 캄캄해지기도 하고 아예 보이지 않는 일도 있었다. 하지만 지금은 마음이 차분해졌고 쾌활하게 지내며 건강하다. 그녀는 이제 마흔 살을 조금 넘은 정도로밖에 보이지 않지만 손자를 안고 있었다. 그녀는 다음과 같이 말했다.

"저는 가정불화 때문에 너무 괴로워서 차라리 죽어버리고 싶었을 정도였습니다. 하지만 이 강좌를 통해 괴로워해봐야 아무 소용이 없다는 것을 깨달았습니다. 그리고 걱정하지 않는 법을 알았습니다. 지금 저의 생활은 정말로 평온하다고 자신 있게 말할 수 있습니다."

이 강좌의 의학 담당 고문인 로즈 힐퍼딩 박사는 마음의 번뇌를 줄이는 가장 좋은 방법에 대해 이렇게 말했다.

"믿을 만한 사람에게 괴로움을 털어놓는 것입니다. 우리는 이것을 카타르시스라고 부릅니다. 환자들은 여기에 와서 자기들의 번뇌를 시시콜콜한 것까지 다 털어놓음으로써 마음이 후련해지는 것을 느낍니다. 혼자서만 간직한 채 아무에게도 말하지 않고 있으면 심각한 신경적 긴장을 유발합니다. 누구든 자기 문제를 나누어 가질 줄 알아야 합니다. 고민을 서로 공유하는 것입니다. 이 세상에 자기의 걱정을 들어주고 이해해주는 사람이 있다고 느낄 수 있어야 합니다."

나의 조수는 한 부인이 자신의 괴로움을 털어놓음으로써 위안을 얻는 것을 실제로 목격한 적이 있다. 그녀는 집안 문제로 걱정이 많았다. 처음 그녀가 이야기를 시작했을 때 그녀는 긴장한 나머지 팽팽하게 감겨 있는 용수철처럼 표정이 딱딱했지만, 이야기가 진행됨에 따라 차츰 안정을 찾기 시작했다. 상담이 끝나갈 무렵에는 미소까지 띠고 있었다.

문제가 해결된 것일까? 아니다. 그렇게 간단한 문제는 아니었다. 그녀의 마음이 달라진 것은 누구에겐가 털어놓았고 약간의 조언과 함께 관심을 얻었다는 사실 그 자체였다. 그녀의 심경을 변화시킨 엄청난 치유력은 말 속에 포함되어 있었던 것이다.

정신 분석은 어느 정도까지는 말의 치유력을 토대로 하고 있다. 프로이트 이래로 정신 분석 전문가들은 만약 환자가 이야기할 수만 있다면, 자기 내면의 불안을 해결할 수 있다는 것을 알고 있다. 이런 일은 왜 생기는 걸까? 아마도 그것은 대화를 통해 자신의 문제에 대해 좀 더 깊은 통찰력이 생기고 더 잘 이해할 수 있게 되기 때문일 것이다. 정확한 대답은 아무도 해줄 수 없다. 하지만 우리는 '가슴속에 담아둔 것을 속 시원하게 털어놓거나 내뱉는 것'이 상당히 빠른 시간 안에 위안을 준다는 것을 알고 있다.

그러므로 앞으로 걱정스러운 일이 생기면 털어놓고 말할 사람을 찾아보는 것이 어떤가? 물론 닥치는 대로 아무나 붙잡고 우는 소리를 늘어놓거나 불평을 늘어놓아 다른 사람에게 성가신 존재가 되라는 것은 아니다. 신뢰할 수 있는 사람을 선택해 다짐을 받는 것이다. 친척도 좋고 의사, 변호사, 목사 혹은 신부라도 좋다. 그리고 그 사람에게 말하는 것이다.

"당신의 조언이 필요합니다. 제게 문제가 있는데 제 이야기를 들어봐 주세요. 당신이 조언을 해줄 수 있을지도 모릅니다. 당신에게는 내가 깨닫지 못하는 다른 면이 보일지도 모릅니다. 아니면 조언을 해주지 못하더라도 제 이야기를 끝까지 들어주시는 것만으로도 제게는 많은 도움이 될 겁니다."

만일 여러분의 이야기를 들어줄 사람이 한 사람도 없다면 '생명의 전화'를 추천한다. 이곳은 보스턴 의료원과는 아무런 관계가 없다. '생명의 전화'는 세상에서 보기 드문 조직 가운데 하나다. 이 조직은 원래 자살을 방지하기 위해 만들었다. 하지만 시간이 흐르면서 점차 업무 분야를 확대해 지금은 삶이 불행한 사람들이나 감정적 고통으로 도움이 필요한 사람들에게 상담을 해주고 있다. 나는 이 조직에서 사람들의 전화를 받거나 상담 업무를 맡고 있는 로나 B. 보넬 양과 잘 알고 지내는 사이다. 그녀는 내게 이 책의 독자들이 편지를 보낸다면 기꺼이 회답을 보내주겠다고 약속했다. 뉴욕 5번가에 위치한 생명의 전화로 보낸 편지 내용은 절대적으로 비밀이 보장된다고 약속할 수 있다. 되도록이면 개인적으로 여러분의 이야기를 경청해줄 수 있는 사람을 만나는 것이 여러분에게 더 큰 위안을 주겠지만, 방법이 없다면 이런 단체에 편지를 쓰는 것도 좋은 방법이다.

어쨌든 이후로 보스턴 의료원에서는 마음을 괴롭히는 문제들을 모두 털어놓는 것을 주요한 처방으로 삼게 되었다. 다음은 그 강좌에서 배울 수 있으며 집에서도 실행할 수 있는 방법이다.

1. '정신적인' 독서를 기록할 수 있는 노트나 스크랩북을 준비할 것. 거기에 여러분을 감동시키고 의욕을 북돋워주는 시나 짧은 기도문, 인용문을 붙여놓는다. 그렇게 하면 비오는 오후 마음이 울적해질 때, 그 노트 가운데서 마음이 활짝 개게 해줄 처방이 발견될 것이다. 보스턴 의료원을 이용하는 환자들은 오랜 세월 이런 노트를 만들어 활용하는 사람이 많다. 그들은 그 노트를 '정신적인 주사'라고 말한다.

2. 다른 사람의 결점에 지나치게 신경 쓰지 말 것. 확실히 당신 남편에게 문제가 있는 것은 맞다! 그가 만일 성인이었다면 당신과 결혼하지도 않았을 것이다. 그렇지 않은가? 그 강좌에 참석하는 한 여성은 자신이 잔소리와 불평만 하는 마누라가 되어가고 있다고 하소연했다. 하지만 그녀에게 "남편이 죽으면 어쩌시겠습니까?"라고 묻자 정신이 번쩍 든 그녀는 남편의 장점을 하나하나 적어보았다. 그러자 생각보다 많은 장점이 있었다. 만일 당신이 마초 기

질이 다분한 폭군과 결혼했다는 후회가 밀려오면 이런 방법을 써보는 게 좋을 것이다. 그의 장점을 나열해보면 그 사람이야말로 당신이 만나고 싶었던 이상형이었음을 깨닫게 될 것이다.

3. 이웃들에게 관심을 가질 것. 당신이 사는 마을에서 인생을 함께하고 있는 다른 사람들에 대해 우호적이면서 건강한 관심을 가져라. 자신이 매우 배타적이어서 친구가 하나도 없다고 고민하던 한 여성은 만나는 사람들에 관해 이야기를 만들어보라는 제안을 받았다. 그래서 그녀는 전차 안에서 만나는 낯선 사람들의 배경, 생활을 상상해보았다. 그리고 그들의 삶은 어떤지 생각해보게 되었다. 그녀는 가는 곳마다 사람들에게 이야기를 걸어보았다. 그 결과 지금은 괴로움이 없어지고 성격도 밝아졌으며 붙임성이 좋은 사람으로 살아가고 있다.

4. 오늘 밤 잠자리에 들기 전에 내일 할 일의 일정을 정리할 것. 보스턴 의료원 강좌에서 조사한 바에 따르면 많은 주부가 반복되는 집안일과 이런저런 잡다한 일로 정신이 없었다. 해야 할 일은 해도 해도 끝이 없었으므로 주부들은 언제나 시간에 쫓기고 있었다. 시간이 없다는 느낌과 그로 인한 스트레스를 해소하기 위해 전날 밤에 미리 내일 할 일에 대한 스케줄을 만들도록 제안했다. 결과는 어찌 되었을까? 전보다 더 많은 일을 끝낼 수 있었다. 예전보다 피로가 눈에 띄게 줄었고 자부심과 성취감도 생겼다. 시간적 여유가 생겨 휴식을 취하고 자신을 가꿀 수 있는 시간도 생겼다.(여성이라면 누구든 틈틈이 자신을 꾸미는 시간을 가져야 한다. 자신이 예쁘다고 생각하면서 사는 여성은 절대 신경 쇠약 같은 증상으로 고생하지 않는다는 것이 내 개인적인 생각이다.)

5. 마지막으로 긴장과 피로를 피할 것. 휴식하라! 휴식하라! 긴장과 피로만큼 사람을 빨리 늙게 하는 것은 없다. 긴장과 피로 외에 그 어떤 것도 여러분의 싱싱한 아름다움을 망가뜨리지 않는다. 나의 조수는 보스턴의 강좌에서 폴 E. 존슨 박사의 지도 아래 우리가 이 장에서 살펴본 휴식의 원칙을 적용하는 코스에도 참가했다. 10분 정도 휴식을 위한 그 훈련을 하고 나자 그는 의자에 바른 자세로 앉은 채 잠이 들었다고 한다. 정신적인 문제를 해결하기 위해 몸을 편하게 하는 것이 무엇보다도 중요한 이유가 무엇이겠는가? 대부분의 의사들이 그렇듯이 그들 역시 걱정이라는 괴물이 사라지게 하기 위해서는 우선 몸의 근육을 이완시키는 것이 중요하다는 것을 알고 있었던 것이다.

주부들에게는 휴식이 필요하다. 다행히 전업주부들은 자신이 원할 때 언제라도 누울 수 있다. 다른 장소도 아닌 자신의 집 거실 바닥에 누울 수 있다. 이상한 일이지만, 딱딱한 바닥이 푹신거리는 침대보다 누워서 휴식을 취하기에는 더 적합하다. 단단한 바닥이 척추에는 더 좋다.

그러면 이제 피로 회복과 휴식을 위해 집에서 할 수 있는 몇 가지 방법을 알아보자. 일주일 동안 해보고 여러분의 외모나 성격에 어떤 효과가 나타났는지 관찰해보자.

1. 피로하다고 느껴지면 언제든 바닥에 누워 몸을 쭉 편다. 원한다면 뒹굴어도 좋다. 이렇게 하루에 두 번 한다.
2. 눈을 감는다. 그리고 존슨 박사가 추천한 말을 해보는 것도 좋다.

"태양이 머리 위에서 빛나고 있다. 하늘은 맑고 푸르다. 자연은 부드럽게 온 세상을 지배하고 있다. 나는 자연의 아기로서 우주와 교감하고 있다." 아니면 기도를 하는 것도 좋은 방법이다. 어쩌면 기도하는 것이 더 좋을지도 모른다.

3. 혹시 오븐에서 고기가 익고 있는 중이거나 그 밖의 이유로 시간이 없어서 누울 수 없다면, 의자에 앉아서도 거의 같은 효과를 올릴 수 있다. 몸을 편하게 하는 데는 딱딱하고 바른 자세로 앉을 수 있는 의자가 적합하다. 의자에 앉아 있는 이집트의 동상처럼 의자에 똑바로 앉아 손을 아래로 내려 허벅지 위에 올려놓는다. 그런 다음 발끝에 힘을 주었다가 서서히 힘을 뺀다. 이번에는 다리 근육에 힘을 주었다가 서서히 힘을 뺀다. 이런 방식으로 아래쪽에서부터 온몸의 근육에 힘을 주었다가 힘을 빼는 과정을 되풀이한다. 그리고 목에 이르면 축구공을 굴리는 느낌으로 머리를 힘 있게 돌린다. 그러는 동안 근육을 향해 "쉬어라… 쉬어라…." 하고 계속 말한다.

4. 천천히 호흡하면서 신경을 가라앉힌다. 최대한 숨을 깊이 들이마신다. 인도의 요가 수행자들이 말하는 것처럼 신경을 가라앉히는 데 호흡 조절은 그 어떤 방법보다도 좋다.

5. 얼굴의 주름살과 딱딱한 표정에 의식을 집중해 매끈하게 펴준다. 미간과 입 주변에 자리 잡은 주름살이 펴지도록 의식을 집중해라. 하루에 두 번 그렇게 하면 피부 관리실에 다닐 필요가 없을 것이다. 주름살이 말끔히 없어져버릴 테니까.

4

피로와 고민을 예방하는
좋은 업무 습관

좋은 습관 1
현재 진행 중인 업무와 관계된 서류 외엔 모두 책상에서 치워버려라.

시카고 노스웨스턴 철도의 사장 롤란드 L. 윌리엄스는 말했다.

"책상 위에 온갖 종류의 문서를 산더미처럼 쌓아놓고 일하는 사람들이 있는데, 지금 당장 하는 일과 관계없는 것을 모두 치워버리면 좀 더 쉽고 정확하게 일을 처리할 수 있다. 나는 이것을 굿 하우스키핑이라고 부른다. 이 방법이야말로 일의 능률을 올리는 첫걸음이다."

워싱턴 D. C.에 있는 국회도서관 천장에는 시인 포프가 쓴 "질서는 하늘의 첫째 법칙이다."라는 구절이 씌어 있다. 질서는 일에서도 첫째 법칙이어야 한다. 하지만 대부분의 비즈니스맨의 책상 위에는 몇 주일 동안이나 쳐다보지도 않았을 것 같은 문서들이 어지럽게 널려 있다.

　뉴올리언스에 있는 한 신문사 발행인이 나에게 한 말인데, 비서가 그의 책상 하나를 정리했더니 2년 전에 잃어버린 타자기가 나왔다고 한다. 아직 답장을 보내지 않은 편지, 보고서, 메모지로 어질러진 책상은 보기만 해도 혼란과 긴장, 번민을 일으키기에 충분하다. 그 이상으로 좋지 않은 일이 생길 수도 있다. '해야 할 일은 산더미 같은데 시간이 없다.'는 생각 때문에 긴장과 피로가 몰려올 뿐만 아니라 고혈압, 심장병, 위궤양 등을 일으키기도 한다.

　펜실베이니아 대학 의학부 교수인 존 H. 스토크스 박사는 미국 의학 협회에 〈합병증을 유발하는 기능성 노이로제〉라는 제목의 연구 논문을 발표했다. 그 논문에서 스토크스 박사는 '환자의 심리 상태에서 확인해야 하는 것'으로 11가지 조건을 들고 있다. 그 첫째 항목은 다음과 같다. '의무감 혹은 책임감. 영원히 끝날 것 같지 않은, 해야만 하는 일들.'

　하지만 책상을 정돈하고 결단을 내린다는 기본적인 방법으로 어떻게 고혈압이나 의무감, 끝날 것 같지 않은 해야만 하는 일들이라는 긴장을 없앨 수 있을까? 유명한 심리학자 윌리엄 새들러 박사는 이런 간단한 방법을 사용함으로써 신경 쇠약에서 벗어난 환자의 이야기를 들려주었다. 그는 시카고에 있는 큰 회사의 중역이었는데 새들러 박사를 찾아왔을 때 긴장으로 몸이 굳어 있고 다소 신경질적이었으며 머릿속이 복잡했다. 그는 스스로도 자신의 상황이 심각해지고 있다는 것을 알고 있었지만 일을 놓을 수는 없었다. 그래서 의사에게 도움을 구했던 것이다. 새들러 박사는 이렇게 말했다.

　"그가 자신에 관한 이야기를 하고 있을 때 내게 전화가 왔습니다. 병원에서 온 전화였습니다. 나는 일을 미루지 않고 그 자리에서 처리했습니다. 나는 되도록 문제가 생기는 즉시 해결하려고 합니다. 전화를 끊자마자 다시 전화가 걸려왔습니다. 시급히 해결해야 하는 문제였으므로 나는 잠시 이야기를 나누었습니다. 세 번째로 우리 대화를 방해한 주범은 상태가 좋지 않은 환자에 대해 내 의견을 들으려고 온 동료였습니다. 그와 이야기를 마치고 나서 나는 그에게 오래 기다리게 해서 미안하다고 막 사과를 할 참이었습니다. 그런데 그는 나를 찾아왔을 때와는 달리 활짝 갠 표정을 짓고 있었습니다."

"천만의 말씀입니다. 선생님!"

그가 새들러에게 말했다.

"이 10분 동안 제가 어떤 면에서 잘못하고 있었는지 깨달았습니다. 일하는 습관을 바꿔야 할 것 같습니다. 그전에 선생님, 실례가 되는 줄은 알지만 선생님 책상 서랍을 좀 살펴봐도 되겠습니까?"

새들러 박사는 책상 서랍을 열었다. 몇 가지 물건을 제외하고는 비어 있는 것이나 다름없었다. 환자가 물었다.

"처리되지 않은 일거리는 어디에 보관하십니까?"

"모두 끝났습니다."

새들러 박사가 대답했다.

"답변하지 못한 편지 같은 것은 어디에 보관하십니까?"

"그런 것은 한 통도 없습니다. 나는 편지를 받는 즉시 답장을 씁니다. 그 자리에서 비서에게 불러주고 쓰게 하지요."

6주일 후, 이 중역이 새들러 박사를 자신의 사무실로 초대했다. 그는 변해 있었다. 그의 책상도 달라져 있었다. 그는 책상 서랍을 열어 처리되지 않은 업무가 아무것도 없다는 것을 보여주었다. 그 중역은 말했다.

"6주 전까지 저는 2개의 사무실과 3개의 책상을 갖고 있었고 책상엔 처리되지 않은 일거리가 잔뜩 쌓여 있었습니다. 일이 끝나는 법이 없었습니다. 선생님과 이야기를 나누고 돌아와 저는 온갖 보고서며 묵은 서류를 모조리 없애버렸습니다. 지금은 책상 하나로 일하고 있으며 일거리가 생기면 그 즉시 처리하기 때문에 처리하지 못한 일거리 때문에 초조하거나 긴장하거나 걱정하는 일은 전혀 없습니다. 무엇보다 놀라운 것은 제가 완전히 회복되었다는 사실입니다. 이제 제 건강은 아무 문제가 없습니다!"

미국 대법원장을 지낸 찰스 에번스 휴스 판사는 이렇게 말했다.

"인간은 과로 때문에 죽지는 않는다. 쓸데없이 에너지를 낭비하거나 걱정하기 때문에 죽는다."

그렇다. 에너지 낭비와 일이 끝나지 않을 거라는 걱정이 원인이다.

좋은 습관 2
중요한 순서대로 일을 처리해라.

시티즈서비스컴퍼니의 창립자 헨리 L. 도허티는 아무리 많은 돈을 준다 해도 얻을 수 없는 재능이 2가지 있다고 말했다. 이 귀중한 능력 중 하나는 '생각하는 능력', 다른 하나는 '중요한 순서대로 일을 처리하는 능력'이다.

빈털터리 신세에서 12년 만에 펩소던트사의 사장이 된 찰스 럭맨은 자신은 헨리 도허티가 말한 2가지 재능을 개발한 덕택에 성공했다고 단언했다. 찰스 럭맨은 말했다.

"내 기억에 나는 아주 오래전부터 새벽 5시에 일어났다. 왜냐하면 이른 아침에는 하루의 어떤 때보다 생각이 원활하게 돌아가기 때문이다.

그 시간에 나는 하루의 계획을 세우고 중요한 순서에 업무를 처리하는 스케줄을 넣는다."

미국 역사상 가장 성공한 보험 세일즈맨으로 꼽히는 프랭크 베트거는 하루의 계획을 세우는 데 새벽 5시까지 기다리지 않는다. 그는 전날 밤에 스케줄을 정리하고 목표를 세운다. 다음 날 성사시키기로 결심한 보험 계약 건이다. 만약 정한 목표를 이루지 못하면, 나머지는 그다음 날로 이월시키는 식으로 계속 이어졌다.

나는 오랜 경험을 통해 중요도 순서에 따라 일을 처리하는 것이 생각처럼 쉽지 않다는 것을 잘 알고 있다. 그런가 하면 중요한 일을 먼저 처리하겠다고 정하는 것이 그때그때 잡히는 대로 일을 하는 것과는 비교할 수 없을 정도로 훨씬 좋다는 것도 알고 있다.

만일 조지 버나드 쇼가 중요한 일을 먼저 처리해야 한다는 원칙을 성실하게 지키지 않았더라면, 아마 그는 작가로 성공하지 못하고 한평생 은행의 출납계원으로 살았을지도 모른다. 그의 목표는 매일 반드시 5페이지씩 쓰는 일이었다. 이 계획에 따라 그는 9년 동안 매일 5페이지를 계속 썼다. 그 9년 동안의 소득은 30달러, 하루에 1페니밖에 되지 않았지만. 로빈슨 크루소조차도 매일매일 시간 단위로 어떤 일을 할 것인지 계획을 세웠다.

좋은 습관 3
문제가 생기면 즉시 해결하라. 결정에 필요한 사실을 알고 있다면,
결정을 미루지 마라.

내 강좌의 수강생이었던 H. P. 하웰의 말에 따르면, 그가 U. S. 스틸의 이사로 있을 때 이사회의는 언제나 긴 시간에 걸쳐 진행되었고, 수 많은 안건이 심의되지만 결론을 내리지 못하고 다음 회의로 미루어지 곤 했다. 그 결과 이사회에 참석한 사람들은 산더미 같은 보고서를 집 으로 가지고 돌아가 연구해야만 했다.

드디어 하웰 씨는 한 번에 한 가지 문제만 채택해 토의하고 결정하자 고 이사회를 설득했다. 그러자 결정이 연기되거나 회의 시간이 늘어지 는 일이 없어졌다. 사실을 좀 더 확인해야 한다는 결론이 나기도 했다. 어떤 일을 실행해야 한다거나 실행하지 말아야 한다는 것으로 끝나는 경우도 있었지만, 아무튼 결론이 내려지지 않으면 다음 의안으로 넘어 가는 경우는 없었다. 결과는 놀랄 만큼 훌륭했다. 미결 사항이 사라지 고 일정표는 깨끗해졌다. 산더미 같은 보고서를 집으로 가지고 갈 이유 도 없어졌다. 이제 더 이상 해결되지 않은 문제 때문에 골치를 앓는 일 도 없었다.

이것은 U. S. 스틸의 이사회뿐 아니라 우리에게도 좋은 법칙이다.

좋은 습관 4
조직하고 위임하고 관리하는 법에 익숙해져라.

생각보다 많은 비즈니스맨이 책무를 다른 사람에게 위임하는 방법 을 몰라 혼자서 모든 일을 감당하다가 자기 무덤을 파고 있다. 그러다 보니 자질구레한 일에 짓눌려 혼란스러워지고 걱정, 불안, 긴장에 휩 싸이게 된다. 책임을 위임하는 방법을 배우는 것이 어렵다는 것은 나도 알고 있다. 내게도 그것은 어려운 일이었다. 하지만 나는 경험상 적합 하지 않은 사람에게 권한을 위임할 경우 일어나는 재앙에 대해서도 알고 있다. 권한을 위임하는 것이 어려운 일이기는 해도 책임자라면 스트레스와 긴장, 피로에 지치지 않기 위해 실행해야만 한다.

사업에 크게 성공하고도 조직하고 책임을 분산하고 관리하는 법을 배우지 못해 50대나 60대 초반에 심장 질환으로 사망하는 사람이 적지 않다. 스트레스와 걱정이 누적되면 심장 질환을 일으킨다. 증거를 대보라고? 당장 아무것이나 손에 잡히는 일간지 부고란을 살펴보라.

5

How to stop worrying and start living

지루함이
스트레스를 부른다

우리가 피로를 느끼는
주된 원인 가운데 하나는 지루함이다. 예를 들어, 여러분 이웃에 사는
엘리스라는 평범한 여성의 일상을 들여다보자. 어느 날 밤 엘리스는 녹
초가 되어 집으로 돌아왔다. 그녀는 누가 봐도 피곤해 보였고 실제로
지쳐 있었다. 머리가 지끈지끈 아팠고 허리가 뻣뻣했다. 그녀는 너무
피곤해서 저녁 식사고 뭐고 곧장 잠자리에 들고 싶었지만 어머니가 억
지로 붙잡는 바람에 할 수 없이 식탁에 앉았다. 그때 전화벨이 울렸다.
남자 친구였다! 댄스파티에 가자는 초대! 순간 그녀의 눈이 반짝 빛났
으며 순식간에 표정이 밝아졌다. 그녀는 2층으로 뛰어 올라가 블루 색
깔의 옷으로 갈아입고 집을 나섰고, 새벽 3시까지 춤을 추었다. 집으로
돌아왔을 때 그녀는 조금도 지쳐 있지 않았다. 오히려 마음이 들떠 잠

도 이루지 못할 정도였다.

8시간 전 엘리스가 피곤해 보이고 피곤한 것처럼 행동했을 때 그녀는 정말 지쳐 있었을까? 물론 그녀는 분명 지쳐 있었다. 자신이 하는 일이 너무 지루했고 그 때문에 자신의 인생까지 지루한 것 같아 지쳐 있었다. 세상에는 엘리스 같은 사람이 수도 없이 많을 것이다. 여러분도 그런 사람 중 한 명일지 모른다.

육체적인 고생보다 감정적 태도가 사람을 더욱 피곤하게 만든다는 것은 누구나 아는 사실이다. 몇 년 전 조셉 E. 바맥 박사는 ≪심리학≫이라는 자신의 저서에서 권태가 피로의 원인이 된다는 것을 입증하는 실험에 관한 보고서를 발표했다. 그는 학생들에게 그들이 흥미를 가질 수 없는 몇 가지 테스트에 참여하도록 했다. 결과는 어떠했을까? 학생들은 피로했고 졸음이 왔으며, 두통과 눈이 피곤하다고 호소했다. 짜증이 묻어나는가 하면 위가 아프다고 호소하는 학생들도 있었다. 이것은 모두 '상상'이었을까? 아니다. 이러한 학생들에 대해 신진대사 테스트를 한 결과, 사람이 권태를 느끼면 인체의 혈압과 산소의 소비량이 현실적으로 감소되고, 사람이 자신의 일에 흥미와 기쁨을 느끼기 시작하면 순식간에 신진대사의 속도가 늘어난다는 결과가 나왔다.

우리는 어떤 일이든 흥미롭고 재미있는 일을 하고 있을 때는 절대 지치지 않는다. 이를테면 나는 최근 캐나다 로키 산맥에 있는 루이스 호수에서 휴가를 보냈다. 나는 며칠 동안 코랄 크리크를 따라 우리 키보다 높은 잡목이 우거진 숲을 헤치며 나무뿌리에 걸려 넘어지기도 하고 쓰러진 나무를 타고 넘기도 하면서 송어 낚시를 즐겼다. 이렇게 8시간이나 고생한 뒤에도 지치지 않았다. 이유가 뭘까? 그렇게 보내는 시간이 즐겁기도 하고 흥분되었기 때문이다. 나는 더없이 성공감에 젖어 있었다. 큰직한 송어를 여섯 마리나 낚은 것이다. 하지만 낚시가 지루했다면 어떤 기분이었을까? 해발 2천 미터도 넘는 고지에서 격렬한 노동으로 그만 녹초가 되고 말았을 것이다.

소모적인 노동보다 오히려 지루함이 사람을 지치게 한다. 이를테면 미니애폴리스에 있는 저축은행 은행장인 S. H. 킹맨 씨는 나에게 이 사실을 증명하는 이야기를 해주었다. 1943년 7월 캐나다 정부는 캐나다 산악회에 왕실 친위대의 군인들을 훈련시킬 지도자를 보내달라고 요청했다. 킹맨 씨는 그 지도자 중 한 사람으로 뽑혔다. 그리하여 40대 지도자들은 젊은 군인들을 인솔해 빙하를 건너고 눈 덮인 벌판을 가로질러 10미터 가까이 되는 절벽을 로프를 이용해 기어 올라갔다. 그들은 리틀 요호 계곡에 있는 여러 개의 봉우리를 기어 올라갔다. 그렇게 15시간에 걸친 등반이 끝나자 얼마 전 6주간의 특공훈련을 마치고 온 원기 왕성했던 젊은이들이 녹초가 되고 말았다.

그들은 특공훈련 동안 이제까지 단련되지 않았던 근육을 썼기 때문에 지쳤던 것일까? 격렬한 유격대 훈련을 경험해본 젊은이라면 이런 어리석은 질문을 비웃었을 것이다. 그들은 암벽 등반이 지루했기 때문에 지친 것이다. 너무 피곤해서 식사도 하지 않고 그대로 쓰러져 잔 사람도 적지 않았다. 그런데 병사들보다 나이가 두세 배나 많은 인솔자들도 그랬을까? 그들도 지치기는 했지만 완전히 녹초가 된 것은 아니었다. 그들은 저녁 식사를 마치고 몇 시간 동안 그날 일에 대해 이야기를 나누었다. 그들이 녹초가 되지 않았던 것은 등반이 재미있었기 때문이다.

컬럼비아 대학교의 에드워드 손다이크 박사는 피로에 관한 실험을 할 때, 젊은이들이 즐거워하는 오락거리를 끊임없이 제공함으로써 일주일이나 잠을 자지 않고 깨어 있게 하는 데 성공했다. 여러 가지 연구를 마친 박사는 이렇게 말했다.

"업무 능력이 떨어지는 유일한 원인은 지루함이다."

만약 여러분이 사무직 노동자라면 일의 양으로 피곤해지는 일은 없을 것이다. 자기가 하지 않은 일의 양 때문에 피곤해지는 것이다. 이를테면 지난주 어느 하루 잠시도 쉴 틈 없이 방해를 받았던 것을 생각해보자. 편지에는 답장도 하지 못했고 약속은 깨졌고 여러 가지 문제가 있었다. 그날은 모든 것이 엉망이었다. 결국 마무리한 일은 하나도 없는데 여러분은 녹초가 되어 집으로 돌아왔다. 깨질 듯이 아픈 머리를 안고.

다음 날은 모든 일이 순조롭게 풀렸다. 전날보다 40배나 더 많은 일을 처리할 수 있었다. 그리고 여러분은 눈처럼 하얀 치자나무 같은 신선한 마음으로 집에 돌아왔다. 여러분은 이런 경험을 한 적이 있을 것이다. 나도 그렇다.

여기서 우리가 배워야 할 교훈은 바로 이것이다. 우리의 피로는 대부분 일이 아니라 걱정, 좌절, 원망 때문에 생긴다는 것이다.

이 장을 집필하는 도중 나는 제롬 컨의 즐거운 뮤지컬 코미디 〈쇼 보트〉의 앙코르 공연을 보러 갔다. 코튼 블라섬호의 앤디 선장은 철학적 독백을 읊으면서 이런 말을 했다.

"자신이 좋아하는 일을 할 수 있는 인간은 행복한 인간이야."

그런 사람들이 행복한 이유는 언제나 씩씩하고 행복하게 일하면서 걱정은 적고, 피곤을 느끼는 경우가 덜하기 때문이다. 여러분이 흥미를 느끼는 곳에 에너지도 함께한다. 잔소리하는 아내를 데리고 1마일을 걷는 것은, 사랑스러운 연인과 10마일을 걷는 것보다 피곤하다.

그러니 어떻게 하면 좋겠는가? 오클라호마주에 있는 어느 석유회사에서 근무하고 있는 속기사의 경우를 예로 들어보자.

그녀는 매달 3, 4일 정도는 생각만 해도 단조롭고 지루한 일을 하고 있었다. 인쇄된 대차 계약서에 숫자며 통계를 적어 넣는 것이다. 그 일이 너무 지루했기 때문에 그녀는 자신을 위해 그 일을 재미있게 할 수 있는 방법을 고민했다. 어떻게 했을까? 그녀는 날마다 자기 자신과 경쟁을 했다. 그녀는 아침에 작성한 양식의 숫자를 센 뒤 오후에는 그 기록을 깨뜨리기 위해 노력했다. 그리고 그날 하루 작성한 양식보다 다음 날은 더 많은 양을 기록하기 위해 노력했다. 결과는 어땠을까? 그녀는 곧 자신이 소속된 부서의 속기사 가운데 누구보다도 많은 양식을 작성할 수 있었다. 그것이 그녀에게 어떤 이득을 가져다주었을까? 칭찬? 아니다. 감사? 아니다. 승진? 아니다. 급여 인상? 아니다. 하지만 지루함으로 인해 생기는 피로를 방지하는 데 도움이 되었다. 그것은 그녀에게 정신적 자극을 주었다. 지루한 일을 재미있게 하려고 열심히 노력했기 때문에 그녀는 더 힘이 나고, 더 열정이 생겼으며, 여가 시간을 더욱 즐겁게 보낼 수 있었다.

나는 이것이 꾸며낸 이야기가 아니라는 것을 누구보다도 잘 알고 있다. 왜냐하면 내가 결혼한 아가씨가 바로 그 주인공이기 때문이다.

이번에는 일이 재미있는 것처럼 보이게 함으로써 좋은 일이 생긴 다른 속기사에 대한 이야기를 하겠다. 그녀는 언제나 일에 대한 투지를 불태우고 있었다. 그녀는 일리노이주 엘프허스트에 사는 밸리 G. 골든인데, 그녀는 나에게 다음과 같은 편지를 보냈다.

우리 사무실에는 4명의 속기사가 있는데 각자 4~5명의 편지를 대신 써주고 있습니다. 이따금 우리는 일이 한꺼번에 쏟아져 정신

없이 바쁠 때가 있습니다. 어느 날 부장이 제가 작성한 장문의 편지를 다시 쓰라고 지시하기에 저는 거절했습니다. 그 편지는 굳이 다시 치지 않더라도 고칠 수 있지 않느냐고 했더니 부장은 제가 싫다고 하면 다른 사람에게 일을 시키겠다는 것이었습니다. 화가 머리끝까지 치민 상태로 다시 타이핑 작업을 시작했을 때, 문득 나를 대신해 이 일을 하려는 사람이 얼마든지 있다는 것을 깨달았습니다. 게다가 제가 급료를 받는 이유는 이런 일을 하고 있기 때문이라는 생각도 들었습니다. 그렇게 생각하자 마음이 차분해져서, 실제로는 하기 싫은 일이지만 즐거운 것처럼 해야겠다는 마음이 들었습니다. 그러면서 한 가지 중요한 사실을 알게 되었습니다. 즐거운 것처럼 일을 하면 어느 정도는 정말로 즐거워진다는 것입니다. 그리고 일이 즐거워지면 능률이 올라간다는 것도 알았습니다. 이렇게 되자 더 이상 시간 외 근무를 할 필요가 없어졌습니다. 이 새로운 태도로 저는 일을 잘한다는 평판을 얻게 되었습니다. 그리고 어떤 부장이 전속 비서가 필요해졌을 때 저에게 함께 일하지 않겠느냐고 제안했습니다. 제가 일을 더 시켜도 싫은 얼굴을 하지 않고 기꺼이 잘해준다는 것이 이유였습니다. 생각을 바꾸면 얼마나 큰 위력을 발휘하는지 알게 된 중요한 발견이었습니다. 기적 같은 일입니다.

골든 양은 한스 바이힝거 교수가 제안한 '마치 ~처럼' 철학을 사용해 기적의 경험을 한 것이다. 그는 우리에게 '마치 행복한 것처럼' 행동하라고 가르친다. 만약 여러분이 자신의 일에 흥미 있는 것처럼 행동하면 실제로는 대수롭지 않은 일이라도 흥미가 생긴다. 그리고 피로와 긴장, 스트레스가 줄어든다.

수년 전 할런 A. 하워드는 중대한 결심을 했고 그것이 그의 인생을 완전히 바꾸었다. 그는 지루하기 짝이 없는 일을 재미있게 하겠다고 결심했다. 그가 하는 일은 정말 재미없는 일이었다. 고등학교에서 소년들이 야구를 하거나 여학생들을 놀리면서 시간을 보낼 때, 그는 식당에서 접시를 씻거나 카운터를 닦거나 아이스크림을 담아주는 일을 하고 있었다. 할런 하워드는 자신의 일을 경멸했다. 하지만 그 일을 계속해야만 했으므로 그는 아이스크림에 관해 공부하기로 결심했다. 어떻게 만들어지는지, 어떤 재료가 사용되는지, 왜 맛있는 것과 맛없는 것이 있는지 등을 연구했다. 그는 아이스크림과 관련한 화학을 공부했고, 나중에는 고등학교 화학 수업에서 지식인으로 통했다. 그는 점차 식품화학에 흥미를 갖게 되었고 매사추세츠 주립대학에 입학해 식품화학을 전공했다. 언젠가 뉴욕의 코코아 거래소가 1백 달러의 상금을 걸고 전국의 대학생들을 대상으로 코코아의 초콜릿 이용에 관한 논문을 공모했다. 과연 누가 그 상금을 탔을 것 같은가? 그렇다. 할런 하워드다.

일자리를 구하기 어려웠던 그는 매사추세츠주 애머스트에 있던 자기 집 지하실에 개인 연구소를 만들었다. 그 후 얼마 되지 않아 우유 속의 박테리아 함유량을 계산해야 한다는 새로운 법률이 시행되었다. 14개 우유회사에서 하워드에게 박테리아를 계산하는 일을 맡겼다. 그 일을 위해 하워드는 조수를 두 사람이나 고용해야 했다.

앞으로 25년 후에 그는 어떻게 되어 있을까? 현재 식품화학 사업에 종사하고 있는 사람들은 자기 자리에서 물러났거나 세상에 존재하지 않을 것이다. 그리고 그 자리는 지금 도전정신과 열의를 불태우고 있는 젊은 인재들이 이어갈 것이다. 25년 후 할런 하워드는 아마 자신이 종사하는 분야에서 리더가 되어 있을 것이고, 그에게서 아이스크림을 샀던 학생들 중 일부는 직업을 구하지 못해 정부를 원망하며 운이 없다고 불평하거나 푸념을 늘어놓을 것이다. 하워드가 만약 지루한 일을 재미있게 해야겠다고 결심하지 않았다면 그에게도 기회는 오지 않았을 것이다.

오래전 공장 선반 앞에 서서 볼트를 만드는 단조로운 일에 몹시 싫증이 난 또 한 명의 젊은이가 있었다. 그의 이름은 샘이었다. 샘은 이일을 그만두고 싶었지만 다른 일자리가 마땅치 않았다. 그래서 이 지루한 일을 싫어도 해야 한다면 어떻게든 재미있게 해보려고 노력했다. 그래서 그는 자기 옆에서 기계를 움직이는 다른 직공과 경쟁하기로 했다. 한 사람은 볼트의 거친 표면을 매끈하게 깎는 일을 했고 다른 한 사람은 그 볼트를 알맞은 지름으로 자르는 일을 했다. 그들은 가끔 기계를 바꿔가며 누가 볼트를 더 많이 만들어내는지 시합을 했다. 얼마 후 현장주임은 일이 빠르고도 정확한 샘의 실력을 높이 사 그에게 더 나은 일을 하게 했다. 이것이 그가 승진을 거듭하게 된 실마리였다. 30년 뒤 샘, 그러니까 사무엘 보클레인은 볼드윈 로코모티브 웍스의 사장이 되었다. 만약 그가 지루한 일을 재미있게 하려고 결심하지 않았다면 평생을 직공으로 지내야만 했을 것이다.

유명한 라디오 뉴스 해설자 H. V. 칼텐본은 언젠가 자신이 어떻게 지루한 일을 재미있는 일로 바꾸었는지에 대해 들려주었다. 그는 스물두 살 때 가축 수송선을 타고 가축들에게 사료를 주거나 물을 먹이면서 대서양을 건넜다. 영국에서 자전거 여행을 마친 뒤 파리에 도착했을 때는 배가 너무 고파 금방이라도 쓰러질 지경이었다. 하지만 주머니에는 한 푼도 없었다. 그는 카메라를 저당 잡히고 받은 5달러로 〈뉴욕헤럴드〉 파리 판에 구직 광고를 냈다. 얼마 후 그는 입체 환등기를 파는 일자리를 얻었다. 여러분이 마흔 살 전후라면 두 장의 똑같은 사진을 눈앞에 들어 올려서 보던 구식 입체 사진경을 기억할 것이다. 그것을 들여다보고 있으면 놀라운 일이 벌어진다. 입체 사진경 속에 있는 2개의 렌즈가 두 장의 사진을 입체감 있는 하나의 영상으로 만들어낸다. 원근감이 확실하게 느껴져 실제의 경치처럼 보이는 것이다.

칼텐본은 이 기계를 파리 시내의 집집마다 팔러 다녔다. 문제는 그가 프랑스어를 할 줄 모른다는 것이었다. 하지만 그는 1년 동안 수수료로 5천 달러를 벌었다. 그해 프랑스에서 세일즈맨으로는 가장 높은 보수였다. 그는 성공에 필요한 내적인 자질을 개발하는 데 그때 1년 동안 경험한 것이 하버드 대학에서 공부한 1년 이상으로 유익했다고 말했다. 자신이 있었느냐고? 그는 그 경험을 통해 프랑스의 가정주부들에게 미국의 국회의사록이라도 팔 수 있을 것 같은 생각이 들었다고 말했다. 또한 그 경험은 프랑스인의 삶을 이해하는 계기가 되었으며, 뒷날 라디오를 통해 유럽의 시사를 해설하는 데 많은 도움이 되었다.

그는 프랑스어를 할 줄 모르면서 어떻게 유능한 세일즈맨이 될 수 있었을까? 그는 우선 고용주에게 판매하는 데 필요한 말을 완전한 프랑스어로 써달라고 한 다음 그것을 암기했다. 그가 초인종을 누르면 주부가 문밖을 내다본다. 그러면 칼텐본은 암기한 문구를 우스꽝스러운 악센트로 반복해서 말한다. 그리고 자신이 가져온 사진을 보여주고 상대가 질문을 하면 어깨를 으쓱 치켜 올리며 "아메리칸… 아메리칸."이라고 말한다. 그리고 모자를 벗고 안쪽에 붙여놓은 프랑스어 판매용 문구를 가리킨다. 주부가 웃으면 그도 따라 웃으면서 사진을 더 보여준다.

칼텐본은 이 이야기를 하면서 일은 결코 쉽지 않았다고 말했다. 그는 자신이 이 일을 끝까지 해낼 수 있었던 이유는 오직 하나, 그 일을 재미있게 하겠다는 결심 때문이었다고 말했다. 그는 매일 아침 집을 나서기 전에 거울을 들여다보고 자기에게 기운을 불어넣었다.

"칼텐본, 이 일을 하지 않으면 먹고살 수 없다. 어차피 해야 할 일이라면 유쾌하게 하자. 벨을 누를 때마다 나 자신은 조명 앞에 서 있는 배우고 관객이 나를 보고 있다고 생각하자. 사실 네가 하는 일은 무대 위에서 벌어지는 일 못지않게 재미있다. 그러니 좀 더 즐겁고 열정적으로 일하면 좋지 않을까?"

칼텐본은 이런 자기 격려의 말이 과거에는 하기도 싫고 걱정이 앞섰던 일을 즐거우면서도 돈도 벌 수 있는 모험으로 바꾸는 데 도움이 되었다고 말했다.

내가 그에게 성공을 갈망하는 미국의 젊은이들에게 충고해주고 싶은 말이 있는지 묻자 그는 이렇게 말했다.

"무엇보다 매일 아침 스스로에게 용기를 주라는 것입니다. 우리는 흔히 절반쯤 자고 있는 것 같은 흐리멍덩한 상태에서 빠져나오기 위해 육체적 운동이 필요하다고 합니다. 그보다 매일 아침 우리 자신이 행동하게끔 격려해주는 정신적 운동이 더 필요합니다. 매일 자신에게 격려의 말을 해주십시오."

매일 아침 자신에게 격려의 말을 해주라니 바보스럽게 들리거나 유치하게 들리는가? 아니다. 그것이야말로 더없이 건전한 심리학의 진수라고 할 수 있다.

"인생은 자신이 생각하는 대로 만들어진다."

18세기 전, 마르쿠스 아우렐리우스는《명상록》에서 이 말을 처음으로 썼지만 오늘날에도 이 말은 여전히 진리다. 우리는 매 시간 자신에게 말을 건네면서 용기와 행복에 대해, 힘과 평화에 대해 생각하도록 자신을 이끌 수 있다. 감사해야 하는 것에 대해 자신에게 이야기함으로써 즐거운 기분과 쾌활한 생각으로 마음을 가득 채울 수 있다.

올바른 생각을 갖게 되면 어떤 일이든 싫증을 줄일 수 있다. 여러분의 고용주는 여러분이 일에 흥미를 갖기를 바라고 있다. 그렇게 하면 더 많은 이익을 올릴 수 있기 때문이다. 하지만 그가 원하는 것은 잊기로 하고, 여러분이 자신의 일에 흥미를 갖게 되면 여러분에게 어떤 이익이 돌아오는지에 대해서만 생각하자. 그렇게 하면 여러분은 인생에서 얻는 행복을 두 배로 늘릴 수 있다는 것만 생각하자. 왜냐하면 여러분은 깨어 있는 시간의 절반 가까이를 일하면서 소비하고 있고, 만약 일에서 행복을 발견할 수 없다면 결국 어디에서도 발견할 수 없기 때문이다. 자신이 하는 일에 흥미를 가지면 스트레스에서 자유롭고 결국은 승진도 하게 될 것이고 월급도 오를 것이다. 그렇게 되지 않더라도 피로를 최소한으로 줄이고 여가를 더 보람 있게 즐길 수 있을 것이다.

6

How to stop worrying and start living

불면증을 부르는
나쁜 생각

밤에 잠을 이루지 못해
걱정하는가? 그렇다면 국제적으로 유명한 법률학자 사무엘 언터미어
가 한평생 깊은 잠을 자지 못했다는 이야기에 흥미를 느낄 것이다.

사무엘 언터미어는 대학에 입학했을 때 천식과 불면증 때문에 걱정
이 많았다. 그는 그 2가지 병 중 어느 것도 나을 것 같지 않아 차선책을
찾기로 결심했다. 그것은 자신의 병을 최대한 이용하는 것이었다. 잠을
이루지 못해 뒤척거리는 대신 잠자리에서 일어나 공부를 했다. 결과는
어떻게 되었을까? 그는 모든 과목에서 장학생이 되었고, 뉴욕시립 대
학의 천재 가운데 한 사람이 되었다. 그리고 변호사 개업을 한 뒤에도
그의 불면증은 계속되었으나 걱정하지 않았다. 그는 이렇게 말했다.

"자연이 나를 지켜줄 것이다."

그것은 맞는 말이었다. 수면 시간은 얼마 되지 않았지만 그는 건강을 유지했고, 뉴욕 법조계의 어떤 젊은 변호사 못지않게 정력적으로 활동했다. 오히려 더 많은 일을 했다. 모두가 자는 동안에도 그는 일했으니까.

스물두 살의 사무엘 언터미어는 1년에 7만 5천 달러나 벌었다. 젊은 변호사들은 그의 방식을 배우려고 법정으로 몰려갔다. 1931년 그는 단일 사건으로는 사상 최고의 수임료로 추정되는 1백만 달러를 현금으로 받았다. 그의 불면증은 이때도 여전히 계속되었다. 그는 밤늦게까지 서류를 읽고 새벽 5시에 일어나 편지를 쓰기 시작했다. 대부분의 사람들이 일을 시작하려고 할 때쯤 그는 하루 일의 절반가량을 끝낸 상태였다. 그는 평생 동안 깊은 잠을 자본 적이 없지만 여든한 살까지 장수했다. 하지만 만약 그가 자신의 불면증을 괴로워했다면 아마도 인생을 망쳤을 것이다.

우리는 인생의 3분의 1을 수면으로 소비하지만 수면의 실제에 대해서는 알지 못한다. 그것이 습관이며 휴식 상태라는 것은 안다. 우리가 잠을 자는 동안 자연은 낡은 옷을 수선하듯 우리 몸을 보살핀다. 하지만 사람마다 몇 시간의 수면이 필요한지, 또한 수면이 절대적으로 필요한 것인지 아닌지는 알지 못한다.

엉뚱한 말처럼 들리는가? 제1차 세계 대전 중 헝가리 군인이었던 폴컨은 총알이 전두엽을 관통하는 중상을 입었다. 상처는 회복되었지만 이상하게도 불면증이 시작되었다. 의사는 온갖 종류의 진정제와 신경 안정제를 처방하고 나중에는 최면술까지 시도해보았지만 효과는 없었다. 폴컨을 잠들게 할 수 없었고 졸음조차도 오게 할 수 없었다.

의사들은 그가 오래 살 수 없을 거라고 말했다. 하지만 그는 의사들을 놀라게 했다. 그는 취직을 하고 오랫동안 건강하게 살았다. 그는 누워서 눈을 감고 휴식을 취했지만 잠을 자지는 않았다. 그의 예는 수면에 대해 우리가 믿고 있는 사실을 뒤엎는 의학적 수수께끼다.

어떤 사람들은 다른 사람들보다 더 많은 수면을 필요로 한다. 토스카니니는 밤에 5시간만 자도 충분했지만 캘빈 쿨리지는 그 두 배는 자야 했다. 그는 하루에 11시간은 잠을 잤다. 다시 말해서 토스카니니는 일생의 5분의 1을 잠으로 보낸 반면 쿨리지는 절반을 잠으로 소비한 것이다.

불면증에 대해 걱정하는 것은 불면증 자체보다 훨씬 더 건강에 해롭다. 예를 들면, 나의 수강생이었던 뉴저지주 리치필드 파크에 사는 아이라 샌드너는 만성 불면증 때문에 자살 직전까지 갔다. 그는 나에게 이렇게 말했다.

나는 정말 미칠 것 같았습니다. 문제는 전에는 아주 잘 자는 사람이었다는 것입니다. 자명종 시계가 요란하게 울려도 눈이 떠지지 않아 곧잘 지각을 하곤 했습니다. 나는 그것이 걱정이었고 실제로 상사로부터 지각하지 말라는 경고를 듣기도 했습니다. 늦잠 자는 습관이 계속되면 해고될지도 모른다는 생각이 들었습니다. 친구에게 의논했더니 잠들기 전에 자명종 시계에 의식을 집중해보라고 가르쳐주었습니다. 그것이 불면증의 시초였습니다. 자명종 시계의 째깍거리는 소리가 나를 괴롭혔습니다. 나는 밤새도록 그 소리가 신경에 걸려 이리저리 뒤척이며 한숨도 자지 못했습니다. 날이 밝았을 때 나는 피로와 번민으로 병자나 다름없이 몸이 아팠습니다. 이런 상태가 8주간이나 계속되었습니다. 그동안 겪은 괴로움은 말로 다 할 수 없습니다.

나는 이러다가 틀림없이 미쳐버릴 것이라고 생각했습니다. 이따금 나는 몇 시간이나 방 안을 서성거렸습니다. 차라리 창문으로 뛰어내려 모든 것을 끝내버리고 싶다는 생각도 했습니다. 마침내 나는 전부터 알고 지내던 의사를 찾아갔습니다. 그러자 의사가 이렇게 말하더군요.

"아이라, 나로선 어쩔 도리가 없네. 아무도 당신을 도와줄 수 없어. 왜냐하면 자네 스스로 만들어낸 일이니까. 잠자리에 누워서 잠을 잘 수 없더라도 모든 것을 잊어버리는 걸세. 그리고 자신에게 이렇게 말하는 거야. '잠을 자지 못해도 상관없어. 아침까지 깨어 있어도 괜찮아.' 그리고 눈을 감고 '가만히 누워서 잠이 안 온다고 걱정하지 않으면 그것으로 휴식은 취하는 셈이야.'라고 생각하는 거야."

나는 그의 말대로 했습니다. 그리고 2주일이 지나자 조금씩 잠을 잘 수 있게 되고, 한 달이 지나자 8시간씩 잘 수 있게 되었습니다. 신경도 정상으로 돌아왔습니다.

아이라 샌드너를 자살 직전까지 몰고 간 것은 불면증이 아니라 불면증에 대한 걱정이었다.

시카고 대학 교수인 너새니얼 클레이트먼 박사는 수면에 대한 연구로는 세계적인 권위자다. 그는 불면증으로 죽은 사람이 있다는 말은 들어본 적이 없다고 단언한다. 물론 불면증에 대한 걱정으로 차츰 저항력이 떨어지면서 병균이 침입하면 목숨을 잃을 수도 있다. 하지만 그것은 걱정이 원인이지, 불면증 자체가 원인은 아니다.

클레이트먼 박사는 또 불면증 때문에 걱정하는 사람들은 보통 스스로 생각하는 것보다 훨씬 많이 잔다고 말하고 있다. "어젯밤엔 한숨도 자지 못했다."고 말하는 사람도 자신이 모르고 있을 뿐 무의식중에 제법 잤을지도 모르는 것이다.

예를 들면, 19세기의 뛰어난 사상가 중 한 사람인 허버트 스펜서는 늙어서도 독신자로 지내며 하숙집에서 살았는데 틈만 나면 불면증을 호소해 주변 사람들을 지루하게 만들었다. 그는 소음을 차단하고 신경을 가라앉히기 위해 귀마개로 귀를 틀어막기도 했다. 때로는 잠을 청하기 위해 아편을 사용한 적도 있다. 어느 날 밤 그는 옥스퍼드 대학교의 세이스 교수와 호텔 방에서 함께 묵게 되었다. 이튿날 아침 스펜서는 밤새도록 한숨도 못 잤다고 했는데, 사실 한숨도 자지 못한 쪽은 세이스 교수였다. 그는 스펜서의 코고는 소리 때문에 밤새도록 한숨도 잠을 이루지 못했던 것이다.

푹 잘 수 있는 첫째 요건은 안전하다는 느낌이다. 우리보다 위대한 힘이 아침까지 우리를 잘 수호해준다는 믿음이 필요하다. 그레이트웨스트라이딩 요양원의 토머스 히스로프 박사는 영국 의학협회의 강연에서 다음과 같은 점을 강조했다.

"오랜 경험에 따르면, 수면을 촉진하는 좋은 방법 가운데 하나가 기도하는 것입니다. 나는 순전히 의사로서 말하는 것입니다. 습관적으로 기도하는 사람들에게는 기도가 마음을 평안하게 하고 신경을 진정시키는 가장 적절하고 정상적인 방법이라고 인정해야 합니다."

자네트 맥도날드는 기분이 울적하고 걱정거리가 있어 잠이 오지 않을 때면 시편 제23편의 다음 구절을 반복해 읽음으로써 안도감을 얻을 수 있었다고 한다.

"여호와는 나의 목자시니 내게 부족함이 없으리로다. 그가 나를 푸른 풀밭에 눕게 하시며 쉴 만한 물가로 인도하시는도다.”

하지만 만일 여러분이 종교를 갖고 있지 않아 스스로 문제를 해결해야 한다면, 물리적으로 몸을 편하게 하는 방법을 배울 수밖에 없다.《신경적인 긴장으로부터의 해방》의 저자 데이비드 헤럴드 핑크 박사에 따르면 물리적으로 긴장을 푸는 가장 좋은 방법은 자신의 몸에 말을 거는 것이라고 한다. 핑크 박사에 따르면, 말은 모든 종류의 최면에서 가장 중요한 열쇠다. 여러분이 습관적인 불면증에 시달리고 있다면, 그것은 여러분이 자신에게 불면증에 걸리도록 말을 하고 있기 때문이다. 그러므로 고통에서 벗어나려면 자기 최면에서 깨어나야 한다. 그리고 육체의 근육을 향해 이렇게 타이르는 것이다.

“쉬어라, 쉬어라, 느긋하게 쉬어라.”

근육이 긴장하고 있는 동안은 마음도, 신경도 긴장하고 있음을 알고 있을 것이다. 그러므로 잠을 자고 싶다면 우선 근육부터 시작하는 것이다. 핑크 박사는 다음과 같은 방법을 추천하고 있다. 무릎 밑에 베개를 괴어 다리의 긴장을 풀어주고 팔 밑에도 작은 베개를 놓는다. 그리고 턱, 눈, 팔, 다리에게 편히 쉬라고 타이르고 있노라면 무슨 일이 일어나는지 알기도 전에 어느새 잠들게 된다. 불면증으로 고생하고 있다면 핑크 박사의 저서를 한번 읽어보도록 권한다.

불면증을 치료하는 가장 좋은 방법은 정원 가꾸기, 수영, 테니스, 골프, 스키, 또는 그 밖의 육체적인 노동으로 몸을 피로하게 만드는 것이다. 시어도어 드라이저는 그렇게 했다. 아직 무명작가이던 젊은 시절 그는 불면증으로 고생했다. 그래서 그는 뉴욕 센트럴 철도의 보선공으로 취직했다. 레일이 움직이지 않도록 못을 박기도 하고 자갈을 나르며 하루 종일 일하고 나면 지칠 대로 지쳐 식사도 하지 않고 곯아떨어지고 말았다.

우리 몸이 충분히 피곤해지면 자연은 우리를 걸으면서도 잠이 들게 한다. 실제 사례를 들어보겠다. 내가 열세 살 때 아버지는 살찐 돼지를 화차에 실어 미주리주의 세인트조지프로 보냈다. 철도의 무임승차권이 두 장 나오자 아버지는 나를 데리고 갔다. 나는 그때까지 4천 명 이상이 사는 도시에는 가본 적이 없었다. 그러므로 6만 명이나 사는 세인트조지프에 도착했을 때 나는 흥분으로 가슴이 뛰었다. 우뚝 솟은 6층 건물도 보았다. 난생처음 전차도 보았다. 지금도 눈을 감으면 그때 보았던 전차가 보이고 그 소리가 들리는 듯하다. 나의 일생 가운데서 가장 자극적이고 흥분한 하루를 보낸 뒤, 아버지와 나는 미주리 레이븐스우드로 돌아오는 기차에 올라탔다. 기차는 새벽 2시에 도착했지만, 우리는 농장으로 돌아가기 위해 6킬로미터 가까이 걸어야만 했다. 이 얘기의 핵심은 바로 이 부분이다. 나는 녹초가 되도록 지쳐 있었기 때문에 걸으면서 잠을 자고 꿈도 꾸었다. 나는 가끔 말을 달리면서도 자기도 했다. 그러면서 이렇게 살아 있으니 그 이야기를 하고 있다!

우리의 몸이 피로로 지쳐 있으면 전쟁의 소음과 공포, 포화 속에서도 깊이 잘 수 있다. 정신병리학자 포스터 케네디 박사에게 들은 이야기인데, 그는 1918년 영국군 제5군단이 퇴각할 때 병사들이 녹초가 되어 어디든 쓰러져 깊은 잠에 빠져 있는 것을 목격했다. 그들은 박사가 손가락으로 눈꺼풀을 들어 올려도 깨어나지 않았다. 그들의 눈동자는 모두 안구 위쪽으로 돌아가 있었다. 케네디 박사는 이렇게 말했다.

"그런 일이 있은 뒤로 나는 잠이 오지 않을 때는 눈동자를 위쪽으로 돌리는 운동을 합니다. 그러면 곧 하품이 나오고 졸음이 쏟아지기 시작합니다. 이것은 자동적인 반사 작용으로 제 의지로는 제어할 수 없는 것입니다."

수면을 거부하는 방식으로 자살한 예는 없으며 앞으로도 없을 것이다. 자연은 인간이 온갖 의지를 동원해 버티더라도 잠들게 한다. 자연은 우리를 음식이나 물은 섭취하지 않아도 버틸 수 있지만 잠을 자지 않고는 버틸 수 없게 만들었다.

자살에 대한 얘기가 나오면, 나는 헨리 C. 링크 박사가 《인간의 재발견》이라는 저서에서 말한 사례가 떠오른다. 그는 사이코로지컬 코퍼레이션의 부사장으로 우울증과 스트레스로 고생하는 사람들을 상담하고 있다. 그가 쓴 책의 '두려움과 우울을 극복하는 법'이라는 장에는 자살을 기도했던 환자에 대한 이야기가 있다. 링크 박사는 쓸데없는 논쟁은 사태를 악화시킬 뿐이라는 것을 알고 있었다. 그래서 그는 환자에게 "당신이 무슨 일이 있더라도 자살하겠다면 적어도 영웅적인 방법으로 하시길 바랍니다. 이를테면 이 주변을 죽어라 뛰다가 쓰러져 죽는 것은 어떻습니까?"라고 말했다.

그 환자는 그의 말대로 해보았다. 한 번도 아니고 여러 번 그렇게 했다. 그때마다 근육은 어떤지 몰라도 기분은 점차 좋아지는 것 같았다. 사흘째 되는 날 밤 그는 육체적으로 완전히 지쳐서, 그리고 육체적으로 긴장이 풀려서 이내 쓰러져 잠들었다. 나중에 그는 육상 동호회에 가입했고 경기에도 나갔다. 완전히 회복된 후에는 영원히 살고 싶다고 생각하게 되었다.

불면증으로 걱정하고 싶지 않다면 다음의 5가지 방법을 실천하라.

1. 잠이 오지 않을 때는 사무엘 언터미어가 알려준 방법을 쓰라. 일어나서 잠이 올 때까지 일을 하든지 책을 읽어라.

2. 수면 부족으로 죽은 사람은 없다는 것을 잊지 마라. 불면증에 대한 스트레스가 수면 부족보다 더 해롭다.

3. 기도를 하든지, 자네트 맥도날드처럼 시편 제23편을 반복해서 읽어라.

4. 몸이 편하게 쉬어라.

5. 운동하라. 일어나 있을 수 없을 만큼 몸을 피로하게 해라.

피로와 번민에서 벗어나 활기차게 생활하는 6가지 방법

1 피곤해지기 전에 휴식하라.

2 일을 하는 동안 몸을 편하게 하는 방법을 배워라.

3 주부라면 가정에서도 몸을 편하게 함으로써 건강과 외모를 지켜라.

4 4가지 좋은 작업 습관을 적용해라.

    a. 당면한 문제와 관련된 서류 이외의 것은 전부 책상 위에서 치워버린다.
    b. 중요한 순서대로 처리한다.
    c. 문제가 생겼을 때 결정에 필요한 사실을 알고 있으면 그 자리에서 해결한다.
    d. 조직하고, 위임하고, 관리하는 법을 배운다.

5 번민과 피로를 막기 위해 일에 정열을 가져라.

6 수면 부족으로 죽은 사람은 없다는 것을 기억하라. 불면증 자체보다 수면 부족에 대한 걱정이 건강에는 훨씬 더 나쁘다.

*How To Find The Kind Of
Work In Which You May
Be Happy And Successful*

즐기면서
성공하는
일을
**발견하는
방법**

1

인생을 결정하는
2가지

이 장은 아직도 하고 싶은 일을
발견하지 못한 젊은이들을 위한 것이다. 만약 여러분이 그런 상황이라
면 이 장이 여러분의 일생에 큰 영향을 줄 것이다.

만약 여러분이 열여덟 살 이하라면 오래지 않아 인생에서 가장 중요
한 2가지 결정을 내리지 않을 수 없을 것이다. 결정은 여러분 인생의 하
루하루를 좌우하는 동시에 여러분의 행복, 수입, 건강에도 영향을 끼칠
것이다. 그 결정으로 여러분은 성공할 수도 있고, 실패할 수도 있다. 이
2가지 결정은 다음과 같다.

첫째, 어떻게 생계를 해결할 것인가? 농부가 될 것인가? 우편집배원
이 될 것인가? 화학자? 대학 교수? 아니면 작은 식당을 열어 햄버거를
팔 생각인가?

둘째, 여러분은 자녀의 아버지 또는 어머니로서 어떤 사람을 선택할 생각인가?

이 2가지 결정은 도박을 하는 것과 같다. 해리 에머슨 포스딕은 《통찰력》이라는 저서에서 "직업을 선택하는 젊은이는 모두 도박사다. 그 일에 인생을 걸어야 한다."라고 말했다.

그렇다면 직업을 선택하는 중대한 시점에서 도박적인 요소를 줄이려면 어떻게 해야 할까? 계속해서 읽어주기 바란다. 나는 지금 최선을 다해 이야기하고 있다.

첫째, 되도록이면 즐거운 일을 찾아내도록 노력할 일이다. 나는 언젠가 타이어 제조회사인 B. F. 굿리치의 회장 데이비드 M. 굿리치에게 사업에서 성공하기 위한 첫째 요건이 무엇이냐고 물어보았다. 그러자 그는 이렇게 대답했다.

"일이 즐거워야 합니다. 일이 즐거우면 아무리 오랜 시간 일을 해도 일이 아니라 놀이처럼 생각될 겁니다."

에디슨이 그 좋은 예다. 그는 정규교육도 받지 않은 신문팔이 소년이었지만 어른이 되어서는 미국 산업계의 역사를 바꾸었다. 실험실에서 먹고 자면서 하루 18시간이나 일했지만 그에게 일은 전혀 고생이 아니었다. 그는 이렇게 말했다.

"나는 일생에 단 하루도 일을 해본 적이 없습니다. 모든 것이 재미 그 자체였습니다."

그가 성공한 것은 전혀 이상한 일이 아니다! 그리고 찰스 슈왑도 똑같은 말을 했다. "어떤 일을 하든 끝없는 열정을 품고 있으면 성공하게 마련이다."

하지만 무엇을 하고 싶은지도 모르면서 어떻게 일에 열정을 가질 수 있겠는가? 뒤퐁사에서 수천 명의 종업원을 고용한 적이 있고 현재는 아메리칸 홈프로덕트사에서 노무 관리 업무를 맡고 있는 에드나 커는 "내가 알고 있는 가장 큰 비극은 아주 많은 젊은이가 자신이 정말로 하고 싶은 일이 무엇인지 모른다는 것이다. 아무런 보람도 없이 다만 월급 때문에 일하는 사람처럼 딱한 사람은 없다."라고 말했다.

커 여사의 말에 따르면, 학벌이 대단한 사람도 그녀에게 이렇게 말한다고 한다.

"저는 다트머스 대학에서 학사 학위를 받았는데(혹은 코넬 대학에서 석사 학위를 받았는데) 이 회사에서 제가 할 만한 일이 있겠습니까?"

그들은 자신이 어떤 업무에 적합한지, 심지어는 무엇을 하고 싶은지도 모른다. 사정이 이러니 유능한 지성과 장밋빛 꿈을 가지고 인생에 발을 내디딘 수많은 젊은 남녀가 마흔 살만 되면 좌절을 겪고 신경 쇠약으로 치닫는 것이 어찌 놀라운 일이겠는가? 자신에게 잘 어울리는 직업을 찾아내는 것은 건강을 위해서도 중요한 일이다.

존스 홉킨스 병원의 레이먼드 펄 박사가 몇 개의 보험회사와 공동으로 어떤 요소들이 인간의 장수에 기여하는지 연구한 결과, '자신에게 어울리는 직업'이 상위 목록을 차지했다. 칼라일은 "자기만의 천직을 찾아낸 사람은 축복받은 사람이다. 그 이외의 축복은 바라지 마라."라고 말했는데 펄 박사 역시 이 말에 동감했을 것이다.

최근 소코니 바큠 석유회사의 인사부장인 폴 보인튼과 이야기를 나눈 일이 있는데, 지난 25년 동안 그는 7만 5천 명에 이르는 사람을 면접했다. 그는 《취업 성공의 6가지 방법》이라는 책도 펴낸 적이 있다. "직업을 구하는 젊은이들이 저지르는 가장 큰 잘못은 무엇입니까?"라는 나의 질문에 그는 이렇게 말했다.

"그들은 자기가 하고 싶은 일이 무엇인지도 모르고 있습니다. 몇 년 지나면 입을 수 없는 옷을 사는 데는 몹시 주의를 기울이면서 자기 일생이 걸린 문제, 미래의 행복과 평화가 달려 있는 직업을 선택하는 문제에는 의외로 무관심합니다. 끔찍한 일입니다."

그래서 어떻게 하면 되겠는가? 직업 상담사라는 새로운 직업의 전문가에게 상담을 청할 수도 있을 것이다. 물론 여러분이 의논한 사람의 능력이나 성격에 따라 도움이 되기도 하고 해가 되기도 할 것이다. 이 직업은 아직까지는 완벽하지 않아서 자동차에 비유하자면 T형 포드에도 이르지 못했다. 하지만 미래를 내다볼 때 유망하다. 이 과학을 어떻게 이용할 것인가?

여러분이 사는 지역에서 직업 훈련이나 직업에 관한 조언을 얻을 수 있도록 도와줄 것이다. 대도시라면 어디에나 이런 종류의 서비스가 있다. 퇴역한 군인이라면 재향군인보훈처에 문의하면 도움을 받을 수 있다. 퇴역 군인이 아니라면 국공립 도서관, 지방 교육청, 고등학교나 대학교에 설치된 직업 상담 코너에서 안내를 받을 수 있다. 이 외에도 YMCA나 YWCA, 적십자, 구세군 등의 전국적 공공 단체에도 직업 관련 상담사가 있으므로 적절한 도움을 받을 수 있다.

하지만 거기서는 단지 제안을 해줄 뿐 결정은 여러분이 내려야만 한다. 이러한 상담사들이 완벽하다고 생각해서는 안 된다. 그들도 서로 의견이 다르기도 하고, 때로는 어이없는 실수를 저지르기도 한다. 예를 들면, 어떤 직업 상담사는 내 수강생에게 단지 어휘력이 풍부하다는 이유만으로 작가가 되라고 권했다. 얼마나 어처구니없는 일인가! 글이란 자신의 사상과 감정을 독자에게 전달하는 것이다. 그러기 위해서는 어휘를 많이 알아야 하는 것이 아니라 생각, 경험, 신념, 풍부한 감성 등을 필요로 한다. 어휘력이 풍부한 내 수강생에게 작가를 권했던 그 직업 상담사는 한 가지 일에는 성공했다. 행복한 속기사를 실의에 빠진 작가 지망생으로 바꾸어놓은 것이다.

내가 말하고 싶은 핵심은 직업 상담사들도 우리도 결코 완벽하지 않다는 것이다. 그러므로 여러분은 여러 명의 직업 상담사에게 상담을 받은 뒤 그들의 조언을 상식의 척도에서 판단해야 한다.

걱정에 관한 주제를 다룬 책에서 갑자기 이런 이야기를 하는 것이 이상하다고 생각하는 사람이 있을지 모르지만 많은 종류의 걱정과 후회, 실패의 감정이 자신이 경멸하는 직업으로 인해 생긴다는 것을 안다면 결코 이상하게 생각되지 않을 것이다. 여러분의 아버지나 이웃, 상사에게 물어보는 것도 좋다. 사상계의 위대한 지성인 존 스튜어트 밀은 "적합하지 못한 직업이야말로 사회적인 큰 손실 가운데 하나"라고 단언했다. 정말 그렇다. 그리고 불행한 사람들 중에는 날마다 해야 하는 자신의 일을 혐오하는 '적합하지 못한 직업을 가진' 사람들이 포함된다.

여러분은 혹시 군대에서 어떤 사람들에게 '전력 손실'이 생기는지 아는가? 엉뚱하게 배치를 받은 사람들이다. 전쟁으로 인한 부상자들을 말하는 것이 아니라, 일반적인 업무에서 잘못 배치된 사람들을 말하는 것이다. 우리 시대의 뛰어난 정신병리학자인 윌리엄 메닝거 박사는 제1차 세계 대전 당시 육군 신경정신과의 책임자였는데, 그는 이렇게 말하고 있다.

"우리는 군대에서 선택과 배치의 중요성, 즉 알맞은 인재를 알맞은 자리에 쓰는 것이 얼마나 중요한지에 대해 많은 것을 배울 수 있었다. 부여받은 임무에 대한 정확한 인식이 아주 중요하다. 일에 흥미를 갖지 못하거나, 잘못 배치되었다고 느끼거나, 자신의 가치를 인정받지 못한다고 느끼거나, 자기 재능을 충분히 발휘하지 못한다고 생각하는 경우 실제적인 정신적 장애가 생기거나 잠재적인 이상 증세가 발견된다.”

옳은 말이다. 그리고 같은 이유로 산업계에서도 ‘능력 손실’은 얼마든지 발생한다. 자신이 하는 일을 끔찍하게 생각하는 사람은 일까지 망치고 마는 것이다.

필 존슨의 예를 보자. 그의 아버지는 세탁소를 경영하고 있었다. 아버지는 아들이 가업을 이어받기를 바라는 마음에 일을 거들게 했다. 하지만 필은 세탁업을 아주 싫어했다. 그래서 그는 게으름을 피우거나 이리저리 빈둥거릴 뿐 주어진 일 외에는 아무것도 하지 않았다. 며칠씩 자리를 비우는 일도 있었다. 아버지는 속이 상해서 게으르고 버릇없는 아들을 가졌다는 생각에 종업원들 보기가 창피했다.

어느 날 필은 아버지에게 기계공이 되고 싶다고 말했다. 뭐라고? 작업복을 입고 싶다고? 노인은 충격을 받았다. 하지만 필은 자신의 뜻을 굽히지 않았다. 그는 기름에 전 작업복을 걸치고 일했다. 세탁소에서 일할 때보다 훨씬 더 열심히 일했다. 더 많은 시간 동안 일하면서도 신나게 일했다. 그는 엔지니어링에 흥미를 느끼기 시작해 엔진이며 다른 기계들을 닥치는 대로 만지작거렸다. 그리하여 필은 보잉 항공사의 사장이 되어 제2차 세계 대전을 승리로 이끄는 데 지대한 공헌을 한 공중 요새를 제작했다. 만약 그가 묵묵히 세탁업에 종사하고 있었다면 어떻게 되었을까? 특히 아버지가 세상을 떠난 뒤에는? 아마도 그는 가업을 망치고 파산했을지도 모른다.

어쩌면 가정불화가 생길지도 모르지만, 나는 젊은이들에게 가족이 원한다는 이유만으로 어떤 직업에 종사하는 것은 옳지 않다고 권고한다. 하고 싶지 않은 일은 하지 마라! 물론 부모님의 의견은 귀담아 들어야 한다. 그들은 여러분보다 두 배는 더 많이 살아 오랜 세월과 경험을 통해서만 얻을 수 있는 지혜를 가지고 있으니까. 하지만 최종 결정을 내려야 하는 당사자는 여러분 자신이다. 어떤 직업을 선택해 행복해지든 불행해지든 그 당사자는 여러분 자신이다.

이쯤에서 직업 선택 관련 몇 가지 제안과 경고를 제시하고자 한다.

1. 직업 상담사를 선택할 때 다음의 5가지 제안을 읽고 검토할 것. 이것은 컬럼비아 대학교의 직업 상담 전문가인 해리 덱스터 킷슨 교수가 작성한 것이다.

a. 여러분의 직업 적성을 명백하게 보여주는 마법의 시스템이 있다고 말하는 사람에게는 가지 말 것. 그들은 대부분 관상학자, 점성술사, 성격 분석자, 손금 보는 사람 등이다. 그들의 시스템은 신뢰할 수 없다.

b. 어떤 직업을 선택해야 하는지 알려주는 테스트를 해준다는 사람에게는 가지 말 것. 이런 직업 상담사는 상담자의 육체적·사회적·경제적 조건을 고려해야 한다는 원칙을 무시하고 있다. 직업 상담사는 상담자에게 기회가 열려 있다고 생각되는 직업을 고려해서 조언해야 한다.

c. 직업에 관한 풍부한 자료를 갖추고 있어 상담 과정에서 그것을 효과적으로 이용하는 직업 상담사를 선택할 것.

d. 신뢰할 만한 상담을 위해 최소 두 번 이상은 상담을 받을 것.

e. 절대 우편으로 직업 상담을 받지 말 것.

2. 이미 인력이 넘치는 사업이나 직업은 피해야 한다. 미국에는 2만 개 이상의 직업이 존재한다. 2만 개가 넘는다! 그런데 젊은이들은 이 사실을 알고 있을까? 아니다. 그 결과 어떤 고등학교에서는 남학생의 5분의 2, 여학생의 5분의 4가 2만 종류의 직업 가운데 5개의 직업을 선택했다. 특정한 분야의 직업에 인력이 넘치는 현상이 그리 놀라운 일은 아니다. 또한 화이트칼라 사이에서 불안감과 걱정, 노이로제가 유행하는 것도 이상할 것이 없다. 특히 법률, 언론, 방송, 영화 등의 선호도가 높은 분야에 고집스럽게 집착하는 것은 검토할 필요가 있다.

3. 생계를 영위할 수 있는 가능성이 10분의 1에 불과한 분야는 멀리하라. 그 일례가 생명보험 분야다. 매년 아직 일자리를 구하지 못한 수많은 젊은이가 앞으로 어떻게 될 것인지 생각하지 않고 보험 판매업에 뛰어든다. 그들에게 어떤 일이 생길까? 필라델피아에서 부동산업을 하는 프랭클린 베드거에게 물어보자. 그는 20년 동안 미국에서 가장 손꼽히는 보험 세일즈맨이었다. 그의 말에 따르면, 보험업에 뛰어든 사람들 가운데 90퍼센트는 실망과 좌절감으로 1년도 못 되어 그만둔다는 것이다. 남은 10퍼센트의 사람들이 파는 보험 가운데 90퍼센트는 단 한 사람이 판매한다. 나머지 90퍼센트의 사람들은 겨우 10퍼센트의 보험을 취급한다. 바꾸어 말하면, 만약 여러분이 보험 판매업에 뛰어든다면 1년 이내에 그만둘 확률이 90퍼센트다. 그리고 보험으로 1년에 1만 달러를 벌 가능성은 1퍼센트다. 설사 여러분이 그것을 계속하더라도 겨우 입에 풀칠이라도 할 수 있는 가능성은 그 가운데 10퍼센트에 불과하다.

4. 일생을 바칠 직업을 선택하는 문제이므로 몇 주일 혹은 몇 달이 걸리더라도 그 직업에 관해 알아낼 수 있는 모든 정보를 조사해야 한다. 그러려면 10년, 20년, 30년 동안 그 직업에 종사하고 있는 사람을 만나 물어보는 게 좋은 방법이다. 그 만남은 여러분의 장래에 중대한 영향을 미칠 것이다. 내 자신이 직접 경험했기 때문에 하는 말이다.

20대 초반에 나는 두 선배에게 직업에 관한 조언을 구한 일이 있었는데, 지금 생각하면 그것이 내 인생의 중요한 전환점이 되었음을 인정한다. 사실 내가 그들과 면담을 하지 않았다면 나의 일생은 어찌 되었을지 상상할 수도 없다.

그렇다면 직업에 관해 조언을 얻을 수 있는 자리를 어떻게 마련해야 할까? 가령 여러분이 건축 기사가 될 생각이라고 하자. 결정을 내리기 전에 여러분이 사는 도시, 아니면 인접한 도시의 건축 기사를 만나기 위해 몇 주 정도 투자해야 한다. 분야별로 안내되어 있는 전화번호부를 구해 그들의 주소와 이름을 확인하고 방문해도 좋고, 다음과 같이 편지를 써도 좋다.

선생님께 간절히 부탁드릴 일이 있어 편지를 올립니다. 선생님의 고견을 여쭙고자 합니다. 제 나이는 현재 열여덟인데 장래에 건축 기사가 되기 위해 공부하고 있습니다. 결정에 앞서 선생님의 충고를 듣고 싶습니다. 혹시 너무 바쁘셔서 사무실에서 만날 시간이 없으시다면 댁에서라도 30분쯤 시간을 내주신다면 감사하겠습니다. 제가 여쭙고 싶은 내용은 대략 다음과 같은 사항들입니다.

a. 선생님께서는 다시 태어나도 건축 기사가 되겠습니까?

b. 저를 보시고 나서 저에게 과연 건축 기사로 성공할 수 있는 자질이 있는지 의견을 듣고 싶습니다.

c. 건축 기사 분야는 인력이 포화 상태는 아닌가요?

d. 제가 4년 동안 건축학을 공부한 정도로는 취직이 어려울까요? 처음에는 어떤 종류의 직장을 구하는 게 좋다고 생각하십니까?

e. 저에게 평범한 재능이 있다면, 처음 5년 동안 어느 정도의 수입을 기대할 수 있을까요?

f. 건축 기사라는 직업은 어떤 장점과 단점이 있습니까?

g. 만약 제가 선생님의 아들이라면 건축 기사가 되라고 권하시겠습니까?

만약 여러분이 대단히 내성적이어서 그런 '거물'과 혼자 마주하기가 망설여진다면, 다음의 2가지 방법을 사용하면 도움이 될 것이다.

첫째, 여러분 또래인 친구를 동반하면 좋다. 두 사람이면 마음이 든든해질 것이다. 동행할 만한 또래 친구가 없다면 부모님께 부탁해 함께 가도록 한다.

둘째, 그의 조언을 구한다는 것은 그에게 경의를 표하는 것임을 잊지 마라. 상대는 여러분의 간청으로 우쭐한 마음이 없지 않을 것이다. 어른들은 젊은이들에게 충고하기를 좋아하는 법이다. 그 건축 기사는 아마도 여러분과의 만남을 유쾌하게 생각할 것이다.

만약 약속을 부탁하는 편지를 쓰기가 주저된다면, 예고 없이 그의 사무실로 찾아가 무엇이든 조언해주면 고맙겠다고 정중히 부탁하는 방법도 나쁘지 않다. 그런 일은 없겠지만 5명의 건축 기사를 방문한 결과 모두 바빠서 여러분을 만나주지 않는다면, 그때는 다른 5명을 찾아야 한다. 그 가운데 몇 사람은 실의에 빠져 시간을 허비하게 될 여러분을 구해줄 귀중한 충고를 해줄 것이다.

여러분은 인생에서 가장 중요한 영향을 미칠 2가지 결정을 앞두고 있다는 것을 잊어서는 안 된다. 그러므로 행동하기에 앞서 사실을 파악하는 데 기꺼이 시간을 투자해야 한다. 그렇게 하지 않으면 인생의 절반을 후회로 낭비하며 보낼지도 모른다. 혹시 가능하다면 상대가 투자해준 30분 동안의 조언에 약간의 사례를 하는 것도 좋다.

5. 나는 오직 하나의 직업에만 적성이 맞는다는 편견을 버려라! 아무리 평범한 사람도 여러 종류의 직업에서 성공할 수 있고, 실패할 수도 있다.

돈 걱정에서
자유로워
지는
방법

1

How to stop worrying and start living

모든 걱정의
70퍼센트는 돈 문제다

만약 내가 모든 사람의
경제적 걱정을 해결하는 방법을 알고 있다면 이 책을 쓰고 있지는 않았
을 것이다. 아마도 백악관, 그것도 대통령 옆에 앉아 있을 것이다. 하지
만 내가 할 수 있는 일이 한 가지 있다. 이 문제에 관해 이 방면의 권위
있는 사람의 말을 들려주고, 현실적인 제안을 제시해주거나 여러분이
더 많은 정보를 얻으려면 어디로 가야 책이나 팸플릿을 구할 수 있는지
알려주는 것이다.

〈레이디스 홈 저널〉의 조사에 따르면, 걱정의 70퍼센트는 돈 문제라
고 한다. 갤럽 여론 조사의 창설자인 조지 갤럽이 조사한 바에 따르면,
모든 사람은 자신의 수입을 10퍼센트만 올릴 수 있다면 경제적 걱정이
없어질 것이라고 믿는다고 한다. 대부분의 경우 이 말이 진실일 것이

다. 하지만 대단히 많은 경우 그것은 진실이 아니다.

이를테면 나는 이 장을 집필하는 중에 예산 분야에 정통한 전문가를 만나 이야기했다. 수년 동안 뉴욕 워너메이커 백화점과 짐벨스 백화점 고객들을 위해 재정 자문을 맡고 있는 엘시 스테플턴 부인이다. 그녀는 돈 문제로 걱정하는 사람들을 도와주기 위해 개인 상담사로 일한 경험도 있다. 그녀는 1년에 1천 달러밖에 벌지 못하는 짐꾼부터 10만 달러 이상 버는 사장에 이르기까지 수입의 규모가 다양한 여러 계층의 사람을 도와주었다. 그녀는 이렇게 말했다.

"돈을 더 많이 번다고 해서 재정에 대한 고민이 해결되는 건 아닙니다. 사실 수입의 증가는 소비의 증가를 부르고 결국은 고민의 증가로 이어지는 것을 종종 보아왔습니다. 대부분의 사람들이 걱정하는 원인은 돈이 부족해서가 아니라, 가지고 있는 돈을 어떻게 써야 하는지 방법을 모르기 때문입니다."

여러분은 그녀의 마지막 말에서 코웃음을 쳤을 것이다. 그렇지 않은가? 하지만 코웃음을 치기 전에 스테플턴 부인이 한 말은 모든 사람이 다 그렇다는 의미가 아니라는 것을 다시 한번 기억해주기 바란다. 그녀는 '대부분의 사람들'이라고 말한 것이지 여러분에게 한 말이 아니다. 여러분의 형제나 자매 혹은 친척들에 관한 이야기일 수도 있다. 많은 독자가 이렇게 말할지도 모른다.

"카네기에게 내가 받는 돈으로 모든 비용과 책임을 감당해보라고 하고 싶군. 그러면 말이 달라질 텐데."

나 역시 돈 걱정에서 자유로웠던 것은 아니다. 나는 미주리주의 옥수수 밭과 건초 창고에서 하루에 10시간씩 노동을 했다. 지칠 대로 지친 나는 어떻게든 육체노동의 고통에서 벗어나는 것이 소망이었다. 이런 중노동에 대한 대가는 1시간에 1달러는커녕 50센트도 아니고 10센트도 아니었다. 나는 하루에 10시간을 일하고 1시간당 5센트를 받았다.

나는 목욕탕도 없고 수도도 없는 집에서 20년 동안 산다는 것이 얼마나 괴로운 일인지 알고 있다. 영하 20도 이하로 내려가는 추운 방에서 잔다는 것이 어떤 것인지 알고 있다. 1니켈의 차비를 절약하기 위해 몇 마일씩 걸어 다니는 게 어떤 것인지 알고 있다. 바닥에 구멍이 뚫린 신발을 신고 엉덩이에 구멍이 난 바지를 입는 것이 어떤 것인지도 알고 있다. 레스토랑에서 가장 싼 요리를 주문하고, 바지 주름을 펴기 위해 침대 매트리스 밑에 깔고 자는 것이 어떤 것인지도 알고 있다.

그렇지만 그런 시절에도 나는 적은 액수나마 어떻게든 저축을 하고 있었다. 저축하지 않는 것을 두려워했기 때문이다. 이런 경험을 한 결과, 나는 만일 여러분이나 내가 빚이나 재정적인 걱정을 모면하고 싶다면 기업체가 하는 방법을 배워야 한다는 것을 깨달았다. 즉, 우리는 돈을 소비할 계획을 세운 다음 그에 따라 돈을 써야 한다. 그런데 대부분의 사람들은 그렇게 하지 않는다. 이를테면 나의 친구이자 이 책을 출판하는 사이먼 앤 슈스터 출판사의 사장인 레온 심스킨은 많은 사람이 돈에 대해 너무 모른다고 지적했다.

그는 자기가 알고 있는 어느 경리사원에 대한 이야기를 해주었다. 그 사람은 자기 업무에 관한 한 숫자의 귀신이었지만, 자기 개인의 재정에 대해서는 말이 아니었다. 가령 그 사람이 금요일 오후에 급여를 받는다고 하자. 그러면 그는 시내로 나가 상점가를 거닐다가 어느 가게의 윈도에서 마음에 드는 오버코트가 보이면 대뜸 그것을 산다. 자신이 들고 있는 급여 봉투에서 앞으로 집세, 전기료, 그 밖의 온갖 고정 비용을 조만간 지불해야 한다는 사실은 안중에도 없다. 지금 자기 주머니에 돈이 있다는 사실만이 중요할 뿐이다. 하지만 이 사람은 만약 자신이 근무하는 회사가 이렇게 기분 내키는 대로 사업을 한다면 파산해버린다는 것을 잘 알고 있다.

우리가 잊지 말아야 하는 점이 바로 이것이다. 여러분의 돈에 관한 한 여러분은 사업을 하고 있는 것이다! 여러분이 어떻게 자신의 돈을 소비하는가는 말 그대로 여러분의 사업이다.

그렇다면 돈을 관리하는 원칙은 무엇일까? 우리는 어떻게 예산을 짜고 계획을 세워야 할까? 그 11가지 규칙은 다음과 같다.

규칙 1 _ 기록하는 습관을 가져라.

아널드 베넷이 50년 전 런던에서 소설가로서 출발했을 때 그는 생활고로 허덕였다. 그래서 그는 아무리 적은 금액이라도 그날 쓴 돈을 기록했다. 그는 자기 돈이 어디로 가는지 궁금했을까? 아니다. 그는 잘 알고 있었다. 그는 이 생각이 무척 마음에 들어 부자가 되고 세계적으로 유명해져서 개인 요트를 소유할 수 있는 처지가 된 후에도 기록하는 습관을 계속 유지했다.

존 D. 록펠러도 금전 출납부를 적었다. 그는 밤에 기도를 끝내고 잠자리에 들기 전, 자신의 재정 상태에 대해 1페니에 이르기까지 정확하게 알고 있었다.

우리도 공책 하나를 준비해 금전 출납을 기록하기로 하자. 앞으로 평생 동안 그렇게 해야 할까? 아니다. 반드시 그럴 필요는 없다. 예산 분야의 전문가들은 적어도 처음 한 달은 우리가 쓰는 돈을 아주 적은 금액까지 정확하게 기록하라고 권한다. 할 수 있으면 3개월 정도는 유지해보라고 한다. 이렇게 하면 우리의 돈이 어디로 가는지 정확하게 알 수 있으므로 예산을 세울 수 있다.

여러분은 그렇게 하지 않아도 여러분의 돈이 어디로 가는지 알고 있는가? 어쩌면 그럴 수도 있다. 만약 그렇다면 여러분은 1천 명 가운데 한 명 정도 되는 보기 드문 유형이다. 스테플턴 부인이 내게 들려준 바에 따르면, 많은 남자와 여자들이 그녀에게 긴 시간 동안 여러 가지 사실과 숫자를 들려주면 그 내용들을 적어두는데, 그들은 그 기록을 보고 으레 도무지 믿기 어렵다는 표정을 짓는다는 것이다. 그러고는 깜짝 놀란다고 한다.

"내 돈이 이렇게 없어지고 있었단 말인가요?"

여러분도 그렇지 않을까?

규칙 2 _ 필요에 맞게 예산을 작성해라!

스테플턴 부인은 같은 마을에 사는 두 가족이 똑같은 집에 살며 자녀 수도 같고 수입도 같다 하더라도 두 가족의 예산 형태는 전혀 다르다고 말한다. 왜 이런 일이 생기는 것일까? 왜냐하면 사람마다 다르기 때문이다. 그녀에 말에 따르면, 예산은 개인에 따라 차이가 나므로 자기 형편에 맞게 예산을 짜야 한다는 것이다.

예산에 맞게 산다는 것이 생활에서 모든 즐거움을 없애버려야 한다는 의미는 아니다. 예산의 개념은 물질적인 안정을 구축하기 위한 것이다. 많은 경우 물질적 안정감이 있어야 감정적인 안정감과 번민으로부터 해방되기 마련이다.

"예산을 세워 생활하는 사람들이 기분 내키는 대로 쓰는 사람보다 더 행복합니다."라고 스테플턴 부인은 말하고 있다. 하지만 어떻게 예산을 세워야 할까? 우선 앞에서도 말했듯이 모든 비용을 적어 전문가의 조언을 구하는 것이다.

나는 스테플턴 부인에게 "만일 당신이 작은 마을이나 농장에 살고 있다면 예산 수립을 위한 조언을 구하기 위해 어떻게 하시겠습니까?" 라고 물었다. 그녀는 다음과 같이 대답했다.

"나라면 가까운 도시에 있는 신문사에 편지를 써서 어디로 가야 예산 수립에 좋은 정보를 얻을 수 있는지 물어보겠습니다. 그리고 필요하다면 시간이 걸리더라도 찾아가서 전문가의 조언을 들을 겁니다."

규칙 3 _ 최대한 가치 있게 쓰는 방법을 배워라!

이 말은 여러분의 돈에 대해 최대의 가치를 얻는 방법을 배우라는 것이다. 규모가 큰 회사에는 전문적인 구매 담당 전문가나 구매 사업부가 있어 오로지 회사를 위해 유리한 거래를 하려고 노력한다. 여러분의 자산에 대한 관리인 겸 책임자로서 여러분도 이런 일을 하지 않는가?

규칙 4 _ 수입이 오를 때 두통까지 늘게 하지 마라!

스테플턴 부인의 말에 따르면, 그녀가 예산과 관련해서 상담할 때 가장 골치 아픈 대상은 연간 소득이 5천 달러인 가족의 예산 작성이라고 했다.

"왜냐하면 연간 소득 5천 달러는 대개의 미국 가정에서 목표로 하는 액수입니다. 그 사람들은 수년 동안 견실하게 살아왔는데, 드디어 연간 소득 5천 달러가 되면 이제 목표에 도달했다고 생각합니다. 그때부터 생활이 화려해집니다. 아파트 집세보다 오히려 싸다는 이유로 교외에 집을 사고, 새 차를 사고, 새로운 가구, 새 옷을 사들입니다. 그렇게 생활하다 보면 어느 순간 적자입니다. 그래서 그전보다 덜 행복합니다. 소득은 증가했지만 그에 비할 수 없을 만큼 지나치게 소비를 늘린 것이 원인입니다."

이것은 매우 자연스러운 일이다. 사람은 누구나 보다 풍족하게 누리며 즐기고 싶어 한다. 하지만 예산의 범위 안에서 빠듯하게 생활하는 것과 독촉장과 추심원들에게 시달리는 삶 중에서 어느 쪽이 행복한 생활인가?

규칙 5 _ 대출이 필요할 때를 대비해 신용을 쌓아둬라!

만약 여러분에게 어떤 위기가 닥쳐 남에게 돈을 꾸어야 하는 다급한 상황이 오면, 생명보험증서나 정부에서 발행한 채권은 주머니 안에 든 현금이나 마찬가지다. 하지만 보험을 담보로 대출을 받기 위해서는 여러분의 보험이 저축성인지를 확인할 필요가 있다. 그렇다면 현금이나 마찬가지니까.

'보장성' 보험은 일정한 기간 동안 위험에 대비해주는 보증이지 돌려받을 수 있는 돈이 생기는 것은 아니다. 그러므로 이런 종류의 보험은 대출을 받는 담보로는 아무런 쓸모가 없다. 그러므로 보험에 가입할 때는 미리 대출에 쓸 수 있는 해약 환급금이 있는지 확실하게 확인하고 나서 계약서에 서명해야 한다.

그런데 여러분이 대출을 받는 데 담보가 되는 보험도 없고 국고 채권도 없지만, 집이나 자동차 그 밖의 담보물을 소유하고 있다고 하자. 어디로 가서 대출을 받을 것인가? 물론 은행이다. 은행은 그 지역에서 신용을 얻는 것이 중요하므로 여러분에게 부당한 짓은 하지 않는다. 만약 여러분이 재정적으로 문제가 있는 상태라면, 여러분과 문제를 상의하고 재정 계획을 제안해서 여러분의 걱정과 채무를 해결하는 데 도움을 줄 것이다. 그러니까 담보물이 있다면 은행으로 가라.

하지만 무척 드문 경우이긴 하지만 만일 여러분이 담보물도 없고, 그 밖의 아무런 소유물도 없고, 임금이나 월급 외에는 담보물로 제공할 수 있는 것이 없다면 어떻게 할까? 그런 경우 자기 삶을 소중하게 생각한다면 다음의 경고를 잊지 마라! 결코 대부업체에 뛰어들어선 안 된다. 무허가 고리대금업자들이 아직도 판을 치고 있다. 법률적으로 인정받은 대부업체라면 대체로 믿을 수 있다. 대부분의 업체들은 윤리적이고 정직하며 규정을 엄격하게 지킨다. 이 업체들은 질병이나 다급한 상황이 생겨서 급히 돈이 필요한 사람들에게 서비스를 제공하고 있다. 물론 이곳의 이율이 은행보다 높긴 하지만, 높은 위험을 안고 운영하고 조달 비용 역시 더 높기 때문에 그럴 수밖에 없다. 하지만 여러분이 대부업에 대한 규제가 없는 지역에 살고 있다면 대부업체로 향하기 전 은행에 가서 담당자에게 사정을 이야기하고 믿을 만한 업체를 추천받는 것이 현명하다.

만약 그렇지 않을 때는 악랄한 고리대금업자의 무서운 수단에 빠질지도 모른다. 불법 사채업자들은 대개 은행보다 40~50배 높은 이자를 책정한다. 그들은 신중하지 못한 사람들을 이용해 매년 1억 달러 이상의 돈을 가로채고 있다. 텍사스주 댈러스의 어떤 사람이 병원 치료비를 지불하려고 무허가 금융업자로부터 20달러를 빌렸다. 그런데 그 이자가 일주일에 무려 2달러 25센트였다! 그는 9년 동안 증서를 다시 쓰기를 계속하며 총 1천53달러를 지불했는데, 그래도 아직 20달러 이상의 미불금이 남아 있었다. 그들은 여러분으로 하여금 빚을 갚지 못하게 유도하면서 여러분을 괴롭힐 수 있는 방법을 많이 알고 있다.

규칙 6 _ 보험으로 질병, 화재, 불시의 사고에 대비해라.

보험은 비교적 적은 금액으로 온갖 종류의 사고, 불행, 불시에 닥칠 사건에 대비할 수 있는 좋은 방법이다. 나는 목욕탕에서 갑자기 쓰러진다거나 풍진에 대해서까지 모든 사태에 대비해 보험을 들라고 권하는 것은 아니다. 다만 돈이 들 것이 뻔하고 여러분을 걱정하게 만들 수 있는 불행에 대해서는 반드시 보험을 들어두라고 말하는 것이다. 비용 면에서 보험은 확실히 싸다. 이를테면 내가 알고 있는 한 여성은 작년에 열흘 동안 병원에 입원했다. 그녀는 퇴원하면서 8달러만 지불했다. 상해보험에 가입되어 있었기 때문이다.

규칙 7 _ 사망 보험금이 아내에게 한꺼번에 지불되도록 해두지 마라.

여러분이 사망한 뒤 유가족을 위해 대비할 목적으로 생명보험에 가입했다면, 보험금이 일시불로 지급되도록 하지 않기를 바란다.

'새로운 돈을 손에 넣은 새로운 미망인'에게 어떤 일이 생길까? 이에 대한 대답은 메이언 S. 에벌리 부인에게 듣기로 하자. 그녀는 뉴욕의 매디슨 애비뉴에 있는 보험협회 여성분과 위원장이다. 그녀는 여성들의 모임이 있는 곳이면 어디든 달려가서 사망 시 지불되는 생명보험금을 한꺼번에 미망인에게 주는 것은 현명한 방법이 아니며, 그보다는 일생 동안 돈을 받을 만한 종신 소득형 상품에 드는 것이 현명하다고 강연한다. 그녀는 보험금을 현금으로 받은 어떤 미망인의 예를 들고 있다.

그 미망인은 보험금으로 받은 2만 달러를 아들에게 빌려주어 자동차 부품 판매상을 열게 했다. 그런데 사업은 실패로 끝나고, 미망인은 현재 매우 궁핍하게 살고 있다. 또 다른 미망인은 말솜씨 좋은 부동산 세일즈맨의 감언이설에 넘어가 보험금의 거의 전부를 '1년이 지나면 반드시 폭등'할 것으로 예상되는 땅에 투자했다. 그러나 3년 후 구입한 값의 10분의 1밖에 안 되는 헐값에 땅을 내놓지 않을 수 없었다. 보험금으로 1만 5천 달러나 받았으면서도, 1년도 되기 전에 몽땅 날려버리고 아이들의 양육비를 위해 아동복지협회에 의뢰한 미망인도 있다. 이와 똑같은 비극적인 사례는 헤아릴 수 없을 정도로 많다.

"미망인의 손에 넘겨진 2만 5천 달러의 평균 수명은 7년이 채 되지 못한다."라고 〈뉴욕 포스트〉지의 경제부장인 실비아 S. 포터는 〈레이디스 홈 저널〉지에서 말하고 있다. 몇 해 전 〈새터데이 이브닝 포스트〉지에는 다음과 같은 사설이 실렸다.

"사회생활을 해본 적이 없고 주변에 조언을 해줄 금융 전문가도 없는 미망인이 교활한 세일즈맨의 말주변에 속아 보험금을 형편없는 엉터리 주식에 너무 쉽게 투자해버리는 예가 실로 많다. 미망인이나 고아들이 직업적으로 돈을 낚아채는 교활한 사기꾼을 쉽게 믿어버리는 바람에, 견실한 한 남자가 오랜 세월 동안 욕심을 이기고 부지런하게 일하고 알뜰히 모은 돈을 한순간에 몽땅 빼앗겨버린 실례는 은행가나 변호사들이라면 아주 잘 알고 있다."

만약 여러분이 부인이나 자식들을 지켜야겠다고 생각한다면, 현명한 금융가로 유명한 J. P. 모건에게 배워야 할 것이다. 그는 유언을 통해 자신의 재산을 16명의 상속자에게 나누어주었다. 그 가운데 12명은 여성이었는데, 모건은 그들에게 현금을 주지 않았다. 그는 자신의 재산을 신탁예금으로 하여 여성들에게 평생 동안 매달 일정 금액의 생활비가 지불되게 했다.

규칙 8 _ 자녀들에게 돈에 대한 책임감을 교육해라.

나는 언젠가 〈유어 라이프〉지에서 읽은 훌륭한 글 하나를 잊을 수가 없다. 글을 쓴 사람은 스텔라 웨스턴 터틀이라는 부인인데, 그녀는 자신의 어린 딸에게 돈에 대한 책임감을 어떻게 심어주고 있는지 자세히 서술하고 있었다. 그녀는 은행에서 수표책을 얻어다가 아홉 살 된 딸아이에게 주었다. 딸아이는 매주 용돈을 받으면 그것을 엄마에게 예금했다. 엄마가 아이를 위해 은행 역할을 하는 셈이다. 그리고 딸아이는 돈이 필요할 때 수표를 끊어 엄마에게서 돈을 받고 잔액을 확인하게 했다. 어린 딸은 이런 방법이 흥미롭기도 했고, 동시에 자기 돈에 대한 책임감을 배우게 되었다.

규칙 9 _ 집안 살림도 돈이다.

만약 여러분이 견실한 수입과 지출 예산을 세운 뒤에도 지출이 수입을 초과한다면, 여러분은 다음 2가지 방법 중 한 가지를 할 수 있다. 하나는 화를 내고 불평하고 걱정하는 것이고, 다른 하나는 돈을 벌 수 있는 방법을 찾는 것이다. 어떻게 해서 돈을 벌 것인가? 그것은 현재 만족스럽게 충족되고 있어야 하는 욕구인데도 그렇지 않은 일을 찾아보는 것이다.

뉴욕의 잭슨하이츠에 살고 있는 넬리 스피어 부인이 한 일이 그런 것이다. 1932년 그녀는 방이 3개 있는 아파트에서 혼자 살게 되었다. 남편은 세상을 떠났고, 아이들은 둘 다 결혼한 뒤였다. 어느 날 그녀는 가게에서 아이스크림을 먹다 가게 판매대에서 모양도 빈약하고 맛도 없어 보이는 파이를 팔고 있는 것을 발견했다. 그녀는 가게 주인에게 자기 집에서 만든 제대로 된 파이를 가져올 테니 사지 않겠느냐고 물었다. 그러자 주인은 2개만 견본으로 사겠노라고 대답했다. 스피어 부인은 나에게 이렇게 말했다.

"제가 원래 요리에 자신이 있었지만, 조지아에 살았을 때는 언제나 하녀의 몫이었습니다. 그래서 지금까지 파이는 10개 이상 만들어본 적이 없답니다. 파이 2개를 주문받고 나서 저는 이웃집 부인에게 사과 파이 굽는 방법을 가르쳐달라고 했답니다. 제가 처음으로 집에서 만든 파이는, 하나는 사과 파이고 다른 하나는 레몬 파이였어요. 그 가게에서 제 파이를 사 먹은 손님의 반응이 아주 좋아서 다음 날은 5개를 주문받았습니다. 그러는 중에 다른 가게와 식당에서도 주문이 들어오기 시작했습니다. 2년이 안 되는 시간 동안 저는 한 해에 파이를 5천 개나 굽게 되었습니다. 이 모든 일을 우리 집 작은 부엌에서 혼자 했습니다. 파이로 쓰는 재료비 외에는 비용이 들지 않았습니다. 그래서 저는 1년에 1천 달러를 벌게 되었습니다."

그녀의 파이에 대한 수요가 갑자기 늘자 그녀는 더 이상 집 안 부엌에서 일을 할 수 없어 가게를 얻고 두 사람을 고용해 파이, 케이크, 롤,

빵 등을 구웠다. 전쟁 기간 중에는 그 집에서 만든 수제 빵을 사기 위해 줄을 서서 1시간씩이나 기다렸다. 스피어 부인은 이렇게 말했다.

"저는 지금 정말 행복합니다. 저는 가게에서 하루 12시간에서 14시간 동안 일하고 있습니다. 그렇지만 그건 제게 일이 아니므로 피곤하다는 생각은 하지 않습니다. 이것은 즐거운 모험입니다. 저는 사람들을 더 행복하게 해줄 수 있는 제 나름의 일을 하고 있는 셈입니다. 너무 바빠서 쓸쓸해하거나 걱정할 겨를이 없습니다. 이 일은 어머니와 남편을 잃고 나서 생긴 쓸쓸한 공백을 채워주었습니다."

내가 스피어 부인에게 인구 1만 명 이상의 도시에 살면서 요리 솜씨가 좋은 다른 부인들도 같은 방법으로 돈을 벌 수 있겠느냐고 물었더니 그녀는 이렇게 대답했다.

"그럼요, 되고말고요."

오라 스나이더 부인도 이와 다르지 않은 대답을 할 것이다. 그녀는 일리노이주의 메이우드라는 곳에 살고 있는데, 그곳은 인구가 3만 명 정도 되는 도시다. 그녀는 자신의 부엌에서 난로와 재료비 10센트로 장사를 시작했다. 남편이 병으로 쓰러지는 바람에 돈을 벌어야만 했다. 하지만 무슨 방법으로 돈을 벌 것인가? 경험도 없고, 기술도 없고, 자본도 없었으며 그저 평범한 가정주부였다. 그녀는 달걀흰자와 설탕으로 몇 가지 사탕 과자를 만들었다. 그리고 사탕을 들고 학교 근처로 가서 집으로 돌아가는 아이들에게 한 개에 1페니씩 받고 팔았다. 그녀는 아이들에게 이렇게 말했다.

"내일은 돈을 좀 더 많이 갖고 오너라. 아줌마가 집에서 만든 캔디를 가지고 날마다 여기에 올 테니까."

처음 일주일 동안에 그녀는 4달러 15센트의 이익을 올렸을 뿐만 아니라 생활에 새로운 열정이 솟구쳤다. 그녀는 자기뿐 아니라 아이들까지 행복하게 해주고 있었다. 그녀는 이제 걱정할 여유가 없었다.

일리노이주 메이우드 출신의 얌전하고 조용한 이 주부는 점차 힘이 났다. 그녀는 그 대도시 시카고에 대리인을 두고 집에서 만든 캔디를 팔게 해야겠다는 큰 뜻을 품게 되었다. 그녀는 거리에서 땅콩을 팔고 있는 이탈리아 사람에게 다가가 조심스럽게 말을 해보았으나 상대는 어깨만 으쓱해 보일 뿐이었다. 그의 손님은 캔디가 아니라 땅콩을 사러 오는 손님들이라는 것이다. 하지만 그녀가 준 캔디를 먹어본 그 남자는 캔디가 마음에 들어 그녀의 캔디를 팔기 시작했다. 장사를 시작한 첫날 스나이더 부인은 2달러 15센트나 벌었다. 4년 후 그녀는 시카고에서 처음으로 자신의 가게를 열었다. 가게는 너비가 2미터 정도밖에 안 되는 작은 규모였다. 그녀는 밤에는 캔디를 만들고 낮에는 캔디를 팔았다. 이 소심하고 겁 많던 주부는 이제 17개의 가게를 소유하고 있으며 그 가운데 15개는 시카고에서 가장 번화한 루프 지역에 있다.

내가 말하고 싶은 핵심이 바로 이 점이다. 뉴욕의 넬리 스피어 부인이나 일리노이주 메이우드에 사는 오라 스나이더 부인은 경제적인 문제로 걱정하는 대신 적극적으로 행동했다. 그녀들은 자신들의 부엌에서 작은 규모로 시작했다. 여러 가지 잡비도 없고 월세도 없고 광고비도 들지 않고 혼자 일하니 직원들 급여도 필요 없었다. 이런 조건이라면 어떤 여성이든지 돈 걱정으로 시달일 일은 없다.

주위를 둘러보라. 아직도 충족되지 않은 요구가 많을 것이다. 이를테면 만약 열심히 연습해서 요리 솜씨에 능숙해진다면 자신의 집 부엌에서 젊은 여성들을 위해 요리 교실을 열어 돈을 벌 수 있다. 수강생은 한 집 한 집 방문해서 모으면 된다. 여가를 이용해 돈을 벌 수 있는 방법을 알려주는 책도 많이 있으므로 한번 읽어보면 좋을 것이다. 남자든 여자든 기회는 얼마든지 있다. 다만 한 가지 주의할 점은 천성이 세일즈맨의 재능은 없다고 생각된다면 집집마다 방문하는 판매업에는 뛰어들지 않는 편이 좋다. 대부분의 사람들은 그 일을 싫어하고, 성공하는 경우도 거의 없으니까.

규칙 10 _ 도박은 절대 금물.

경마나 슬롯머신으로 돈을 벌려고 하는 사람이 많다는 데 놀라지 않을 수 없다. 내가 아는 사람 중 도박 기계 몇 대로 사업을 하는 사람이 있는데, 그는 그것으로 생활을 꾸려나가면서도 사람들을 이기도록 설계된 기계를 이기겠다고 덤벼드는 바보 같은 사람들을 경멸한다.

나는 또 미국에서 가장 유명한 출판사 사장이면서 솜씨 좋은 마권 장수를 알고 있는데, 그는 내 강좌의 수강생이었다. 그는 나에게 자신이 아무리 경마에 관해 많이 알고 있어도 경마로 돈을 버는 건 불가능하다고 말했다.

하지만 현실을 둘러보면 그런 어리석은 사람들이 경마에 1년에 60억 달러나 걸고 있다. 이것은 1910년 미국 국가 채무 총액의 여섯 배에 달하는 금액이다. 그 출판사 사장은 만일 끔찍하게 싫은 원수가 있어서 그를 파멸시키고 싶다면 가장 좋은 방법은 경마에 손을 대개 하는 것이라고 말했다. 그에게 경마 정보지를 믿고 경마를 하는 사람들은 어떻게 되는지 물었더니 이렇게 대답했다.

"그런 식으로 하면 아무리 돈이 많더라도 몽땅 날리기 십상이죠."

내기에 손을 대고 싶다면 적어도 똑똑하게 하자. 지거나 이길 확률이 얼마나 되는지 알아보자. 브리지와 포커 게임의 권위자이며 뛰어난 수학자이기도 한 오스왈드 제코바이는 ≪확률 계산하기≫라는 책을 쓰기도 했다. 하지만 그는 내기로 돈을 벌 수 있는 방법을 말하는 것은 아니다. 그는 다만 모든 일반적인 내기 게임에서 여러분이 성공할 가능성은 얼마나 되는지를 보여줄 뿐이다. 여러분이 그 확률을 보게 된다면, 카드 게임이나 주사위놀이, 슬롯머신에 자신이 땀 흘려 번 돈을 갖다 바치는 한심한 사람들을 동정하지 않을 수 없을 것이다.

규칙 11 _ 재정 상태를 개선할 수 없더라도 어쩔 수 없는 일에 원망하지 마라.

자신의 재정 상태를 개선할 수 없다 하더라도, 거기에 임하는 우리의 정신 자세를 바꿀 수는 있다. 다른 사람들도 우리와 마찬가지로 재정적인 고민에서 자유롭지 못하다는 것을 잊지 않도록 하자. 우리는 존스네 집만큼 잘살지 못해 고민한다. 하지만 존스네 집도 리츠네 집만큼 잘살지 못해 속상해한다. 그리고 리츠네는 반더빌네 집만큼 잘살지 못해 고민한다. 미국 역사상 가장 유명한 사람들도 재정 문제로 걱정하곤 했다. 링컨과 워싱턴도 대통령 취임식에 참가하기 위한 여비를 다른 사람에게서 빌려야 했다.

원하는 것을 얻을 수 없다고 해서 번민이나 원망으로 인생을 망쳐서는 안 된다. 자신을 책망해서도 안 된다. 철학이 있어야 한다. 에픽테토스는 철학을 이렇게 정의했다. "철학이란 자신의 행복이 외적인 조건에 좌우되지 않고 살게 하는 것이다."

세네카는 이렇게 얘기했다.

"가진 것이 부족하다고 느낀다면 온 세상을 갖더라도 불행할 것이다."

그러므로 만일 우리가 전 세계를 자기 것으로 만들고 그 둘레에 울타리를 둘러친다고 해도 하루에 세 끼밖에는 먹지 못하며 침대 하나면 충분하다는 사실을 기억하자. 막노동으로 먹고사는 사람도 마찬가지다. 그가 오히려 록펠러보다 더 맛있게 먹고 더 편안히 잘 것이다.

재정적인 걱정을 덜고 싶다면 다음의 규칙을 지키도록 하자.

돈을 관리하는 11가지 규칙

1 기록하는 습관을 가져라.

2 필요에 맞게 예산을 작성해라!

3 최대한 가치 있게 쓰는 방법을 배워라!

4 수입이 오를 때 두통이 늘게 하지 마라!

5 대출이 필요할 때를 대비해 신용을 쌓아둬라!

6 보험으로 질병, 화재, 불시의 사고에 대비해라.

7 사망 보험금이 아내에게 한꺼번에 지불되도록 해두지 마라.

8 자녀들이 돈에 대해 책임감을 갖도록 교육해라.

9 집안 살림도 돈이 된다.

10 도박은 절대 금물.

11 재정 상태를 개선할 수 없더라도 어쩔 수 없는 일에 원망하지 마라.